www.dvseditora.com.br

Qualidade da CRiA TiViDADE

3ª Edição

Victor Mirshawka Jr. - Victor Mirshawka

Qualidade da Criatividade (3ª Edição - 2006)

Copyright© 2003 DVS Editora Ltda.

Todos os direitos para a língua portuguesa reservados pela DVS Editora.
Nenhuma parte desta publicação poderá ser reproduzida, guardada pelo sistema "retrieval" ou transmitida de qualquer modo ou por qualquer outro meio, seja este eletrônico, mecânico, de fotocópia, de gravação, ou outros, sem prévia autorização, por escrito, da editora.

Produção gráfica e fotolitos: Spazio Publicidade e Propaganda
Revisão: Jandyra Lobo de Oliveira
Diagramação: Jean Monteiro Barbosa
Design **da capa:** Denis Scorsato
ISBN: 85-88329-08-5

Victor Mirshawka Jr. - Victor Mirshawka.
Endereço para correspondência com os autores:
Site: www.dvseditora.com.br

Dados Internacionais de Catalogação na Publicação (CIP)
(Câmara Brasileira do Livro, SP, Brasil)

```
Mirshawka Junior, Victor
   Qualidade da criatividade / Victor Mirshawka
Jr., Victor Mirshawka. -- São Paulo: DVS Editora,
2003. -- (Série qualidade da criatividade)


   1. Criatividade 2. Gestão de qualidade
I. Mirshawka, Victor. II. Título. III Série
```

03-5919	CDD-153.35

Índices para catálogo sistemático:

1. Criatividade: Gestão de Qualidade:
      Psicologia   153.35

2. Criatividade: Motivação para mudança:
      Psicologia   153.35

3. Qualidade da critividade: Psicologia 153.35

Dedicatória

À estimada presidente do Conselho de Curadores da FAAP, Celita Procopio de Carvalho.

Cara Celita, há pessoas que observam as coisas que acontecem, há as que comentam as coisas que ocorrem e há aquelas pessoas que fazem as coisas acontecerem.

Todos na FAAP aprenderam consigo como promover realizações nos campos cultural, educacional e principalmente artístico, quando com o seu trabalho o Museu de Arte Brasileira tornou-se referência nacional e internacional.

O que não se faz não existe.

Portanto, só existimos nos dias em que fazemos.

Nos dias em que não fazemos, apenas duramos.

A humanidade inteira é dividida em quatro classes de pessoas: as inventivas; as não-inventivas; as que são capazes de mudar e as que mudam.

Você mostrou a todos na FAAP a clara forma de como se podem promover mudanças inventivas.

Aliás, foi com você que aprendemos que se deve começar fazendo o necessário, depois tudo o que é possível, e de repente percebe-se que está se fazendo o que para alguns parecia impossível.

O segredo está em não fazer do simples complicado, mas conseguir tornar o complicado simples, através da criatividade.

E, além disso, seguir sempre o seu exemplo, a sua atitude e a determinação de que nada é impossível... apenas demora um pouco mais para acontecer.

ÍNDICE

Introdução	9
1ª Solução de problemas	10
2ª Qualidade e melhoria contínua	11
3ª Criatividade ou algo mais que qualidade	12

Capítulo 1
Cérebro humano e o desenvolvimento da criatividade — 20

1.1 -	Conhecendo um pouco melhor a mente humana	20
1.2 -	Entendendo a criatividade e o espírito criativo	31
1.3 -	Desenvolvendo a sua criatividade	44
1.4 -	As quatro faces da criatividade	58
1.5 -	A serendipidade	69
1.6 -	Pense como um gênio usando o cérebro por inteiro	79
1.7 -	A colaboração criativa	122
1.8 -	A neuróbica dando origem ao *neurofitness* (desenvolvimento da mente)	128
1.9 -	*Neurofitness* nº 1	133

Capítulo 2
Mensuração da criatividade individual — 138

2.1 -	Criatividade como traço pessoal e como realização	138
2.2 -	Tentando medir a sua criatividade — Teste de A. J. du Brin.	141
2.3 -	Avaliando a sua criatividade pessoal	149
2.4 -	Interiorizando o espírito de indivíduos notáveis para melhorar o próprio desempenho	164
2.5 -	*Neurofitness* nº 2	171

Capítulo 3
Maus e bons hábitos e atitudes para a criatividade   177

3.1 - Os 9 hábitos que impedem o desenvolvimento
da criatividade.   177

3.2 - Escapando das frases assassinas
que matam as idéias   194

3.3 - Usando a incerteza positiva (IP)   203

3.4 - Análise da vida do Ninguém   213

3.5 - *Neurofitness* nº 3   223

Capítulo 4
Os enfoques que conduzem a Criatividade   228

4.1 - Os enfoques principais   228

4.2 - *Neurofitness* nº 4   258

Apêndice A   266

Respostas do Neuro*fitness*

Nº 1   273

Nº 2   276

Nº 3   278

Nº 4   281

Bibliografia   287

INTRODUÇÃO

Resolvemos chamar este livro de *Qualidade da Criatividade* por vários motivos, e um deles é que os programas de qualidade são maravilhosos, porém...são **ineficientes**.

É vital incorporar a criatividade dentro da qualidade e disseminá-la por toda a organização.

Edward de Bono, o renomado guru da criatividade, explica que tomando a qualidade como parâmetro percebe-se que ela teve três etapas bem claras na evolução do *management* (gestão) ocidental, e depois difundiu-se pelo mundo todo.

Essas etapas foram:

1ª SOLUÇÃO DE PROBLEMAS

A primeira fase teve um período prolongado. De meados da década de 40 até meados da década de 60 do século XX foi baseada no ditado: "Não se conserta nada até que se quebre por completo" ou "Não se mexe em time que está ganhando".

O mundo ocidental de negócios tinha um monopólio virtual em um mercado em expansão. A empresa transitava pelo caminho da prosperidade, e mantendo as coisas como estavam era o suficiente. Por que perder tempo reparando algo que não estava danificado? Os problemas eram um "desvio" que se devia reparar para que pudéssemos voltar ao caminho certo.

Dentro deste pensamento ocidental é essencial entender que se eliminarmos as falhas tudo ficará bem. Encontre o problema, defina-o, resolva-o, e pronto: **tudo volta ao normal**.

Só que logo chegaram os japoneses, que além de não sofrerem do "mal ocidental" – imersos em muito pessimismo e problemas de ego – não se propuseram a encontrar o que estava ruim, mas sim melhorar o que já parecia perfeito!

Qualidade e melhoria contínua. 2ª

Para competir com os japoneses as empresas ocidentais viram-se obrigadas a abandonar a fase da solução de problemas. Elas até resolviam todas as dificuldades, mas sempre voltavam ao ponto de partida. Enquanto isso, os concorrentes orientais estavam realizando melhorias em pontos que não eram problemas. Um dia as empresas do Ocidente acordaram e perceberam que tinham "baixado a guarda".

Para fazer algo que os japoneses assumiam com a maior naturalidade - o resultado (*output*) de qualidade –, as empresas ocidentais tiveram que projetar e institucionalizar programas de qualidade formais relacionados com as melhoras contínuas.

Já não se tratava de resolver problemas e reparar defeitos, e sim de fazer melhor o que já estava bom. Assim, formou-se a idéia de qualidade e das melhorias contínuas.

Eleger a palavra qualidade foi um acerto. Pensando em roupa, por exemplo, você até pode ter uma adequada que cumpra as funções de vestimenta, mas pode ter também uma de qualidade que o fará sempre buscar por este atributo.

A tendência da qualidade criou estruturas como as comunidades e as equipes de qualidade, que incentivavam as pessoas a examinar o que estavam fazendo em vez de fazerem tudo automaticamente. Isto gerou uma motivação valiosa mesmo quando as mudanças eram poucas.

Criatividade ou algo mais que qualidade

3a

A economia alemã cresceu até converter o país no maior exportador mundial. Seu êxito fundamentou-se na excelência e na alta qualidade – principalmente no que se referia ao campo da engenharia –, baseando-se em dois pontos importantes: uma força de trabalho altamente qualificada e uma decisão consciente de colocar a qualidade antes da criatividade, o que faz sentido, porque a imaginação sem qualidade não vale nada.

A criatividade deve, porém, chegar a toda organização, e não somente às áreas especiais como o *marketing*, a estratégia corporativa, a pesquisa e o desenvolvimento, e embora deva vir depois da qualidade, chega o momento em que elas se somam.

Deve-se, pois, ter a criatividade praticada e espalhada por toda a organização, e aí surge a pergunta: Como incorporá-la em toda a empresa?

O enfoque mais simples consiste em incorporar as técnicas de pensamento criativo aos programas de qualidade, como ferramentas, para obter as melhorias contínuas e principalmente mudar os conceitos, fazendo com que elas passem a ficar à disposição de todos.

A incorporação das ferramentas pode se realizar de maneira formal e sistemática mediante facilitadores adequadamente treinados.

O mais importante é que se leve a sério a "implantação" de criatividade e não que se tenha somente algumas débeis sessões de *brainstorming* (tempestade de idéias).

No futuro, **a criatividade** – em todas as áreas – será o ingrediente-chave do êxito empresarial. Quando a tecnologia passar a ser um produto comum e habitual, e todos os concorrentes alcançarem o mesmo nível de idoneidade, **só a criatividade poderá fazer a diferença!!!**

Num exercício de futurologia, vamos imaginar o mundo daqui a vinte ou trinta anos. Será que alguém espera que os próximos anos sejam menos tumultuados do que foram os anteriores? Diante das mudanças esperadas em tecnologia, biologia, medicina, valores sociais, demografia, no meio ambiente e nas relações internacionais, com que tipo de mundo a humanidade poderá se deparar? Ninguém pode afirmar com certeza, mas uma coisa é razoavelmente certa: contínuos **desafios irão convocar nossa capacidade coletiva para lidar com eles**.

Neste cenário altamente competitivo, o crescimento pessoal e profissional passou a ser imperativo. Assim, o aluno para obter sucesso na sua futura carreira precisa investir com afinco no resgate e desenvolvimento da sua capacidade criativa e inovadora, valorizando o livre fluxo de informação, compartilhando o aprendizado e desenvolvendo novas habilidades que lhe permitam lidar com os desafios próprios desse novo contexto.

Logo, para atender à demanda imposta pelos novos tempos, são indiscutíveis o papel e a responsabilidade das instituições de ensino superior (IESs) na formação dos profissionais que irão promover as transformações necessárias. Importante ressaltar que não basta simplesmente colocar profissionais no mercado para promover ou conduzir as transformações sem que os mesmos estejam comprometidos com a forma e o resultado dessas ações.

Considerando a relevância deste cenário, e consciente de seu papel como **instituição educacional** no atendimento às demandas futuras dos mercados de trabalho, a Fundação Armando Alvares Penteado (FAAP) iniciou formalmente seu Projeto de Criatividade em 1993, com a participação de um grupo de professores no Creative Problem Solving Institute (CPSI), programa oferecido pela CEF (Creative Education

Foundation), vinculada à Universidade de Nova York, localizada em Buffalo, no Estado de Nova York.

Nos anos seguintes, a FAAP não só estimulou como promoveu a ida de novos grupos de professores a diversas instituições especializadas no ensino da Criatividade, em países como Espanha, África do Sul, além dos Estados Unidos, que participaram dos mais diversos Programas de Formação de Facilitadores em Criatividade.

Hoje, passados mais de dez anos, a FAAP conta no seu corpo docente com um grupo de professores devidamente certificados, os quais são responsáveis pela disciplina Criatividade, presente em todos os cursos regulares de graduação, de pós-graduação *lato sensu* e MBA's profissionais, realizados no nosso *campus*.

Sem dúvida, um diferencial dos nossos programas.

Entretanto, todos sabemos que as mudanças avançam em progressão geométrica. Não podemos e nem devemos nos acomodar com o sucesso obtido. Precisamos continuar.

Inovar, criar e fazer a diferença são palavras de ordem e constituem a nossa forma de agir.

Neste sentido, foi dado mais um passo em direção ao futuro.

Com o conhecimento adquirido e desenvolvido no campo da Criatividade e Inovação, ao longo dos últimos dez anos estruturou-se um Programa de Formação de Facilitadores em Criatividade, do qual participaram 30 professores da FAAP, coordenado pela profa. Sonia Helena dos Santos, assistente pedagógica da Faculdade de Artes Plásticas da FAAP e especialista em Criatividade.

O programa, com carga horária de 140 horas, foi desenvolvido em torno das quatro dimensões da criatividade: **a pessoa, o processo, a pressão e o produto.**

Tudo isso foi abordado para responder bem à pergunta:

Como iniciar uma revolução criativa na vida pessoal e profissional?

Para de fato praticar o pensamento criativo as **pessoas** precisam encontrar formas de inibir, especialmente no início do processo, a prática do pensamento reflexivo ou analítico, que geralmente é norteado pela estrutura, pela impessoalidade e pelo formalismo.

Só assim o julgamento antecipado poderá ser adiado, abrindo espaço para o pensamento criativo representado pela desinibição, subjetividade e fluidez, elementos fundamentais na geração de idéias para soluções de problemas.

A dimensão pessoal considera aspectos como fisiologia, temperamento, atitudes, hábitos e valores.

O **processo criativo** não ocorre como se fosse um passe de mágica. Ao contrário, exige determinação, coragem, disciplina e muito trabalho. É composto por cinco fases: preparação, incubação, iluminação, implementação e verificação, e exige do seu ator principal, e também dos coadjuvantes, características pessoais como fluência, originalidade, flexibilidade, elaboração, sensibilidade e, sobretudo, liberdade.

Podemos representar o processo criativo a partir de um balanço dinâmico entre **divergir** (adiar julgamento, aceitar todas as idéias, correr riscos, superar limites) e **convergir** (fazer avaliações comparativas, refinar e fortalecer idéias, checar sempre os objetivos).

O **ambiente** – também visto como **pressão** – exerce uma influência muito mais importante para a Criatividade do que imaginamos. Falta de apoio, desorganização, imediatismo e falta de visão são aspectos que quando incentivados podem minar a chamada Criatividade. Ao contrário, quando atuamos em ambientes que privilegiam o desafio, o risco, o dinamismo e o respeito pelo novo, estamos desestimulando o modo **"piloto automático"** de viver.

Trabalhando com afinco as três primeiras dimensões: pessoa, processo e pressão (do ambiente), provavelmente se chegará a um **produto (ou serviço) criativo**.

Com mais esta iniciativa, a FAAP não só consolidou mais a sua atuação nesta área do saber, como capacitou um grande contingente de seus professores para desenvolver projetos inovadores com o intuito de atender às demandas de um mercado de trabalho cada vez mais exigente.

Este livro, que inicia uma coleção de quatro volumes, é um dos textos adotados nas aulas ministradas por esses professores de Criatividade que se formaram, e de todos os outros.

Na apresentação desta coleção, denominada *Qualidade da Criatividade*, é preciso salientar o que vem a ser aprender criativamente analisando a seguinte fábula da convivência:

Durante uma era glacial muito remota, quando parte do globo terrestre esteve coberto por densas camadas de gelo, muitos animais não resistiram ao frio intenso e morreram indefesos, por não se adaptarem às condições do clima hostil.

Foi então que uma grande manada de porcos-espinhos, numa tentativa de se proteger e sobreviver, começou a se unir, a juntar-se mais e mais.

Assim, cada um podia sentir o calor do corpo do outro.

E todos juntos, bem unidos, aqueciam-se mutuamente naquele inverno tenebroso.

Porém, vida ingrata, os espinhos de cada um começaram a ferir os companheiros mais próximos, justamente aqueles que forneciam mais calor, aquele calor vital, questão de vida ou morte.

E afastaram-se feridos, magoados, sofridos.

Dispersaram-se, por não suportarem por mais tempo os espinhos de seus semelhantes.

Doíam muito...

Mas essa não foi a melhor solução.

Afastados, separados, logo começaram a morrer congelados.

Os que não morreram voltaram a se aproximar, pouco a pouco, com jeito, com precauções, de tal forma que, unidos, cada qual conservava uma certa distância do outro, mínima, mas o suficiente para conviver sem magoar, sem causar danos recíprocos.

Assim, suportaram-se, resistindo à longa era glacial.

Sobreviveram!!!

O aprendizado e a prática da criatividade não é uma tarefa fácil.

Exigirá de cada um muito esforço e dedicação, porém gerará excelentes resultados no final das contas.

A série *Qualidade da Criatividade*, nos seus 1º e 2º volumes tem oito capítulos (quatro em cada um), nos quais são abordados temas desde como usar melhor o seu cérebro até a eliminação dos maus hábitos, bem como o realce dos bons que propiciem o progresso da criatividade individual e em grupo.

São apresentadas muitas técnicas criativas, exemplificam-se inovações bem-sucedidas e chega-se à análise da empresa criativa.

Sabemos que em muitos capítulos alguns conceitos serão repetidos e o(a) leitor(a) vai reconhecer que já se falou algo sobre os mesmos.

Contudo, isso é intencional, ou seja, apresentam-se as mesmas coisas com outra vestimenta até que sejam aceitas e incorporadas ao seu comportamento, o que de fato estará transformando o(a) leitor(a) em uma pessoa criativa.

Aliás, foi assim que "bombardeamos" nos últimos dez anos professores e alunos da FAAP que leram a revista *Qualimetria*, na qual religiosamente sempre saiu alguma matéria diretamente ligada à criatividade, e muitas vezes tinha que se falar sobre algo que já havia sido comentado antes...

No 3º volume, a ser publicado em 2004, o foco principal será a apresentação do processo criativo como o desenvolvido pelo CPSI na Universidade de Nova York, em Buffalo, com muitos exemplos práticos analisados de forma completa.

Para isto, nos valeremos de muitos *softwares* que já existem e que facilitam bastante o desenvolvimento de um processo criativo.

Por fim, o 4º volume será dedicado totalmente à descrição do desenvolvimento e à busca de talentos, para de fato ter-se na empresa um contingente humano com grande capacidade intelectual de continuamente conduzir processos criativos, dando condição de sobrevivência a uma organização no século XXI, o **século do cérebro**!!!

A previsão para o lançamento desse último volume é no final de 2004 ou início de 2005.

Por enquanto, é vital que cada um vá se tornando um espetacular "criático", absorvendo todos os ensinamentos e idéias apresentadas nesta coleção dedicada à criatividade.

Boa sorte na absorção de todos os conceitos e ensinamentos!

Os autores.

19<<

capítulo 1

CÉREBRO HUMANO E O DESENVOLVIMENTO DA CRIATIVIDADE

1.1 – CONHECENDO UM POUCO MELHOR A MENTE HUMANA.

Diversos especialistas e educadores têm descrito o hemisfério direito do nosso cérebro como sendo a essência para a evolução do pensamento humano e chave para a sobrevivência de todos os traumas.

Destacam que o hemisfério direito é a nossa salvação, a morada da criatividade e a sede de todas as grandes idéias.

Existem outros (e não tão poucos) que acreditam que o cérebro humano é uma dupla do tipo *O Médico e o Monstro*, como foi descrito por Robert Louis Stevenson no seu livro com esse título em 1886.

O esquerdo é o lado racional, consciente e totalmente humano; e o direito é um autômato, sem qualquer contribuição para o pensamento ou para as faculdades superiores.

Alguns pesquisadores efetivamente descrevem o "lado monstro" como um retardado mental, com inteligência inferior e até mesmo perigoso.

Nos últimos trinta anos, poucos temas suscitaram tanta polêmica, interesse, especulação, descobertas surpreendentes, como a mente humana quanto às diferenças entre os dois hemisférios cerebrais.

O fato de o cérebro ter dois lados reforça a convicção de que a nossa sociedade durante muito tempo não utilizou bem uma parte inteira, vital do ser humano.

Uma opinião que recebeu em certa época crítica mundial é a de Charles Brown Séquard, para quem o nosso sistema educacional é um fracasso devido "(...) à forma errada dos nossos pais nos educarem, que nos forçaram a dar uma preferência para metade do nosso corpo para determinados atos e uma metade do nosso cérebro para outros...

Se as crianças e os jovens fossem treinados para desenvolver ambas as metades cerebrais, teríamos uma raça mais forte e saudável tanto mental quanto fisicamente".

Por seu turno, Roger Sperry, que ganhou o Prêmio Nobel por seu trabalho sobre a divisão do cérebro, dizia: "O sistema educacional e a sociedade moderna, geralmente com forte ênfase na comunicação e no treinamento precoce em leitura, escrita e aritmética, discriminaram toda uma metade do cérebro.

Refiro-me, evidentemente, ao hemisfério inferior não-verbal, não-matemático, que em minha opinião tem sua própria maneira de compreensão e análise perceptiva, mecânica e espacial.

A atenção dada a esse hemisfério cerebral (o direito) no nosso sistema escolar atual é mínima se comparada ao treinamento dedicado ao hemisfério esquerdo, ou principal."

No livro *A Mente Certa*, Robert Ornstein, pós-graduado em Psicologia na Universidade de Stanford, dos EUA, diz: "Existe uma forte tendência acadêmica e educacional para focalizar as habilidades lingüísticas como sendo a essência do que nos faz humanos.

> *O pensamento racional desenvolvido pelos gregos e aprimorado ao longo dos últimos 2.500 anos considerou a linguagem como o único sinal que caracteriza o ser humano como tal.*

O pensamento racional desenvolvido pelos gregos e aprimorado ao longo dos últimos 2.500 anos considerou a linguagem como o único sinal que caracteriza o ser humano como tal."

É evidente que nenhum outro animal fala da mesma forma que nós, mas existem precursores da linguagem humana em toda parte e os hemisférios de muitos animais parecem ter-se especializado em um funcionamento diferente.

Acreditar que somos únicos pode nos reassegurar que somos superiores a outras criaturas vivas – que somos a **espécie escolhida**.

Entretanto, uma observação mais cuidadosa revela nossa evolução a partir de outras criaturas.

Os chimpanzés, macacos, gatos, e mesmo ratos e camundongos apresentam uma preferência por uma das mãos (ou pata) em detrimento da outra.

Em muitos pássaros – incluindo os canários e os pardais – o canto é controlado principalmente pelo lado esquerdo do cérebro.

Essa qualidade revela uma surpreendente semelhança com o controle da fala realizado pelo hemisfério esquerdo na maioria dos seres humanos.

Há cerca de 4 milhões de anos as florestas do leste da África diminuíram, obrigando seus habitantes a trocar as árvores pelo chão.

Uma vez no chão, alguns deles começaram a se levantar sobre seus membros traseiros.

Naturalmente, os animais que adotaram uma posição ereta podiam enxergar mais longe que os animais curvados, podiam carregar comida nos membros anteriores, agora livres, e por certo sobreviveram melhor e puderam cuidar mais adequadamente dos mais jovens.

Entretanto duas grandes transformações aconteceram junto com essa postura bípede de nossos ancestrais (o primeiro primata foi o australopitecíneo ou o *Ramidus*): ocorreu um aumento da **assimetria** e um **crescimento explosivo** do cérebro.

As mãos puderam se tornar modeladoras delicadas, não rudes apoios.

Em nossos ancestrais um membro, geralmente o direito, foi liberado para fazer movimentos mais sutis.

A fabricação de ferramentas, armas e outros artefatos provavelmente serviram para estimular mudanças posteriores no cérebro, permitindo o surgimento de gerações sucessivas com assimetrias cada vez maiores.

Quando nossos ancestrais ficaram em pé, a parte superior da cabeça ficou mais exposta ao sol que a de qualquer outro animal.

Portanto, o corpo precisou se modificar para manter o cérebro frio.

Em uma adaptação surpreendente, a aparência física e o "funcionamento" de nossos ancestrais se modificaram a fim de difundir calor corporal.

Eles perderam pêlo e transpiraram mais que os grandes primatas.

O suprimento sanguíneo do cérebro também se modificou, porque é mais difícil bombear o sangue para cima.

No extremo oposto, a girafa possui uma série de válvulas para bombear o sangue em seu longo pescoço.

Nós não as temos, porém desenvolvemos uma nova rede vascular sanguínea que alimenta o cérebro alternadamente, e quando está quente reverte o fluxo para esfriá-lo.

As pequenas diferenças iniciais nos hemisférios continuaram a aumentar, e depois, somente depois, durante o período *homo erectus*, é que as ferramentas e a linguagem inicial impulsionaram ainda mais a evolução cerebral.

Lentamente, a complexidade da linguagem foi aumentando.

Mais tarde, há aproximadamente 40.000 anos, o cérebro tinha se desenvolvido o suficiente para permitir que nossos ancestrais desenhassem imagens representando conceitos.

As primeiras figuras organizadas de que se tem notícia foram encontradas nas cavernas de Altamira e Lascaux.

Já eram os sinais de uma mente totalmente moderna.

Depois que o cérebro moderno se desenvolveu, a fabricação de ferramentas e o início da sociedade modificaram a natureza da evolução em si.

No lugar de se adaptar ao meio externo, a sociedade criou o seu próprio ambiente e a nossa evolução foi realizada cada vez mais por nossas próprias mãos.

A escrita moderna se aperfeiçoou ao longo dos últimos 40.000 anos, muito depois que o primeiro cérebro humano se inflou para produzi-la.

Muitas das primeiras codificações do mundo começaram com **pictografia** – representações simples de um objeto –, e depois se desenvolveram em ideogramas, que representavam uma idéia ou uma palavra.

Este é um sistema que ainda funciona para os chineses e japoneses.

A forma fonográfica representa o som da fala.

Os primeiros tipos que se desenvolveram a partir das pictografias, e freqüentemente continuam existindo ao longo delas, tinham uma figura ou letra para representar uma sílaba ou fala, e ainda são encontrados hoje em dia em sistemas de escrita como o sânscrito indiano e o *kana* japonês.

Por volta do ano 1800 a.C., a escrita cuneiforme tornou-se complexa demais, "sobrecarregando" tremendamente a memória, até porque não é nada fácil aprender 3.000 símbolos diferentes...

Em virtude dessa complexidade é que o desenvolvimento do alfabeto grego moderno e abstrato, com cerca de duas dúzias de elementos, entre 1100 e 700 a.C., foi uma grande bênção.

Em vez de ter que lembrar de séries até então simplificadas de 600 a 700 hieróglifos ou milhares de ideogramas, o alfabeto precisava de apenas 24 letras.

Isto possibilitou um mapeamento econômico e preciso de símbolos visuais na linguagem falada e levou a leitura ao alcance de um número muito maior de pessoas, mesmo que ainda fossem uma pequena minoria.

E com a chegada do alfabeto, a capacidade de armazenagem externa começou a decolar.

Os gregos estabeleceram a leitura da esquerda para a direita, controlada pelo hemisfério esquerdo (Figura 1.1).

Isso é bem diferente dos sistemas pictográficos que favorecem um esquema vertical, enquanto realmente a maior parte dos sistemas taquigráficos é horizontal.

É importante destacar que é a parte do olho que recebe a informação do movimento e envia seus sinais para o cérebro. No caso da leitura ocidental clássica, o olho direito manda sinais para o hemisfério esquerdo.

Dessa maneira, diferentes ortografias podem produzir diferentes efeitos no cérebro.

Figura 1.1 – Trabalho para o hemisfério esquerdo.

O desenho é processado (veja a Figura 1.2) de preferência no campo visual esquerdo (utilizando o hemisfério direito), enquanto a seqüência é processada preferencialmente no campo visual direito (utilizando o hemisfério esquerdo).

Os gregos retiraram algumas poucas letras para as quais não tinham uso porque a língua não utilizava tais sons, e as substituíram por vogais.

Figura 1.2 – Usando mais o hemisfério direito nesta tarefa.

CAP. 1 - Cérebro Humano e o Desenvolvimento da Criatividade

E depois acabaram escrevendo sua língua na direção oposta, da esquerda para a direita.

Existem três formas básicas de se ler um texto, encontradas tanto no passado quanto no presente.

Pode-se ir da esquerda para a direita (como fazemos), da direita para a esquerda (como o hebreu e o árabe fazem), e verticalmente (como lêem os chineses e japoneses).

Veja na Figura 1.3 como se escreve Coca-Cola em várias partes do mundo.

Figura 1.3 – Coca-Cola existe no mundo em vários idiomas (de cima para baixo e da esquerda para a direita): português, árabe, russo, amárico, japonês, chinês, hebraico, coreano e inglês.

Ocorreu uma **grande revolução mental** no hemisfério esquerdo quando uma língua alfabética, de contexto completo, foi ajustada através da escrita da esquerda para a direita (Tabela 1.1).

O aparecimento desse tipo de escrita fez surgir a "mente alfabética".

Por incrível que possa parecer, as pessoas alfabetizadas no estilo grego começaram a usar mais o ouvido direito para ouvir as palavras, e isto significa que seus hemisférios esquerdos são mais ativos.

Por outro lado, os homens gregos funcionalmente analfabetos utilizaram mais o ouvido esquerdo, portanto, ativaram mais o hemisfério direito do que os indivíduos alfabetizados.

Estudos mais ou menos recentes feitos com a língua japonesa – que possui dois alfabetos, um fonético (*kana*) e um pictográfico (*kanji*) – mostram que o *kana* é melhor processado no hemisfério esquerdo, enquanto o *kanji* é melhor manipulado pelo hemisfério direito.

Nome Grego	Pictografia de Creta	Fenício	Grego Inicial	Grego clássico	Latim	Inglês moderno
Alpha	Ɐ	⅄	∆	A	A	A
Bëta	Ĝ	9	⅃	B	B	B
Gamma	૧	1	1	Γ	C	C
Delta	△	◁	∆	∆	D	D
Epsilon	目	⇉	⇉	E	E	E
	᠖	Ψ	⇃		F	F
					G	G
Zëta	⫪	⚸	I	Z		
Ëta	⊞	Ꙁ	⊟	H	H	H
Thëta	⊗	⊗	⊗	θ		
Iöta	ꓵ	Z	᠔	I	I	I
						J
Kappa	Ψ	⅄	⅄	K	K	K
Lambda	ℓ	ℓ	⅂	Λ	L	L
Mu	M	ᛘ	ᛘ	M	M	M
Nu	⟨	Ꙏ	⅄	N	N	N
Xei	⧧	⧧		Ξ		
Ou	⊞	O	O	O	O	O
Pei	᠐	⅂	᠐	⊓	P	P
	Ɽ	⌐	M			
Koppa	ꟼ	᥅	ꟼ		Q	Q
Rho	᥅	◁	⅁	P	R	R
Sigma.sa	ᛊ	W	⟩	Σ	S	S
Tau	✝	✗	✗	T	T	T
				Y	V	U
						V
						W
				X	X	X
				Y	Y	Y
				Z	Z	Z

Tabela 1.1 – Alguns dos alfabetos importantes para a evolução ocidental.

CAP. 1 - Cérebro Humano e o
Desenvolvimento da Criatividade

Além disso, o *kanji* é reconhecido corretamente com mais freqüência no campo visual esquerdo, que está ligado ao hemisfério direito.

Nós, que seguimos a tradição intelectual grega e adotamos o seu alfabeto, incluindo aí seus sons vocálicos e o modo de escrever da esquerda para a direita, influenciamos com isso radicalmente a nossa organização cerebral.

Na verdade, não deve ser tão surpreendente entender a explicação do porquê do funcionamento diferente dos dois hemisférios do nosso cérebro – isto tem tudo a ver com a Grécia antiga, **logo após a disseminação do alfabeto!!!**

Afora essa influência "recente" do alfabeto grego no funcionamento do nosso cérebro, é importante não esquecer que o mesmo se desenvolveu bem mais tarde que o cérebro dos outros animais...

Existe uma diferença real na forma pela qual os dois lados do cérebro humano se desenvolvem ao longo da vida.

O hemisfério direito "amadurece" com mais rapidez e o hemisfério esquerdo funciona com maior velocidade.

Essa diferença parece a de dois barcos em um rio com velocidades diferentes, o que dá origem às suas diferentes direções, guiadas naturalmente pela herança genética e pela seqüência de desenvolvimento.

Esta, portanto, é uma das justificativas da diferença na operação dos hemisférios.

Como o hemisfério direito, principalmente na área frontal, "amadurece" primeiro, suas funções também se desenvolvem mais cedo e são conectadas com o que está acontecendo em seu mundo na época.

Existe um atraso no desenvolvimento do hemisfério esquerdo perto da fissura silviana, a área do cérebro mais envolvida com a linguagem.

Muitas linhas de pesquisa mostram que o hemisfério direito parece emoldurar os pequenos componentes do significado do hemisfério esquerdo, orquestrando-os.

Quando acontece alguma lesão no hemisfério direito, aparentemente o paciente perde a noção do que está acontecendo dentro de si ou entre ele e o mundo.

Isso poderia ser uma indicação de que o senso de significado do mundo, em sentido mais amplo, é o que o hemisfério direito oferece, **proporcionando uma visão geral da pessoa em seu mundo**.

No final das contas, a questão de quem comanda o *show* parece depender muito do *show* ao qual se esteja referindo.

Certamente, para vínculos pontuais, ou seja, na lógica analítica restrita, na perícia de um cirurgião, no movimento da mão de um pianista ou nos movimentos precisos da língua humana, é o lado esquerdo do cérebro **que sai como vencedor!!!**

Já o hemisfério direito **assume a batuta** quando os grandes elementos do mundo precisam comandar o que se deve fazer, como entender a essência de um discurso ou de um livro, compreender a mensagem de um filme, perceber que uma pessoa está zangada, notar que um professor está atrapalhado, etc.

O hemisfério direito lida com os componentes de uma visão maior, como por exemplo "decifrar" uma imagem embaçada de uma cena ou numa fotografia (veja a Figura 1.4).

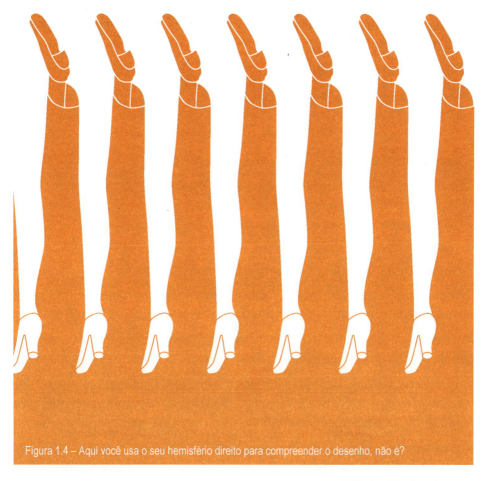

Figura 1.4 – Aqui você usa o seu hemisfério direito para compreender o desenho, não é?

CAP. 1 - Cérebro Humano e o Desenvolvimento da Criatividade

O hemisfério direito parece proporcionar o conjunto ou os sistemas gerais de alternativas entre as quais se escolherá uma (ou algumas) delas, estando aí implícita a sua importância para a criatividade.

É graças ao hemisfério direito que se consegue entender a estrutura conceitual geral do mundo, o que está conectado a quê, o que é possível aqui, quais são as posições e os significados das coisas, etc.

Como explica Robert Ornstein:

"Se for adotado que a visão moderna da mente é composta de diferentes talentos, onde cada um sobe ao palco em um certo momento, fica evidente que o hemisfério direito entra como **cenário**.

Em vista do seu foco nos grandes elementos da nossa vida, o hemisfério direito nos oferece possibilidades de escolha por meio de um processo complexo que envolve todo o poder do cérebro, o que devíamos chamar de a **mente direita** ou **certa** para diferentes ações!!!"

ENTENDENDO A CRIATIVIDADE E O ESPÍRITO CRIATIVO.

Dados de pesquisas recentes mostram que as empresas norte-americanas em 2002 aumentaram bastante os seus investimentos em treinamento formal em programas de criatividade, tendo sido canalizados para este fim perto de US$ 80 bilhões.

Não é por acaso que nos EUA surgem a cada momento propagandas mais criativas que ajudam muito a vender os seus produtos.

Um outro estudo recente nos EUA, envolvendo quase 2.000 empresas, mostrou que aproximadamente 48% delas estavam oferecendo algum treinamento de média duração em criatividade.

Em outros países, sobretudo nos europeus, é crescente também o número de centros de treinamento, com programas de criatividade voltados para a área empresarial.

Apesar de todo esse investimento, devemos lembrar que inúmeras pessoas ainda têm uma grande dificuldade com o termo **criatividade**, e existe muita "mitologia" falsa a respeito do que ela vem a ser, expressada por concepções errôneas.

Examinemos estas concepções antes de definir criatividade através das suas quatro dimensões, ou quatro Ps.

Na visão dos especialistas em criatividade, Isaksen, Dorval e Treffinger, os três principais mitos acerca da criatividade podem ser definidos como os mitos do **mistério, magia e loucura**.

1. O mito do mistério.

Criatividade, segundo alguns, é tão misteriosa que não pode ser estudada produtivamente. Acreditam algumas pessoas que criatividade vem de uma fonte externa sobre a qual o indivíduo não tem controle. **Como isto pode ser um problema?** De diversas maneiras, e principalmente quando tentamos entender o nosso estilo criativo e compreender como podemos usar nosso potencial, e esta concepção faz com que pensemos que não somos capazes.

2. O mito da magia.

Outros crêem que criatividade é algo mágico que só alguns iniciados e privilegiados possuem. Isto sugere que criatividade é um truque que alguns conhecem e, caso contem aos outros como realizar o truque, a magia terá sido desfeita. Quem crê nisto separa as pessoas em dois grupos: os **criativos** e os **não-criativos**, sendo que pessoas de um grupo não podem passar para o outro.

3. O mito da loucura.

Será que a criatividade realmente está ligada à loucura, como querem fazer parecer algumas pessoas? Ou seja, para ser criativo é necessário ser estranho ou anormal? Esta pré-concepção sugere que criatividade é um comportamento não muito saudável e deve ser evitado.

No lugar dessas pressuposições, Isaksen, Dorval e Treffinger preferem enunciar algumas afirmações produtivas sobre a criatividade.

Criatividade é algo **complexo**, mas pode ser **entendido**; **natural** (presente em todos); **saudável**; traz **satisfação** e é **importante**.

Embora a criatividade seja um conceito **complexo**, com nenhuma definição aceita universalmente, é possível **entender** o conceito e estudar sistematicamente uma ampla gama de implicações. Há mais de 50 anos as pessoas vêm estudando criatividade e muitos progressos têm sido feitos.

Parte deste estudo demonstra que a criatividade está **presente em todos os seres humanos,** em diferentes níveis e estilos. Além disso, o uso da criatividade, este dom natural, pode liberar tensões e ajudar as pessoas a serem mais produtivas, sendo algo muito **saudável**.

É lógico, a **satisfação** que advém do uso da criatividade é aquela de entender e utilizar o próprio potencial, e observar os resultados do seu uso nas pequenas ou grandes obras.

A importância fundamental da criatividade reside no fato de que seu uso pode beneficiar indivíduos, grupos e organizações, como mostraremos nos próximos capítulos.

Dito isto, o que são os **4 Ps** da criatividade?

Para definir **criatividade**, uma das abordagens multifacetadas possíveis é a de dividi-la nas dimensões principais pelas quais ela é estudada: *person* (pessoa), *process* (processo), *product* (produto) e *press* (ambiente). A fim de entender o que é criatividade, precisamos compreender as características e atributos da mesma nas pessoas, os processos, operações ou estágios de pensamento que elas utilizam, as qualidades dos produtos ou serviços resultantes, e o ambiente, situação ou contexto no qual a criatividade floresce (Figura 1.5).

As abordagens iniciais utilizadas para o estudo da criatividade na **pessoa** concentraram-se basicamente na descrição das características de alguns indivíduos altamente criativos. Observou-se que algumas características eram comuns a estes indivíduos. Todavia, o maior desafio estava em saber **quanta criatividade** cada pessoa tem. Em lugar de se chegar a conclusões sobre quantidade ou quanto, verificou-se que existem diferentes estilos de criatividade (teoria da adaptação-inovação) e que o fator motivacional pode fazer com que uma pessoa teoricamente menos habilidosa do que outra, porém mais motivada, obtenha resultados muito mais criativos.

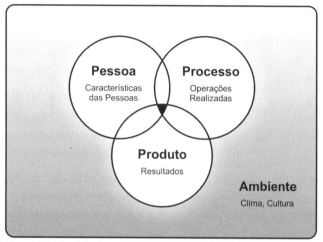

Figura 1.5 – Os 4 Ps da criatividade.

De qualquer forma, vale lembrar que ficam para a posteridade apenas os gênios inovadores, enquanto a criatividade de adaptação das pequenas coisas do dia-a-dia é usualmente esquecida.

O **processo criativo** é um dos quatro aspectos essenciais da criatividade. O estudo do processo criativo, feito em mais detalhes no Capítulo 5 (2º volume), busca determinar as fases ou etapas pelas quais as habilidades de pensamento, processamento mental e cognitivo passam à medida que a pessoa vai utilizando sua criatividade.

Produtos (ou serviços) criativos vêm em vários formatos, cores, embalagens (ou apresentações).

A pergunta principal que se faz no estudo destes produtos (serviços) é: Como se

> "Criações são produtos (ou serviços) que são novos e de valor e criatividade é a capacidade que possibilita produzir as criações."

pode saber que um produto (serviço) é criativo? Para muitas pessoas, esta área de estudo tem sido chamada de inovação em vez de criatividade, pois se concentra basicamente em resultados.

Rothenberg definiu criatividade da seguinte maneira:

"Criações são produtos (ou serviços) que são novos e de valor e criatividade é a capacidade que possibilita produzir as criações."

Como dado importante, muitas organizações envolvidas no desenvolvimento de produtos (serviços) têm hoje ferramentas para mensurar e analisar o processo utilizado no desenvolvimento de novos conceitos.

Em um dos estudos conduzidos por uma destas empresas, percebeu-se que são necessárias **50 idéias no mínimo para se conseguir um novo produto (serviço) de sucesso.**

A **análise do ambiente** criativo leva em consideração as condições de contexto, lugar, situação ou clima em que a criatividade pode ser mais facilmente desenvolvida.

A análise deste ambiente se concentra em identificar quais fatores facilitam ou atrapalham o uso da criatividade.

Há uma série de abordagens diferentes para se entender o ambiente criativo.

A mais simples é aquela que aposta que o ambiente criativo depende do clima interno dos indivíduos, os quais fazem parte de um grupo que busca soluções criativas para a qualidade das relações interpessoais entre os mesmos e visando à cultura empresarial.

Fica claro, então, que a criatividade depende de quatro dimensões, ou seja, 4 Ps, que por sua vez fazem parte de uma intrincada rede de fatores interdependentes.

Para Margaret A. Boden, autora do livro *Dimensões da Criatividade*, a criatividade é um quebra-cabeça, um paradoxo e até um mistério, pois a maior parte dos artistas, inventores e mesmo cientistas raramente sabem como suas idéias originais surgiram.

Eles falam de intuição, entretanto não sabem como ela funciona.

Se levarmos a sério a definição que alguns dicionários apresentam para criação, "trazer à existência ou formar do nada", a criatividade afigura-se não apenas estar além de qualquer compreensão científica, mas também ser impossível.

Parece que muitos gênios são simples mortais, como é o caso de W. A. Mozart.

O que se pensava dele é que em meio a um bando de idiotas sem talento, Mozart, o divino Amadeus, rindo, reinava absoluto com sua música perfeita e que ele, sozinho em seu Olimpo particular, apenas passava para o papel melodias divinas.

Muitos musicólogos comungam ainda dessa cegueira.

Mas – felizmente, para nós, mortais imperfeitos – novas evidências acabam de trazer à luz não um deus de mármore chato, mas um homem.

O pesquisador americano David Buch, remexendo em 1997 em Hamburgo num arquivo de documentos pilhados pelos russos no fim da 2ª Guerra Mundial e agora devolvidos aos alemães, encontrou uma partitura da ópera *A Pedra do Filósofo* escrita por um quarteto de compositores, um dos quais se chamava Wolfgang Amadeus Mozart.

Aí, analisando toda a partitura, David Buch e o maestro Martin Pearlman descobriram semelhanças espantosas entre *A Pedra do Filósofo* e *A Flauta Mágica*, da qual o genial Mozart é visto como o criador solitário.

Existe sem dúvida uma grande influência de *A Pedra do Filósofo* sobre *A Flauta Mágica*, o que constitui uma revelação extraordinária que permite um olhar raro, senão único, sobre o processo de composição de Mozart, em que ele toma emprestadas idéias de colegas para reelaborá-las em sua grande obra.

Avisa David Buch: "A idéia de um Mozart gênio solitário e absoluto é uma inven-

Figura 1.6 – Após a "descoberta", W.A. Mozart está se tornando um gênio comum.

ção do século XIX, porque ele sempre foi um homem prático do teatro, escrevendo não para o futuro, mas pensando na apresentação da semana seguinte.

Os estudiosos precisam revisar suas análises, em particular sobre *A Flauta Mágica*, vítima de uma bibliografia que tenta transformar cada frase, musical ou não, em alegoria.

Pois é, ao contrário do que se mostra no filme *Amadeus*, quem deve estar rindo agora é o Salieri, grande rival de Mozart."

Não surpreende, desse modo, que algumas pessoas tenham procurado "explicar" a criatividade como sendo uma inspiração divina, e muitas outras como alguma intuição ou percepção romântica.

Mas pessoas de mente científica, ansiosas para escapar do romantismo e do obscurantismo, comumente definem a criatividade como "combinação original das idéias conhecidas".

Conseqüentemente, supõe-se que a surpresa provocada por uma idéia "criativa" se deva à improbabilidade da combinação.

É a própria Margaret A. Boden que complementa dizendo: "As combinações originais precisam ter algum tipo de valor, pois chamar uma idéia de criativa pode significar que ela é apenas interessante.

Entretanto, os teóricos da combinação costumam esquecer o valor dentro das suas definições de criatividade, achando apenas que toda combinação inusitada é interessante, porém isto não significa que será uma idéia de valor.

Além disso, os teóricos da combinação normalmente também deixam de citar como a combinação original surgiu.

À parte essas duas objeções, uma grande parcela das idéias ligadas a novos conceitos, teorias, produtos, pinturas, poemas, músicas, etc., que foram consideradas criativas, baseou-se de fato em combinações incomuns.

No entanto, muitas idéias criativas surpreenderam de modo mais profundo.

É este o caso de idéias que não apenas aconteceram antes, mas que **não poderiam ter ocorrido antes**.

Existem efetivamente dois sentidos de criatividade.

Um é o psicológico, e por isto chamado de **criatividade – P,** e outro é o histórico, denominado **criatividade – H**.

Uma idéia valiosa é **P – criativa** se a pessoa em cuja mente ela surge não poderia tê-la tido antes, não importando quantas vezes outras pessoas já tiveram a mesma idéia.

Em contrapartida, uma idéia valiosa é **H – criativa** se é **P – criativa,** e ninguém mais, em toda a história da humanidade, a teve antes.

Porém hoje em dia começa finalmente a surgir uma razoável concordância a respeito do que se quer dizer com **criatividade**.

P. E. Vernon, no seu livro *The Nature – Nurture Problem in Creativity,* esclarece:

"**Criatividade** denota a capacidade de uma pessoa para produzir idéias, concepções, invenções ou produtos artísticos novos ou originais, que são aceitos pelos especialistas como tendo valor científico, estético, social ou técnico."

S. A. Mednick, num artigo publicado em 1962 na *Psychological Review,* enfatizou que:

"Criatividade é a formação de elementos associativos em novas combinações que ou satisfazem exigências ou são úteis de alguma forma."

A novidade tem também duas significações bem diferentes, que precisam ser diferenciadas com muito cuidado.

Uma é a **novidade privada**, ou melhor, aquela que eu descubro e que é nova para mim.

A outra é a **novidade pública** – aquela que eu descubro e que é nova para todos.

Essa distinção entre novidade privada e novidade pública está estreitamente associada às duas principais definições e concepções de criatividade.

A criatividade não é apenas uma função da capacidade intelectual ou uma habilidade específica, como aptidão atlética ou musical.

A primeira delas conceitua que a criatividade é um **traço**, isto é, uma variável de disposição característica de uma pessoa que a leva a produzir atos, objetos e fatos de novidade privada.

A segunda delas é a criatividade conforme mostrada pela criatividade pública, em outras palavras, através da produção real de obras que são novas no sentido público.

As duas não são de forma alguma idênticas e a demonstração disto é que muitas pessoas apresentam criatividade privada, mas não mostram nenhuma criatividade pública.

Um problema muito sério no Brasil é que ainda são poucas as instituições de ensino superior que procuram ensinar criatividade, sendo a FAAP uma exceção, e é por isto que temos ainda pouca gente evidenciando criatividade pública e criatividade privada, apesar de muitos acharem todos os brasileiros excepcionalmente criativos, confundindo muitas vezes indisciplina, malandragem e o famoso "jeitinho" com criatividade.

Aí vale responder à pergunta formulada por Jordan Ayan, autor do livro *Aha!:*

"Se todos reprimirmos nossa criatividade natural ou deixarmos de usar o máximo do nosso potencial nos primeiros anos de vida, o que podemos fazer, enquanto adultos, para despertar, revigorar e expandir a criatividade em busca de nossos objetivos pessoais e profissionais?"

E ele mesmo responde:

"Para ser inventivo e cheio de imaginação é necessário que cada indivíduo tome posse do seu **espírito criativo**.

A criatividade não é apenas uma função da capacidade intelectual ou uma habilidade específica, como aptidão atlética ou musical.

Isso porém não equivale a dizer que o **espírito criativo** não pode ser definido, quantificado e nutrido, ou que não há uma maneira de dizer quais as qualidades, das muitas que compõem nossas personalidades, que mais promovem a **criatividade**.

Existem quatro elementos fundamentais no espírito criativo – que chamo de ALMA Criativa – que significam:

Abertura;

toLerância ao risco;

âniMo;

curiosidAde.

Esses quatro elementos são o centro do nosso espírito criativo.

Diferentemente da capacidade de criar uma coreografia ou de solucionar um problema de química, são inerentes a todos nós.

Sem essas qualidades é difícil, senão impossível, ser criativo ou levar uma vida criativa.

Curiosidade é uma força inquisitiva que cada um de nós deve ter.

Um espírito criativo requer principalmente curiosidade.

Sem interesse sobre o que o mundo tem a oferecer, o que faz as coisas funcionarem, quais idéias os outros têm, você tem poucos motivos para ser criativo.

A curiosidade é o que o predispõe a investigar novas áreas ou a procurar uma maneira melhor de fazer algo.

A curiosidade direciona o seu ímpeto de criar, experimentar e constituir.

O filósofo organizacional Charles Handy, no seu livro *The Age of Unreason*, diz sabiamente: 'A necessidade pode ser a mãe da invenção, mas a curiosidade é a mãe da descoberta!'

Ao perder a curiosidade, perde-se grande parte da capacidade de criar. Uma vida na qual todo acontecimento é rotineiro não gera as idéias novas que nutrem seu espírito criativo.

Uma vida rotineira não lhe apresenta oportunidades de encontrar pessoas novas ou de ouvir novos conceitos.

Também não lhe oferece novas informações que poderão contribuir para a sua próxima idéia brilhante.

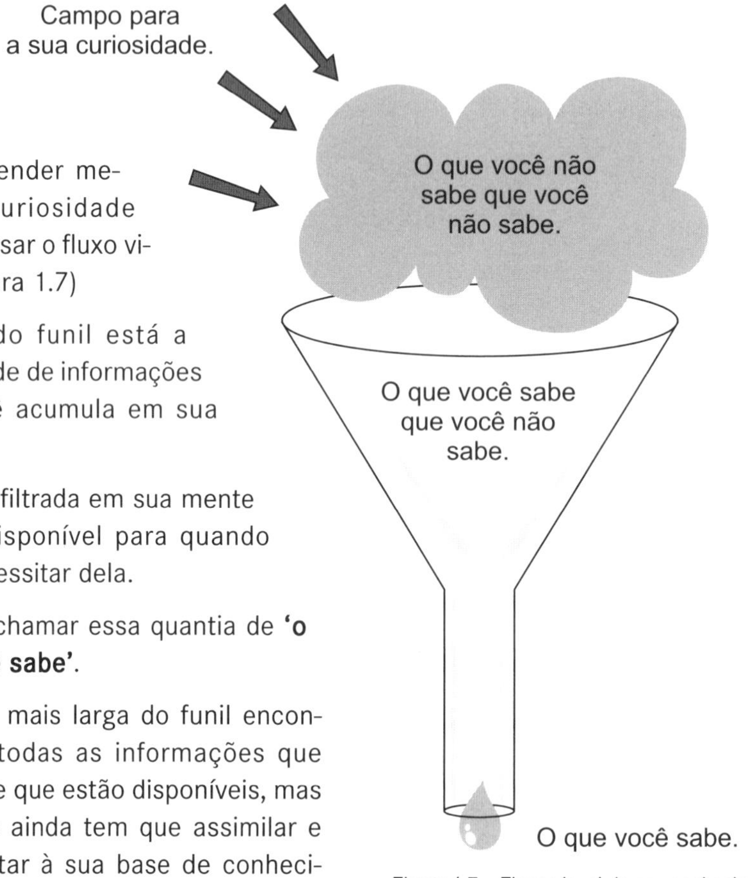

Campo para a sua curiosidade.

Para entender melhor a curiosidade deve se usar o fluxo visual (Figura 1.7)

Saindo do funil está a quantidade de informações que você acumula em sua vida.

Ela já foi filtrada em sua mente e está disponível para quando você necessitar dela.

Deve-se chamar essa quantia de **'o que você sabe'**.

Na parte mais larga do funil encontram-se todas as informações que você sabe que estão disponíveis, mas que você ainda tem que assimilar e acrescentar à sua base de conhecimento pessoal. A essa quantidade (bem maior que a anterior) deve-se chamar de **'o que você sabe que você não sabe'**.

O que você não sabe que você não sabe.

O que você sabe que você não sabe.

O que você sabe.

Figura 1.7 – Fluxo visual do seu conhecimento.

Acima da parte mais larga do funil, e estendendo-se no espaço, encontra-se um vasto, um enorme (praticamente infinito) sortimento de informações do qual você nem mesmo tem conhecimento.

Trata-se de todo o conhecimento e toda a sabedoria disponíveis na Terra e no Universo.

Chame-o de **'o que você não sabe que você não sabe'**.

A curiosidade é o processo de explorar o que existe acima do bocal do funil.

O objetivo da curiosidade intensa de um indivíduo é o de continuamente colocar mais informações no funil para alimentar o próprio espírito criativo.

A **abertura** tem tudo a ver com a flexibilidade e o respeito e admiração pelo novo.

Assim como a curiosidade, a abertura é uma qualidade vital do espírito criativo, porque estando aberto é

Figura 1.8 – Será que à medida que você foi crescendo a sua curiosidade diminuiu como as características do rosto deste homem?

que se pode aceitar novas idéias e incorporá-las ao próprio raciocínio.

Se você se sujeitar apenas às suas crenças testadas e verdadeiras, nunca desafiará a si mesmo a procurar ou ir além.

Indivíduos criativos se abrem a novas noções, pessoas, lugares e coisas.

A criatividade desponta quando se elabora sobre as percepções alheias.

Se você bloquear, ignorar ou ridicularizar as idéias alheias, não permitirá que a sua zona de conforto descubra o amplo mundo que está à sua frente.

É irônico o fato de muitas pessoas parecerem ter mais **dificuldades em ser abertas do que curiosas**.

Elas desejam explorar, mas logo que encontram uma nova idéia que não lhes agrada, se fecham e criticam, rejeitam, em vez de assimilá-la e guardá-la em seus corações e almas.

CAP. 1 - Cérebro Humano e o Desenvolvimento da Criatividade

A abertura também implica estar ciente e 'sintonizado' com as coincidências da vida.

Uma mente fechada bloqueia os conhecimentos e os encontros casuais que freqüentemente oferecem oportunidades de descoberta e invenção.

Tolerância ao risco é na essência a coragem de abandonar a sua zona de conforto.

Um espírito criativo ainda implica correr riscos.

Na verdade, sem vontade de correr riscos, a maioria dos empreendimentos criativos jamais teria existido.

Os escritores (ou os professores, ou ainda os jornalistas) se arriscam quando imprimem os seus trabalhos ou fazem comentários, bem como as pessoas de negócios arriscam seu capital e sua reputação quando dão início a novos projetos ou empreendimentos.

Figura 1.9 – Será que é preciso instalar algum dispositivo na sua cabeça para você ser mais aberto?

Correr riscos é algo que está ligado à sua zona de conforto.

Se você é tolerante a riscos, seguramente concordará em deixar a sua zona de conforto para encontrar novas idéias, pessoas e informações que podem aumentar sua criatividade.

Caso a pessoa seja avessa a riscos, ficará sempre em sua zona de conforto, escondendo-se dos desafios potenciais que podem inspirá-la para novas idéias e experiências.

Entre os riscos criativos, as classes mais conhecidas são: risco da ansiedade, risco da predestinação, risco do bolso e risco do riso.

Este último é o risco do qual todo aquele que quer ser criativo deveria rir muito, pois não se deve ter medo de um eventual ridículo por ter tentado algo novo que no fim era uma tolice ou não deu certo...

O **ânimo** é o combustível indispensável para trabalhar, sendo a fagulha da paixão que faz com que você provoque a liberação de muita energia.

A última qualidade que seu espírito criativo requer é ânimo.

Ânimo é a centelha que dá a partida.

Sem ânimo e energia mental suficiente, suas buscas criativas sofrem baixas, causadas pela falha da lógica ou pelo pensamento a curto prazo, que podem impedir que suas idéias sejam implementadas.

Sem **energia física** suficiente, suas idéias criativas não são colocadas em prática ou permanecem no armário juntando pó.

De certo modo, toda criatividade começa como pura energia, pois as idéias que compõem seu pensamento criativo não são nada além de impulsos elétricos em seu cérebro.

Sem a energia de suas ondas cerebrais, a criatividade é impossível.

O termo **ânimo** também está ligado ao grau de paixão que você dispensa a tudo o que faz.

Quando você está fascinado por um projeto, ou investiu pessoalmente em um assunto ou tarefa, sente-se cobrado e exuberante.

É capaz de concentrar energia suficiente para concluir as tarefas porque a energia que investir será recompensada pelos resultados e pelo retomo positivo.

Quanto mais você ama uma coisa, mais energia terá para se dedicar a ela, e mais criativo você será.

Quando não existe ânimo, todo o processo pode parecer enfadonho e a sua criatividade desaparece.

Desenvolver seu espírito depende, portanto, de sua capacidade de expandir sua ALMA criativa.

Quanto mais aspectos de sua vida você abordar com curiosidade, abertura, tolerância aos riscos e ânimo, mais crescerá seu espírito criativo."

DESENVOLVENDO A SUA CRIATIVIDADE.

Existe neste complicado, turbulento e confuso mundo de hoje, um apelo cada vez maior às idéias. Como prova disto, e já foi dito, empresas do mundo inteiro investem milhões de reais (ou dólares) anualmente a fim de obter sugestões para a melhoria dos sistemas nas fábricas ou então dos serviços nas organizações.

Contudo, a necessidade de idéias não pára ou começa no mundo dos negócios. As idéias são necessárias em qualquer lugar. Os homens de idéias são as raízes da nossa sociedade democrática. Sem eles estaríamos condenados.

Para começar, vejamos os seguintes 10 pontos que servem de estímulo para ajudar a desenvolver a sua mente criativa. Você deverá usá-los ou então, talvez, estabelecer seus próprios caminhos.

1. Experimente fazer alguma ginástica mental.

Estabeleça o hábito de dar um trabalho diário à sua mente. Pergunte a si mesmo: "O que eu posso criar ou inventar?" Se você não puder obter pelo menos uma idéia nova em 30 minutos, então você precisa de mais exercício.

Responda todo dia à pergunta: "Quando foi a última vez que fiz algo pela primeira vez?"

2. Pergunte coisas a si mesmo.

Que coisas faço todos os dias que poderiam ser aperfeiçoadas? A viagem de casa para o trabalho, cada manhã, pode ser aproveitada para criar alguma coisa? O tempo no chuveiro e durante o barbear me inspiram para fazer surgir idéias? Um esforço criativo de 30 minutos por dia pode ser o caminho no sentido de tornar minha vida (e as vidas de meus colaboradores) mais agradável e mais lucrativa?

3. Estabeleça um tempo e lugar para pensar.

Sem controle e direção, a mente torna-se máquina sem maquinista. Quando sua mente sai da trilha, você precisa domá-la e colocá-la novamente na linha. Estabeleça um tempo definido cada dia para pensar. Arrume um lugar onde seus pensamentos não serão interrompidos. Apesar de difícil no início, perceberá que isto logo irá se tornar hábito e uma atitude muito interessante.

Uma boa idéia para ensinar a si mesmo a pensar é, por exemplo, seguindo o que ensina o guru da criatividade, Edward de Bono, no seu livro *Teach Yourself to Think*, usando a estrutura **TO – LO – PO – SO – GO**, que permite chegar a soluções criativas.

O intuito principal do pensamento é admitir que cada um receba e medite sobre os valores.

Só o pensamento possibilita, de fato, deliciar-se efetivamente com os valores.

Sentimentos sem ter os meios para levá-los avante não servem para nada.

É como ter a chave para destrancar uma porta sem ter vontade de abri-la...

Todos nós precisamos de **valores, sentimentos** e **pensamento**.

Não há nada melhor para estimular o pensamento do que o sentimento, apesar disso o pensamento sem valor é totalmente vago.

Para Edward de Bono, existem cinco estágios de pensamento que ele simbolizou por TO, LO, PO, SO, GO (Figura 1.10).

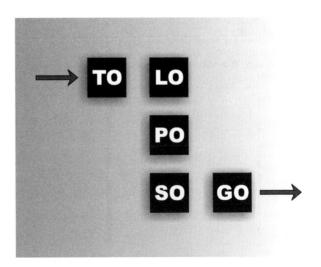

Figura 1.10 – Os cinco estágios do pensamento.

TO (para) indica a finalidade, o intuito ou o objetivo do pensamento.

No fundo busca-se responder a perguntas do tipo:

→ Onde queremos chegar?

→ Com o que se quer terminar?

→ Qual é o intuito do meu pensamento?

→ Sobre o que é que estou pensando?

Etc.

O símbolo adotado para o TO é o seguinte:

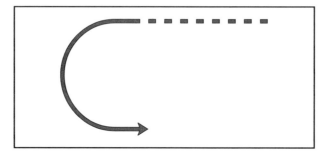

querendo dizer a linha pontilhada que estamos saindo do objetivo no qual estamos agora para um novo, representado pela linha curva contínua.

O estágio **TO** significa, portanto, **para esse objetivo, meta, finalidade ou propósito**.

O **LO** (começo da expressão *look around*, que pode ser entendida como procurar ao redor) indica que se deve olhar em todas as direções em busca da informação.

É por isso que o símbolo adotado para este estágio é:

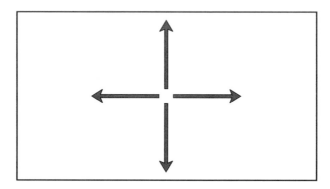

com as setas sugerindo que se deve olhar em todas as direções para não perder a informação disponível ou achar a que é necessária.

No fundo, deve-se responder a perguntas do tipo:

→ Qual é a situação?

→ O que é que nós sabemos?

→ Que informação está contida nisso?

→ O que é que estamos enxergando?

→ A informação que se tem é suficiente?

Etc.

PO (início da palavra possibilidade) é o terceiro estágio. Neste ponto buscam-se as possibilidades ou as alternativas múltiplas.

O símbolo utilizado é:

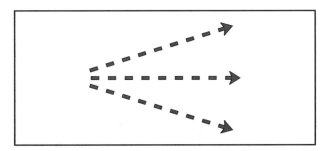

para indicar que não se têm ainda linhas de ação, apenas possibilidades que devem ser trabalhadas melhor para se tornarem opções mais sólidas.

Dá-se uma grande ênfase a se ter mais de uma possibilidade, abrindo-se espaço para hipóteses, suposições, abstrações poéticas, etc.

Edward de Bono neste estágio estabelece três níveis que são: o da própria possibilidade, o da fantasia e o da provocação.

Nesta linha de raciocínio, digamos que se deva resgatar alguém que está no topo de um prédio.

No nível **possibilidade** se pensaria numa escada ou num helicóptero, no nível **fantasia** se pensaria no *Superman*, e no nível **provocação** se imaginaria um prédio que iria derretendo até que o último andar chegasse ao chão sem nenhum problema para quem estivesse no topo...

Neste estágio gerador deve-se responder a perguntas do tipo:

→ Como devemos fazer isto?

→ Qual é a solução?

→ Como proceder para atender às necessidades?

→ Qual é a maneira para vencer esse obstáculo?

Etc.

A finalidade do estágio **PO** é a de produzir múltiplas alternativas que permitam atingir o que desejamos no nosso pensamento.

Essas possibilidades são, então, a fonte de alimentação para o estágio **SO** (em inglês *so* significa assim, dessa forma, portanto) no qual se desenvolve, avalia e se escolhe alguma entre as alternativas propostas.

Por conseguinte, no estágio **SO** procura-se uma escolha, uma decisão e uma conclusão.

É o estágio do resultado e por isso o seu símbolo é:

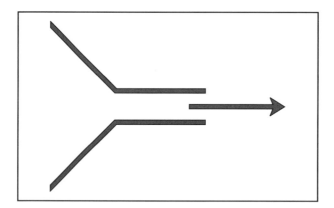

significando que se vai estreitar ou convergir para alguma ação.

Freqüentemente, dentre as múltiplas possibilidades se chegará a uma conseqüência ou resultado.

Neste estágio busca-se responder a perguntas do tipo:

→ E agora, o que fazer?

→ O que escolheremos nesse caso?

→ Em vista disso, o que faremos?

→ Entre essas alternativas, qual se deve escolher?

Etc.

A seqüência dentro do estágio **SO** é a seguinte: do desenvolvimento das alternativas se vai para a avaliação, daí para as escolhas, em seguida se toma a decisão, e daí se parte para a ação (estágio **GO**).

O quinto estágio, **GO** (ir, em inglês), representa o "passo para a frente".

Na realidade, corresponde a uma resposta para perguntas do tipo:

→ Como faremos a seguir?

→ O que resulta de todo esse nosso pensamento?

→ Que providência estamos tomando em relação a isto?

→ Após todas essas "negociações", o que resultou?

Etc.

O símbolo utilizado para o estágio **GO** é o seguinte:

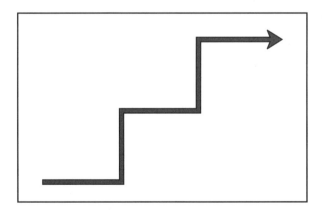

que significa **ir em frente e para cima**!!!

Ele implica uma ação positiva e construtiva.

Aliás, o intuito do estágio **GO** do pensamento é fazer bom uso do que resultou do estágio **SO**, colocando a idéia para funcionar.

Às vezes, o estágio **GO** é simples e curto porque o resultado desejado do pensamento é uma informação, uma compreensão ou uma decisão, porém que deve ser quase sempre seguida de uma ação.

Com esses cinco estágios, Edward de Bono elaborou um esquema simples para se pensar.

Conforme ele mesmo salienta, resumidamente o método é o seguinte:

→ **TO**: O que é que eu quero fazer?

→ **LO**: Qual é a informação que eu preciso (ou necessito) ter?

→ **PO**: Como é que eu vou chegar lá?

→ **SO**: Qual é a alternativa que devo escolher?

→ **GO**: Como é que eu devo proceder para colocar isto em ação?

Use, pois, o TO-LO-PO-SO-GO, e **pense melhor!**

No Capítulo 5 (2º volume) abordaremos com mais detalhes o processo criativo.

4. Programe uma cota a ser cumprida.

O estabelecimento de um tempo e lugar não é suficiente. Você deve também fixar uma cota. Obrigue-se a criar ao menos duas idéias por dia e logo se achará sobrepujando essa cota. Um fato leva a outros fatos; idéias produzem idéias. Faça uma relação de idéias.

Carregue-as consigo e adicione tudo o que vier à tona durante o dia. Apenas por que não é sua "hora de pensar", ou porque você não está no seu "lugar de pensar" não é razão para excluir uma idéia surgida.

5. Conserve lápis e papel à mão (ou então tenha seu *notebook* ou *palmtop* bem próximo).

O lápis serve de instrumento para dar vida à idéia e estimular o pensamento, assim como o seu computador. Tão logo você tenha uma idéia, coloque-a no papel (registre-a) e dê-lhe forma. As idéias são como o vento: **voam rapidamente**. Se você não as anotar (guardar) poderá perdê-las para sempre. Coloque-as no papel e assim começará uma coisa concreta.

6. Arrume um arquivo especial para guardar as idéias.

É necessário um lugar conveniente para "guardar" suas idéias. Um envelope pode servir para esta finalidade. Faça da forma que ficar mais fácil para você. Guarde sua relação de idéias dentro de uma "sacola" (ou de um computador), e então, de tempo em tempo, dê uma verificada em todas elas. Rejeite as idéias sem grande importância e trabalhe novamente algumas das mais interessantes. Uma pesquisa periódica na sua "sacola" poderá produzir uma reação em cadeia com o surgimento de mais idéias.

7. Trabalhe em grupo.

Duas cabeças pensam melhor que uma.

Thomas Carlyle cita: "O lampejo de pensamento gerado em uma mente solitária desperta sua semelhança em outra mente." Um número tremendo de brilhantes inovações surgiu como resultado de reuniões criativas onde duas ou mais pessoas "quebraram a cabeça" para solucionar um problema.

8. Não limite a criatividade ao seu trabalho.

Use sua força criadora em casa, nas diversões e também com seus filhos. Diz-se que as esposas são mais criativas que os maridos. A rotina das dificuldades e dúvidas das atividades domésticas convoca a dona de casa para um grande esforço imaginativo e talentoso, muito mais do que a maioria dos maridos possa admitir. Você pode exercitar seu potencial criativo tomando parte ativa no planejamento do "menu" semanal do jantar.

Ou então, incumbindo-se de criar situações para alegrar as atividades de sua família, incluindo seus filhos.

9. Conheça seu problema.

As complexidades de um problema devem ser conhecidas antes de se buscar uma solução. Defina, nesse caso, o problema. Isole-o.

Desdobre-o em seus elementos. Quanto mais simples é o objetivo, tanto mais simples é a solução. Uma vez separado em categorias, você pode começar a obter o material necessário para ajudá-lo a desenvolver uma solução satisfatória.

> *As complexidades de um problema devem ser conhecidas antes de se buscar uma solução. Defina, nesse caso, o problema. Isole-o.*

10. Evite julgamentos prematuros.

Julgar o fruto do seu trabalho criativo deveria ser o passo final da solução do problema. Fazendo um julgamento muito cedo, você coloca obstáculos desnecessários no caminho da "idéia em desenvolvimento". Deixe sua imaginação correr, dê-lhe liberdade, permita que ela siga seu próprio caminho. Então prepare-se e, com um olho judicial, submeta suas idéias a uma avaliação cuidadosa.

Pode-se dizer que os atributos da criatividade são motivação, persistência, curiosidade, independência, sociabilidade, divertimento e ausência de planejamento rígido, ou seja, a **desordem criativa**.

Aliás, essas características serão bastante comentadas e analisadas ao longo de todo o livro nos outros capítulos.

Além dos dez pontos que estimulam a criatividade e dos sete atributos citados há pouco, você pode usar no seu lar as seguintes estratégias para progredir de maneira inovadora passo a passo, indo do nível 1 até o nível 7 (veja a Figura 1.11).

Figura 1.11 – Estratégias para a evolução.

Nível 1 - Fazer certo as coisas.

Aí está se referindo à sua maneira de falar e de se comunicar, a cumprir o que prometeu, a iniciar um eficiente programa de poupança, ou então a executar melhor as suas tarefas no lar. Quanto espaço para melhorar, não é?

Nível 2 – Fazer as coisas certas.

Agora a sua criatividade tem que ser um pouco maior para ajustar as prioridades da sua vida familiar dando preferência ao lazer, a buscar um novo plano de investimentos, escutar melhor o que os outros falam, elogiar mais os outros e ser mais atencioso com todos aqueles com os quais se relaciona.

Nível 3 – Fazer melhor as coisas.

É preciso aqui um novo incremento na sua criatividade, tratando de ser mais amoroso e com mais interesse para ajudar os seus parentes, buscando desenvolver novos hábitos, tornando-se mais consciente sobre os vários custos ligados à manutenção do lar e aumentando as suas economias.

Nível 4 – Deixar de fazer certas coisas.

Agora é hora de abandonar certas coisas, como parar de pensar de forma negativa, eliminar as reclamações e as críticas exageradas, simplificar as suas atividades, deixar de comprar coisas só por impulso, desintoxicar a sua vida e procurar eliminar os desperdícios, como de: energia, alimentos, vestuário e seu tempo.

Nível 5 – Fazer as coisas que os outros estão fazendo bem.

Não deixa de ser criativo copiar ou "assimilar criativamente" aquilo que os outros fazem melhor, e neste sentido é necessário ler mais, estudar, discutir, e então anotar todas as boas idéias nem que seja na geladeira, ou partir para um período de férias e ao voltar tentar adaptar tudo o que viu de bom.

Nível 6 – Fazer coisas que não tenha feito antes.

É aí que aparece um pouco (ou muito) de "desordem" criativa, sendo interessante você sair para uma viagem com a família sem nenhum programa estruturado, ou mesmo contratar um profissional para fazer um serviço na sua casa que você acha que faz bem, ou até tentar fazer realmente alguma coisa que nunca fez antes [se for algo sexual, a melhor idéia é tentar com a própria(o) companheira(o)].

Nível 7 – Fazer coisas que não podem ser feitas (as "impossíveis"...).

É neste ponto que a sua criatividade e imaginação atingem o patamar máximo, quando você deve sonhar com o impossível, por exemplo com a Sharon Stone (ou Mel Gibson, se você for mulher) numa praia deserta... Procure transformar os sonhos em realidade, imaginar como seria fantástico se algo ocorresse e tentar gostar cada vez mais daqueles que vivem consigo.

Não é nada fácil chegar a ter um excelente desempenho em todos os níveis, mas seguramente a sua vida no seu lar será muito melhor se você se aplicar com dedicação para percorrer todos os níveis.

Não é nada fácil chegar a ter um excelente desempenho em todos os níveis, mas seguramente a sua vida no seu lar será muito melhor se você se aplicar com dedicação para percorrer todos os níveis.

E aí utilize as mesmas estratégias também no seu trabalho em cada um dos níveis.

Nível 1 – Fazer certo as coisas:

- ✔ siga os procedimentos;
- ✔ compreenda os padrões;
- ✔ livre-se das embrulhadas;
- ✔ torne-se mais eficiente.

Nível 2 – Fazer as coisas certas:

- ✔ ajuste suas prioridades;
- ✔ seja focado;
- ✔ faça primeiro o que é mais importante;
- ✔ torne-se mais efetivo.

Nível 3 – Fazer melhor as coisas:

- ✔ pense um pouco sobre o que está fazendo;
- ✔ procure encontrar meios para melhorar as coisas;
- ✔ ouça as sugestões dos que trabalham consigo;
- ✔ ajude, tutore e lidere os outros.

Nível 4 – Deixar de fazer certas coisas:

- ✔ pergunte mais: "Por que faço isso?";
- ✔ use a regra de Pareto dos 80:20 para simplificar;
- ✔ pare de fazer aquilo que não agrega valor;
- ✔ continuamente restabeleça o foco.

Nível 5 – Fazer as coisas que os outros estão fazendo melhor:

- ✔ observe e perceba aquele que já tem sucesso;
- ✔ leia mais sobre as melhores práticas;
- ✔ pense naqueles que pensaram ou fizeram antes de você;
- ✔ copie de maneira criativa!!!

Nível 6 – Fazer as coisas que não tenha feito antes:

- ✔ pense em ter mais tempo para pensar;
- ✔ pergunte: "Por que não?";
- ✔ combine novas tecnologias;
- ✔ concentre-se em algo que é diferente e não tem similar.

Nível 7 – Fazer coisas que não podem ser feitas:

- ✔ quebre as regras;
- ✔ torne-se um pouco louco, fique sem foco e com um comportamento caótico;
- ✔ questione todas as premissas;
- ✔ diga: "O que é impossível hoje, não será amanhã";
- ✔ destaque: "Não seria maravilhoso se isso já pudesse ser aplicado, comprado ou usado...";
- ✔ saliente que nesse novo caminho teremos um verdadeiro efeito mágico!!!

Convém frisar que com um razoável esforço é possível rapidamente alcançar o nível 3, porém para chegar aos níveis mais elevados no trabalho (ou no lar) é necessário muita persistência e possuir um razoável grau de autonomia.

Se após tudo isso não ficou claro como você deve proceder para se tornar mais criativo e melhorar principalmente sua vida no lar e no emprego, aí vai uma receita compacta para melhorar sua criatividade.

RECEITA PARA A CRIATIVIDADE.

1. Lutar pelas suas idéias.

2. Propor diariamente para si mesmo o questionamento "E se...?"

3. Manter a competência no seu campo de ação.

4. Ler livros e receber informações de outros campos.

5. Evitar padrões de comportamento muito rígidos.

6. Estar aberto e receptivo a novas idéias.

7. Estar sempre alerta observando tudo e usando todos os seus sentidos.

8. Envolver-se continuamente em atividades criativas.

9. Desenvolver o seu senso de humor, incluindo aí a capacidade de rir de si mesmo.

10. Conhecer os seus pontos fortes para poder utilizá-los cada vez mais.

11. Ver oportunidades em todos os problemas, nas falhas e nos pontos fracos.

12. Adotar uma atitude de tomador de riscos, aproveitando as possibilidades incertas.

13. Praticar exercícios físicos e esportes e saber relaxar reduzindo o seu estresse.

Essa receita bem seguida o "viciará" em Criática, a disciplina que contém os ensinamentos para ser um competente criático, quer dizer, hábil em criatividade.

A talentosa pesquisadora do assunto, profa. Eunice Soriano de Alencar, no seu livro *A Gerência da Criatividade – Abrindo as Janelas para a Criatividade Pessoal e nas Organizações*, oferece duas boas receitas: a do bolo e a do elixir da criatividade, que são as seguintes (Tabela 1.2):

Tabela 1.2

Bolo de Criatividade
Ingredientes

10 colheres (sopa) de motivação	10 colheres (sopa) de autoconfiança
2 xícaras de conhecimento	2 xícaras de sensibilidade
1 xícara de liberdade	500 ml de mente aberta
5.000 ml de incentivo	1.000 ml de crise
1.000 g de coragem	Uma pitada de intuição
Curiosidade a gosto	

Modo de preparar

Misture gradativamente os ingredientes com muita determinação e emoção. Em caso de pressão, o tempo de preparo poderá ser abreviado. Não deixe nenhum desses ingredientes em banho-maria. O tempo de cozimento depende de sua intuição. Recheie com um pote da mais requintada originalidade, cubra com glacê de *marketing* e confeite com boa sorte.

Elixir da Criatividade
Ingredientes

90 g de vontade	40 g de recursos materiais
30 g de autoconfiança	10 g de estímulo
40 g de conhecimentos	10 g de disponibilidade
10 g de coragem	100 ml de flexibilidade

Modo de preparar

Misture a vontade com a coragem, bata com **autoconfiança** e deixe disponível a fim de que cresça. À parte, pegue os **recursos materiais**, adicione o **estímulo** e o **conhecimento**, levando ao fogo durante o tempo necessário, em temperatura máxima. Retire do fogo e, sem deixar esfriar, adicione à massa já crescida, estimulada com o veículo líquido da **flexibilidade**.

Agite bem e guarde em frasco transparente, em local bem visível para que todos possam usufruir desse composto altamente salutar para o bom desempenho profissional.

Você alimentará bem sua criatividade se "comer" regularmente esse bolo, e saciará a sua sede se beber periodicamente esse elixir!!!

AS QUATRO FACES DA CRIATIVIDADE

Há quem diga (incluindo-se aí o especialista em comportamento M. Kirton) que pessoas têm quatro faces para a criatividade quando aparecem com o aspecto de: **analisador, implementador, colaborador** e **imaginador** (idealizador ou bolador).

O grau em que o estilo de pensamento de cada um se alinha ou se acomoda a uma das quatro faces define a proporção segundo a qual cada um usa aquele estilo para tomar decisões ou aceitar as novas idéias.

Cada "cara" é tão diferente da outra na maneira que pensa, processa, recebe informações, etc., que parece até que elas falam línguas diferentes.

Naturalmente toda face ou cara distinta corresponde a um cérebro trabalhando diferentemente.

Enfim, é como se tivéssemos quatro personalidades diferentes!!!

O ANALISADOR

É todo indivíduo que pensa seqüencial e logicamente.

Ele fica intrigado com os fatos e a informação confiável.

Para ele também é muito importante a comparação numérica e a quantidade.

Normalmente o analisador é contestador, preferindo geralmente os resultados tangíveis no lugar dos intangíveis.

Suas decisões são sempre baseadas na lógica e nunca na intuição!!!

As idéias que ele aceitará mais facilmente são aquelas nas quais existe um claro ganho mensurável.

O analisador faz muitas perguntas do tipo: "O quê?" e "Quanto?"

Figura 1.12 – O analisador.

A quantidade lhe interessa muito e quer ter respostas para perguntas do tipo:

→ "Quais são os fatos?"

→ "Quais são as características?"

→ "O que diz a pesquisa?"

→ "Quanto vai custar isto?"

→ "Quais são os recursos necessários para isto?"

→ "Que testes já foram feitos?"

→ "Que tipo de análise já foi realizada?"

→ "O que justifica o risco?"

→ "Em quanto isto aumentará a produtividade da linha de frente ou do piso de fábrica?"

Etc.

CAP. 1 - Cérebro Humano e o Desenvolvimento da Criatividade

O IMPLEMENTADOR

O implementador, como o analisador, processa a informação de uma maneira seqüencial, porém ele é mais executor do que pensador.

Encontram-se muitos implementadores em carreiras que exigem um envolvimento de alguém que põe a "mão na massa", vale dizer, como gerentes de fabricação, na atividade militar (sargentos e tenentes), funcionários de compra, etc.

O implementador é organizado, metódico no seu enfoque e dá uma grande atenção aos detalhes.

De fato, preocupam-no mais os detalhes do "como" do que o próprio conceito de uma inovação de sucesso.

Da mesma maneira que o analisador, ele não é muito espacial ou visual, e o que lhe agrada muito é ver o plano de ação, a estrutura e o sistema, em vez de ver um protótipo ou um quadro geral, apesar de ambos serem também importantes.

O implementador olha muito para a qualidade e a confiabilidade, baseando as suas decisões na praticidade, na previsibilidade, na utilidade e numa metodologia precisa, detestando aqueles que se apóiam no "achismo".

O implementador costuma fazer perguntas começando com "Como":

→ "Como isso é usado?"

→ "Como funciona isso?"

→ "Como podemos lucrar com isto?"

→ "Como se pode vender isso?"

→ "Como produziremos isso?"

→ "Como terei a certeza de que não vai parar?"

→ Ao fazer essas perguntas, o implementador realmente está dizendo: "Mostre-me!"

Figura 1.13 – O implementador.

O COLABORADOR

O colaborador é aquele que busca ser o facilitador (*coach*) e o confessor.

Ele está continuamente se preocupando com os sentimentos dos outros, tendo forte empatia pelas pessoas que estão ao seu redor.

Adora trabalhar em equipe porque aprecia a dinâmica de um grupo. Sua preocupação germina com os outros, e o inspira a ser voluntário numa grande variedade de tarefas.

O colaborador pensa de maneira simultânea; entretanto, como o implementador, ele é mais um executor do que um pensador.

Muito da sua informação é proveniente dos seus sentidos, lembrando de experiências vividas que têm profunda influência sobre ele.

Figura 1.14 – O colaborador.

Seu intuito é produzir harmonia a partir da discórdia e fazer com que a ambigüidade transforme-se em um propósito comum.

O colaborador é aquele que busca ser o campeão de alguma causa que provoque o bem geral.

Freqüentemente toma decisões a partir de sentimentos intuitivos sobre as necessidades que acredita terem as pessoas.

A pergunta preferida do colaborador é: "Por quê?"

Não é por acaso, pois, que as suas perguntas são sempre do tipo:

→ "Por que as pessoas ficarão satisfeitas com essa idéia?"

→ "Por que as pessoas comprarão isso?"

→ "Por que isso se transformará em uma experiência significativa?

→ "Por que você está preocupado?"

→ "Por que eles estão tristes?"

O IMAGINADOR

O imaginador é aquele que pensa de forma simultânea e não-lógica.

Para ele, "um mais um" não é obrigatoriamente 2, podendo ser 11, 3 ou qualquer outra coisa. A sua mesa é geralmente toda bagunçada (diferentemente do que acontece com as mesas do analisador e do implementador).

Não trabalha num fluxo seqüencial e geralmente está envolvido com vários projetos ao mesmo tempo.

Na sua conversação é comum ele saltar de um tópico para outro totalmente diferente.

No seu papel de solucionador de problemas (SP) é comum partir em busca de novas soluções quando a última nem foi implementada adequadamente.

O imaginador é mais visionário do que tático e substitui com freqüência a lógica pela intuição na sua tomada de decisão.

Gosta de assumir idéias arriscadas quando pode visualizar o "grande quadro".

O imaginador adora usar o "Se" nas suas questões.

Ele quer saber coisas do tipo:

→ "Se essa é uma boa idéia, então quais são as possibilidades que vêm a seguir?"

→ "Se não há nenhum risco, então o que há de novo?"

→ "Se isto já foi feito antes, como poderíamos dar um novo aspecto para a coisa?"

Figura 1.15 – O imaginador.

→ Quando ele pergunta: "O que aconteceria se...?", é sinal de que está gostando da idéia e quer adotá-la.

Observações importantes:

1. Dentro desse enfoque de "quatro faces", seguramente o que mais sucesso faz, em especial com os estudantes de criatividade, é o proposto por Roger von Oech no seu livro *Um Toc na Cuca* (*A Whack on the Side of the Head*).

Para se ter sucesso no processo criativo, esse autor recomenda que cada um de nós saiba desempenhar quatro papéis principais que incorporam um tipo diferente de pensamento.

Estes papéis são de: **explorador, artista, juiz e guerreiro**.

Ele resume isto dizendo:

"Como **explorador**, seu papel é o de constantemente buscar novas informações e recursos.

Você, como **artista**, deve fazer o papel daquele que consegue transformar os recursos em novas idéias.

Como **juiz**, seu papel é avaliar os méritos de uma idéia e decidir o que fazer com ela.

Finalmente, como **guerreiro**, seu papel é lutar e vencer todos os obstáculos que impedem que a sua idéia seja colocada em prática."

Além de tudo, não se publicou até agora nenhum livro sobre criatividade no qual alguém tenha conseguido – através de desenhos e imagens – representar tão bem as suas idéias sobre os bloqueios, como Roger von Oech, com a ajuda do ilustrador George Willett, o que realmente auxilia muito a assimilação dos conceitos por ele apresentados.

2. Julia Cameron, no seu livro *Criatividade – A Mina de Ouro*, consegue dar uma boa receita para que as pessoas sejam mais criativas, hoje seguida por cineastas famosos como Martin Scorcese e Steven Spielberg.

Fundamentalmente ela recomenda que as pessoas que queiram aumentar o seu espírito criativo exercitem três atividades continuamente, que são:

Páginas matinais – Para desenvolver a sua criatividade, todas as manhãs escreva à mão (ou no seu *notebook*) pelo menos três páginas de tudo o que lhe vier à cabeça.

Essas páginas não precisam ser uma obra de arte, ou refletir pensamentos.

Já disse Vita Sackville-West: "É preciso escrever para os dias não passarem em branco."

Mais do que isso, as páginas matinais o tomarão centrado, equilibrado, fortalecido e iluminado.

Irão dar-lhe conforto, estímulo, desafio e atitude dinâmica.

Encontro com o artista deve ser aquela hora (ou mais, cada semana) gasta consigo mesmo fazendo algo alegre, e visa a promover o descanso, que por sua vez promove a inspiração.

Ir a lojas, visitar museus, passar algum tempo em igrejas e catedrais, ver filmes de qualidade, ouvir palestras sobre o bizarro, o improvável ou meramente interessante, assistir a espetáculos musicais, fazer um passeio a um local tranqüilo às margens de um rio, etc., podem funcionar como um encontro com o artista.

Os encontros com o artista, conjuntamente com as páginas matinais, realizam ajustes importantes na quiroprática espiritual.

Isto é, tendem a nos alinhar com uma corrente que poderia ser chamada de sorte, coincidência ou boa direção.

É o que o dr. Carl Jung chamou de "sincronicidade": tendemos a estar no lugar certo na hora certa, encontrando não só apoio, como também a oportunidade.

O ideal é que um encontro com o artista seja um tempo para receber um influxo – novas imagens de uma atividade agradável; novas perspectivas proporcionadas pelo tempo que passamos sozinhos, livres do que nos fornecem as fontes familiares; novas correntes de pensamento e atividades criadas pela ação da sincronicidade.

Caminhar diariamente pelo menos 20 minutos todos os dias é uma atividade que todos deveriam incorporar aos seus hábitos.

Caminhar nos torna abertos, nos alimenta.

Imagem por imagem, fornece-nos alimento para a alma, que nos sustenta enquanto fazemos o trabalho necessário para organizar e reorganizar nossas vidas.

Em outras palavras, podemos caminhar para fora de um "problema" e na direção de uma "solução".

Caminhar é um exercício que aumenta a nossa capacidade de ouvir atentamente.

Quando caminhamos, estimulamos as nossas terminações nervosas, tornando-nos mais alertas e sensíveis.

É a isso que o especialista em cura através do som, Don Campbell, se refere como "uma percepção aguda em um espaço interno poderoso onde ficamos em estado de alerta". Em outros termos, caminhar é uma forma de meditação. Quando estamos muito tensos, fartos do tumulto de nossas vidas estressantes, recuperamos nossa energia espiritual por meio de nossos pés. Caminhamos na terra e nos mantemos firmes caminhando. É o que o mestre zen Dogen chamou de "o caminho do eu". Quem caminha pelas linhas de energia experimenta um realinhamento em suas próprias energias. Se o permitirmos, o mundo físico será um grande mestre espiritual.

Bem, Julia Cameron "força" também todo aquele que vai seguir os seus ensinamentos a se comprometer com os mesmos assinando um documento:

Contrato de criatividade.

Ao partir em sua jornada, freqüentemente é útil comprometer-se de um modo oficial.

Você pode desejar usar este contrato, ou escrever outro.

Assine-o, date-o e altere-o se necessário:

Eu,_____, compreendo que estou começando a passar por um processo interior rigoroso que irá me testar e liberar.

Assumo o compromisso de usar as três ferramentas para recuperar a minha criatividade: **páginas matinais, encontros com o artista e caminhadas diárias**.

Eu,_____, reconhecendo que sou responsável por meu equilíbrio espiritual e porque as ferramentas deste livro levantarão questões e emoções com as quais terei de lidar, assumo o compromisso de cuidar de mim mesmo de forma adequada no que se refere ao sono, à nutrição, a exercícios físicos, à solidão e à compaixão pessoal.

_____   _____
(Assinatura)   (Data)

Seria bom ainda que o(a) leitor(a) deste livro também elaborasse algo semelhante, comprometendo-se a estudar atentamente tudo o que está exposto. Você vai fazer isto, não é?

3. O engenheiro químico Maury Cardoso Fernandes, no seu livro *Criatividade – Um Guia Prático, Preparando-se para as Profissões do Futuro*, apresenta uma interessante fórmula para se chegar a ser mais criativo e mais humano.

Ele faz a seguinte pergunta básica: **"Por que se deve reaprender a aprender?"**

E em seguida responde: "Porque no ano 2010, por exemplo, o conhecimento existente deverá estar dobrando a cada 80 dias; as inteligências lógico-matemática e lingüística, que são muito importantes, não serão mais suficientes para garantir o bom desempenho profissional, e assim cada um terá de aprender muito mais.

O ensino para atender a essa nova demanda deverá ser individualizado e voltado para o talento de cada um.

Lamentavelmente, os nossos professores só estarão preparados para atender bem às necessidades dos estudantes daqui a muitos anos...

Infelizmente, apesar de todas as pessoas serem criativas, apenas 6% conseguem usar a sua criatividade!!!

É, pois, necessário que muitos "recuperem" a sua criatividade, e dificilmente os cursos de graduação e pós-graduação tradicionais permitirão alcançar esse objetivo.

Em vista disso, cada um deve procurar aqueles cursos que lhe permitam **aprender descobrindo**, desenvolver no mínimo as suas oito inteligências (intuitiva, emocional, espacial, corporal, musical, relativa à natureza, lingüística e lógico-matemática) e o hábito de pensar.

Felizmente, revistas e cursos por computador via Internet estão sendo criados pelos melhores profissionais do mundo.

Acredita-se que nos próximos dez anos será inventado quase 1 milhão de produtos novos, tão revolucionários como o telefone celular.

É por isso que você precisará ser intuitivo, para inclusive decidir quais dessas inovações não poderá deixar de usar (pense apenas na imensidão de *softwares* que surgirão).

Você reaprenderá a aprender onde estiver, até dormindo e obviamente na escola!!!

No século XXI é necessário agir de acordo com o ciclo **ser − fazer − ter − ser mais**.

→ **Ser** – O que você quer ser na vida?

→ **Fazer** – O que você pode fazer por você, sua família e a comunidade?

→ **Ter** – De que coisa você precisa?

Todo aquele que responder a essas questões chegará ao **ser mais** – basicamente **mais humano**, amando o próximo e feliz, **além de buscar ser criativo**, pois assim o trabalho de cada um será uma alegria.

Realmente, quando uma criança nasce dizemos que ela é um ser humano e está apta para crescer.

Porém, para aprender e nos desenvolver necessitamos **fazer**.

Quando aprendemos fazendo, desenvolvemos em muito a nossa inteligência corporal (cinestésica).

Quando o ser humano se torna adulto e se prepara para ser independente, ele tem de fazer para **ter** as coisas.

O psicólogo A Maslow percebeu que o ser humano se desenvolve atendendo primeiro às necessidades de segurança, ou seja, ele necessita **ter** comida, dinheiro, um lugar para morar, boa saúde, etc.

Quando conseguir atender a essas necessidades, se torna um **novo ser**, e aí está pronto para percorrer um novo caminho e atender aos seus anseios, quando começa a querer **ser mais**!!!

Quando empresários e seus empregados estiverem trabalhando no estágio ser mais, valerá o que disse um dia Franklin P. Jones: 'Não é o amor que faz girar (tocar) o mundo (a empresa).

O amor é que faz com que valha a pena o giro (a empresa funcionando).'

É vital, pois, que todos orientemos as nossas vidas seguindo o ciclo **ser-fazer-ter-ser mais**, almejando cada vez mais **ser mais criativo**."

A SERENDIPIDADE

No livro *Serendipity,* Royston M. Roberts descreve as descobertas mais espetaculares feitas de forma eventualmente não programada, ocasional, fortuita, ou talvez até sem querer.

Na realidade, o nome completo do seu livro é *Serendipity – Accidental Discoveries in Science*, e o autor começa o livro perguntando: "O que *velcro*, penicilina, raios X, *teflon*, dinamite têm em comum?"

Todas essas coisas foram descobertas por acidente, assim como milhares de outras que tornam hoje a nossa vida mais conveniente, agradável, saudável ou interessante.

Existem descobertas que sem dúvida nenhuma, chegaram a nós graças à *serendipity* (serendipidade), que é a dádiva de encontrar repentinamente algo valioso ou conveniente através de um golpe de sorte.

Em alguns dicionários explica-se a serendipidade (alguns também falam serendipismo...) como a "faculdade de conseguir alcançar descobertas valiosas e não esperadas por acidente".

Na realidade, a palavra *serendipity* foi inventada por Horace Walpole em uma carta para o seu amigo Sir Horace Mann em 1754, na qual ele explicava como estava impressionado após ler o livro *The Three Princes of Serendip* (sendo Serendib – o nome antigo do Ceilão, que hoje se denomina Sri Lanka), em que os príncipes a todo momento faziam descobertas por acidente, porém isto devido a muita sagacidade e perspicácia.

Portanto, ninguém pode dizer que uma descoberta por serendipidade não se deva a uma pessoa muito criativa e astuta.

A palavra serendipidade apareceu nos primeiros dicionários dos EUA em 1974.

O que importa é salientar que muitas das pessoas que foram "abençoadas" pela serendipidade admitem sem relutar que "choveu muito na sua horta", ou seja, que tiveram muita sorte.

Royston M. Roberts criou o termo *pseudo serendipity* (pseudo-serendipidade) para distinguir as descobertas acidentais, no entanto que ocorrem devido à busca de algum resultado específico de serendipidade pura, no qual as descobertas acontecem apesar de não se estar buscando as mesmas.

Figura 1.16 - Arquimedes descobre o princípio da hidrostática.

Nesse sentido, pode-se dizer que Arquimedes, no século III antes de Cristo (a. C.), ao explicar o seu princípio de hidrostática para provar que havia menos ouro na coroa do rei do que se pretendia, foi bafejado durante um dos seus banhos públicos em Siracusa pela pseudo-serendipidade, o que fez com que ele se levantasse e gritasse: "Eureka!" (Figura 1.16). Aí vão alguns exemplos de serendipidade (ou da pseudo-serendipidade), a qual bafejou pessoas muito inventivas e criativas.

I. A descoberta da lei da gravidade por Isaac Newton.

Isaac Newton (Figura 1.17) nasceu em 25 de dezembro de 1642, e com 18 anos entrava na Universidade de Cambridge, onde despertou o seu gênio para a matemática e a física.

Figura 1.17 – Sir Isaac Newton (1642 - 1727), o descobridor da lei da gravitação, um dos mais famosos cientistas da humanidade.

Aí, em um ato de serendipidade ao observar a queda de uma maçã de uma árvore, conseguiu formular a sua física da gravitação e do movimento dos corpos sólidos.

Inspirado na queda da maçã, Isaac Newton deduziu que existe uma força atrativa entre quaisquer dois objetos, e que tal força é proporcional ao quadrado da distância entre eles.

Esta foi a primeira formulação de uma lei de quadrado inverso, um princípio físico fundamental no qual a magnitude de uma quantidade física varia inversamente ao quadrado da distância de sua origem.

I. Newton pode ter tido esse momento serendipista para chegar à lei da gravidade, porém fez muitos outros estudos, principalmente aqueles ligados à luz, e quem ler a sua monumental obra *Philosophiae Naturalis Principia Mathematica* (*Princípios Matemáticos da Filosofia Natural*) entenderá por que ele é considerado o pai da física clássica, pois o seu trabalho é repleto de diversidade e genialidade.

2. A descoberta do oxigênio por J.Priestiey e C. W. Scheele.

Para os alquimistas, os "elementos" eram o fogo, o ar, a terra e a água.

Hoje sabemos que existe mais de uma centena de formas simples da matéria a que chamamos de **elementos**, os quais são os "blocos de construção" de todo o Universo.

A crosta terrestre, com uma espessura de uns 17 quilômetros, é constituída praticamente em 99,5% de apenas 12 desses elementos, sendo que 91%, em ordem decrescente, constitui-se de oxigênio, silício, alumínio, ferro e cálcio.

Se incluirmos os oceanos, os mares, os rios e a atmosfera, então o hidrogênio e o nitrogênio são os elementos mais comuns, pois na água tem-se 11% de hidrogênio, e no ar, 76% de nitrogênio.

Bem, a descoberta de cada um desses (e outros) elementos constitui um marco na história da civilização, e isto é verdade em particular para o oxigênio, cuja descoberta se atribui ao químico inglês Joseph Priestiey e ao químico sueco Carl Wilhelm Scheele.

Na realidade, parece que Scheele descobriu o oxigênio um ano antes da publicação feita por Priestiey em 1774, descrevendo o seu experimento e explicando as propriedades incomuns de um "novo ar".

Provavelmente por isso J. Priestiey deve ter recebido mais crédito pela descoberta.

Pode-se dizer que Priestiey chegou ao oxigênio por serendipidade, quando estava aquecendo com a chama de uma vela o óxido de mercúrio e percebeu que a combustão era mais intensa, bem como a própria chama.

Hoje todos sabem que o oxigênio é necessário aos processos de combustão como agente oxidante, que ele se combina com quase todos os elementos, exceto com os gases nobres e diversos compostos.

É um elemento essencial nas reações químicas pelas quais a maioria dos organismos vivos produz energia.

O oxigênio ocorre usualmente na forma molecular O_2, mas também pode existir na forma de O_3 ou ozônio, na camada superior da atmosfera.

A camada de ozônio na estratosfera desempenha um papel importante na blindagem da Terra contra a radiação ultra-violeta nociva.

Como um elemento necessário à respiração e à fotossíntese, é essencial à maioria dos seres vivos.

O oxigênio puro é obtido comercialmente pela destilação fracionada do ar liquefeito, na qual o nitrogênio existente é destilado primeiro.

Possui muitos usos, tais como a fabricação do aço em combinação com o acetileno, o corte e a solda de metais, o auxílio à respiração nos hospitais e nos vôos a grandes altitudes, e a fabricação de explosivos.

O oxigênio líquido é um dos componentes do combustível dos foguetes.

Pois é, foi isso que Scheele e Priestiey descobriram quase por acaso e que se tomou o elemento oxigênio, nome escolhido pelo famoso químico francês Antoine Laurent Lavoisier, que repetiu todo o trabalho de Priestiey e descobriu muitas novas propriedades desse elemento (oxigênio), que na atmosfera que circunda a Terra é responsável por 21% do seu volume.

3. A descoberta da vulcanização por Charles Goodyear.

No início do século XVI, Cristóvão Colombo e outros exploradores espanhóis encontraram os índios da América do Sul divertindo-se com jogos, tendo uma bola feita de uma emulsão chamada látex exsudada ou segregada de certas árvores.

Um dos nomes que os índios usavam para o látex era *hevea*, e a principal árvore da qual obtinham o látex era a *Hevea brasiliensis*, ou seja, a nossa seringueira, também chamada por alguns de árvore-da-borracha.

Os europeus durante mais de dois séculos não perceberam nenhuma aplicação importante para a borracha que se podia obter do látex, até porque ela ficava muito mole e pegajosa em altas temperaturas, e muito dura e quebradiça em baixas temperaturas.

No início do século XIX surgiram as primeiras botas e sapatos feitos de borracha, pois tinham muita utilidade para proteger os pés contra a água.

Finalmente, em 1800 nasceu em New Haven, no Estado de Connecticut, EUA, Charles Goodyear, que ficou obcecado com a idéia de fazer várias coisas com a borracha, principalmente por ela resistir às variações de temperatura.

Após muitos "desastres" – como aquele de vender para o governo norte-americano uma grande quantidade de sacos de correspondência que ele havia impregnado com borracha e que seriam à prova d'água, os quais mudaram a sua forma com o aquecimento e ficaram muito grudentos estragando os papéis que estavam em seu interior –, Charles Goodyear finalmente, por um golpe de sorte, notou que uma mistura de borracha e enxofre, ao encostar num forno bem quente não se derreteu, e apenas ficou um pouco chamuscada.

Estava aí o caminho para se chegar à vulcanização, isto é, ao processo de alteração das propriedades da borracha por tratamento químico, empregando originalmente enxofre (que ainda hoje é largamente utilizado, exceto em determinadas borrachas sintéticas).

Assim, Charles Goodyear conseguiu determinar a temperatura e o tempo de aquecimento que permitiam estabilizar a borracha numa posterior variação de temperatura.

Ele criou essa técnica em 1839, melhorando significativamente na borracha a sua elasticidade, a resistência à tensão e ao desgaste, o que possibilitou daí para a frente a adoção do material em importantes aplicações industriais, sobretudo em pneumáticos, inicialmente para bicicletas e carroças, e mais tarde para automóveis.

Charles Goodyear patenteou o seu invento em 1844 e escolheu o termo **vulcanização** em homenagem ao deus do fogo, Vulcano.

Na realidade, a descoberta de Charles Goodyear devia ser chamada de pseudo-serendipidade, pois no lugar de achar algo acidentalmente que não estava procurando, ao contrário, ele encontrou algo por acaso, que estava buscando desesperadamente.

Ele morreu em 1860, mas já em 1870, em Akron, no Estado de Ohio, existiam muitas fábricas de borracha, incluindo a Goodyear Company, e isto bem antes da existência do automóvel, do caminhão e do avião, em cujos pneus está a maior parte da borracha usada atualmente.

É muito interessante destacar que as duas primeiras borrachas sintéticas que obtiveram sucesso, *neoprene* e *thiokol*, foram ambas produzidas por acidente.

A descoberta do *neoprene* pode ser classificada de pseudo-serendipidade, e a da *thiokol*, de serendipidade.

4. A descoberta da dinamite e outros explosivos por A. B. Nobel.

Muitas descobertas serindipistas descritas no livro de Royston M. Roberts ganharam o Prêmio Nobel.

Todavia, o homem que ficou rico e que deu condições para criar a fundação que distribui o Prêmio Nobel também foi bafejado pela serendipidade.

Trata-se de Alfred Bernhard Nobel, que nasceu em Estocolmo em 1833, no mesmo ano em que seu pai Immanuel Nobel estava entrando numa falência, ele que era engenheiro e inventor, mas precisou fugir para São Petersburgo, na Rússia, a fim de escapar dos credores que queriam recuperar o seu dinheiro e colocá-lo na cadeia.

> *É muito interessante destacar que as duas primeiras borrachas sintéticas que obtiveram sucesso, neoprene e thiokol, foram ambas produzidas por acidente.*

Foi por isso que Alfred Nobel precisou mudar-se para a Rússia, onde os negócios do pai no início floresceram, já que estavam ligados à fabricação de minas explosivas, que inclusive foram usadas na Guerra da Criméia.

Em 1861 Alfred Nobel, já de volta à Suécia, estava ajudando seu pai a produzir nitroglicerina, um novo líquido explosivo que tinha sido preparado pela primeira vez pelo químico italiano Ascânio Sobrere alguns anos antes.

Em 1863, Alfred Nobel montou uma fábrica para produzir nitroglicerina, um explosivo poderoso, algumas vezes chamado de explosivo oleoso, porquanto é formado pela atuação de uma mistura dos ácidos nítrico e sulfúrico concentrados sobre a glicerina.

Contudo essa fábrica foi pelos ares num acidente, matando cinco pessoas, dentre elas o irmão mais novo de Alfred, Emil Nobel.

Essa tragédia parece ter sido a causa do derrame cerebral que aconteceu a Immanuel Nobel, seu pai, o qual ficou incapacitado pelos restantes oito anos que viveu.

Assim, toda a responsabilidade dos negócios ficou para Alfred B. Nobel.

A partir de então, Alfred Nobel esforçou-se de todas as maneiras para desenvolver métodos de manuseio seguro da nitroglicerina, o que num ato de serendipidade levou-o em 1867 a descobrir a dinamite, uma combinação de nitroglicerina e de um veículo inerte e estabilizante.

Aliás, ele tentou vários materiais sólidos como serragem, pedaços de papel, carvão vegetal, etc., até chegar ao *kieselghur*, um mineral poroso leve e que existia em profusão no norte da Alemanha.

Dizem alguns que Alfred Nobel, trabalhando na usina paterna, observou que a nitroglicerina derramada acidentalmente de um garrafão rachado impregnara a terra que lhe servia de embalagem, formando massa espessa que podia ser manipulada sem perigo e explodia somente quando se desejasse.

Assim foi inventada a dinamite.

Dessa maneira ele conseguiu compactar o poder explosivo do líquido, porém de maneira segura e confiável.

Claro que esse é um caso de pseudo-serendipidade, pois o que Alfred Nobel procurava de forma planejada e científica era encontrar um adsorvente, que encontrou no *kieselghur*, matéria neutra silicosa.

Alfred Nobel continuou as suas pesquisas com explosivos e procurou combinar nitrocelulose com nitroglicerina para obter algo muito mais poderoso que a dinamite.

Dessa forma ele chegou ao explosivo gelatinoso chamado gelginita, em 1876, e à balistita (uma variedade de pólvora sem fumaça) em 1888, que patenteou na Inglaterra e nos EUA.

Pacifista convicto, A. B. Nobel desejava que os seus explosivos fossem usados apenas em aplicações civis (mineração, construção de túneis e estradas, etc.) e amargurou-se muito com o emprego militar de seus inventos.

Legou a maior parte da sua fortuna à Fundação Nobel, que oferece anualmente vultosas quantias aos ganhadores dos Prêmios Nobel desde 1901, nos campos da química, economia, física, medicina, literatura e paz.

Um fato é indiscutível: a maior parte dos primeiros túneis feitos nos Alpes, como Simplon, Arlberg, St. Gotthard, etc., não poderiam ter sido feitos naquela época se não existissem as potentes dinamites gelatinosas inventadas por Alfred Nobel.

5. A descoberta do náilon por Wallace H. Carothers.

A descoberta do náilon (*nylon*) teve tudo a ver com muita sorte.

Começou com a própria contratação de Wallace Hume Carothers, trazido para a empresa Du Pont para dirigir um programa de pesquisa em química básica, por recomendação de seus colegas das Universidades de Illinois e de Harvard, que o consideravam o mais brilhante químico orgânico da época.

W. H. Carothers iniciou um programa com o intuito de compreender melhor a composição de polímeros naturais, tais como a celulose, a seda, a borracha, etc., e para produzir materiais sintéticos semelhantes aos mesmos.

Embora em 1934 o grupo por ele comandado já tivesse contribuído de forma valiosa para o conhecimento fundamental, os seus esforços para produzir seda sintética resultaram em fracasso.

Mas graças a uma brincadeira dos químicos – num dia em que W. H. Carothers se ausentara –, os quais, esticando amostras de um polímero perceberam que dessa maneira estavam reorientando as suas moléculas, e com isto aumentavam em muito a sua resistência, e foi assim que se chegou ao náilon, numa outra descoberta serendipista.

O náilon é um plástico sintético, um entre vários plásticos que pertencem à classe de polímeros conhecidos como poliamidas.

Ele foi fabricado pela primeira vez em 1939 em forma de fibra, pela extrusão do polímero derretido através de uma fieira, trabalho no qual Wallace Hume Carothers contou com a grande ajuda de Julian Hill, que descobriu o efeito de estiramento a frio para a produção de resistentes fibras de náilon.

Como a fibra têxtil é utilizada de várias maneiras quando se deseja a aparência da seda, ou quando se precisa de uma grande resistência (como em uma corda), grupos de filamentos, ou mesmo filamentos isolados podem ser utilizados para produzir fios de filamento contínuo para tecer, tricotar e costurar.

Em outros usos, fios de filamentos contínuos são texturizados ou franzidos para ganhar volume e extensibilidade.

Alternativamente, os filamentos podem ser obtidos por extrusão, na forma de "estopas", que consistem em até 500 mil filamentos.

Após ser esticada, a estopa é cortada ou quebrada em tamanhos menores e (isoladamente ou misturada a fibras naturais) transformada em fios pelos processos de fiação do algodão, lã ou linho.

O náilon atualmente é também fabricado na forma de lâminas, revestimentos e moldados, e tem várias aplicações industriais, como por exemplo isolamento de fios elétricos, engrenagens, rolamentos e reforço estrutural de pneus.

Uma classe de plásticos relacionados com o náilon são as aramidas.

As aramidas são polímeros de cristal líquido baseados em poliamidas que formam fibras extremamente fortes, utilizadas principalmente nos plásticos reforçados por fibra e outros compostos.

As aramidas também foram descobertas por uma equipe de pesquisa da Du Pont Company dos EUA, no final dos anos 70 do século XX, e o exemplo mais conhecido é o *kevlar*.

Como se pode concluir desses cinco exemplos, a serendipidade trouxe para a humanidade muitas descobertas, que embora acidentais mudaram radicalmente a qualidade de vida das pessoas.

Todo "criático" só o é porque tem conhecimentos, e desta forma não deve descartar nunca que será bafejado pela serendipidade ou pela pseudo-serendipidade!!!

Royston M. Roberts dá muitos outros exemplos de serendipidade no seu livro, incluindo-se aí:

1. A descoberta da América pelo marinheiro genovês Cristóvão Colombo.

2. A descoberta do quinino na América do Sul, observando os índios.

3. A descoberta da bateria elétrica a partir da "eletricidade animal", graças às observações dos fisiologistas italianos Luigi Galvani e Alessandro Volta.

4. A ação preventiva da vacinação percebida pelo médico inglês Edward Jenner.

5. A descoberta de vários gases de uso médico, principalmente aqueles usados como anestésicos através da serendipidade, pelo inglês Humphry Davy.

6. A sorte grande do médico alemão Friedrich Wohler, chegando à síntese da uréia.

7. A feliz chegada até a invenção da fotografia pelo francês L.J.M. Daguerre.

8. A sorte que levou à descoberta da pasteurização do leite pelo persistente francês Louis Pasteur, doutor pela Sorbonne de Paris.

9. A percepção da arquitetura molecular, no sonho do químico alemão Friedrich A. Kekulê.

10. O norte-americano John W. Hyatt, que deu "sorte" e chegou à celulóide.

11. A descoberta dos satélites de Plutão pelo norte-americano James Christy.

12. Dr.George Nicolas Papanicolaou, o ilustre grego, desenvolveu o teste para o câncer uterino após uma observação serendipista.

13. A descoberta dos raios X pelo físico alemão W.C. Röntgen.

14. A sacarina, que substitui o açúcar sem engordar, foi percebida num feliz acaso pelo químico norte-americano Ira Remsen.
15. O vidro de segurança, descoberto de forma acidental pelo químico francês Edouard Benedictus.
16. A percepção feliz dos antibióticos, em especial da penicilina, pelo pesquisador inglês Alexander Fleming.
17. A produção acidental do polietileno por um grupo de químicos ingleses na Imperial Chemicals Industries.
18. A descoberta acidental do *teflon* pelo jovem químico norte-americano Roy J. Plunkett, que trabalhava na Du Pont.
19. A acidental descoberta do *velcro* pelo suíço George de Mestral.

PENSE COMO UM GÊNIO USANDO O CÉREBRO POR INTEIRO

No livro de Tony Buzan e Raymond Keene, com o título *Book of Genius and How to Unleash Your Own*, os autores desenvolveram uma interessante análise de acordo com 11 critérios para obter o *ranking* dos maiores gênios da humanidade.

As categorias, segundo as quais os gênios receberam a sua pontuação, são as seguintes:

1. domínio no campo;
2. longevidade da atuação;
3. versatilidade;
4. energia;

5. quociente de inteligência (QI) em teste do tipo de Stanford – Binet;

6. influência na sociedade;

7. prolificidade;

8. realização das metas;

9. visão universal;

10. originalidade;

11. "avenidas" ou espaço para o ensino.

Sem entrar nos motivos que levaram T. Buzan e R. Keene a atribuir um número máximo de pontos igual a 100 nas oito categorias iniciais, e dar um *bônus* de 15,10 e 10 pontos, respectivamente, às categorias visão universal, originalidade e "avenidas para o ensino", na Tabela 1.3 estão alguns nomes e as suas classificações.

Essa matriz estatística pode ser explorada de várias perspectivas, ou seja, analisando a categoria mais dominante, o país do gênio, a época em que viveu, etc.

Ninguém pode, entretanto, esquecer as 20 qualidades de um gênio:

1. visão;

2. desejo;

3. fé;

4. comprometimento;

5. planejamento;

6. persistência;

7. aprendizado a partir dos erros;

8. conhecimento do assunto;

9. desenvolvimento mental;

10. imaginação;

11. atitude positiva;

12. auto-sugestão;

13. intuição;

14. liderança;

15. autocontrole;

16. honestidade;

17. coragem para enfrentar os desafios;

18. criatividade e flexibilidade;

19. amor pela tarefa;

20. energia (física, sexual e sensual).

Classificação	Gênio	1	2	3	4	5	6	7	8	9	10	11	Total
1	Leornado da Vinci	100	92	100	100	100	98	99	98	15	10	10	822
2	W. Shakespeare	100	88	100	98	100	100	99	98	15	10	10	818
6	Isaac Newton	100	96	91	97	97	100	99	95	15	10	10	810
11	Tomas A. Edison	98	97	99	99	97	96	99	94	-	10	10	799
30	Charles Darwin	99	93	91	71	90	100	94	96	15	10	10	769
42	Walt Disney	98	91	96	78	60	99	100	98	-	10	10	740
54	M. Montessori	76	96	95	97	80	94	90	75	-	10	10	723
75	Confúcio	79	93	97	76	88	87	86	46	15	10	10	687
92	Renê Descartes	48	89	75	44	91	78	78	81	15	-	10	609
100	Benedict de Spinoza	52	86	87	27	91	35	35	78	-	-	-	491

Tabela 1.3 – O *ranking* de alguns gênios segundo Buzan e Keene.

Claro que a referência passa então a ser Leonardo da Vinci, ou melhor, "quer-se" saber à resposta da pergunta: Como fazer para pensar como Leonardo da Vinci?

Para tanto é preciso, pelo menos, ler o maravilhoso livro de Michael Gelb, *How to Think Like Leonardo da Vinci*, no qual ele dá a "receita", significando os **sete passos** para se tomar mais criativo e se aproximar um pouco do brilhante Leonardo da Vinci.

Na realidade, ele ensina no seu livro que de fato usamos insuficientemente o poder do nosso cérebro, e que não é preciso ser um gênio para estar apto a pensar como se fosse um.

Goergio Vasari, no seu livro *The Life of the Artists* (*A Vida dos Artistas*), diz o seguinte sobre Leonardo da Vinci:

"Os céus nos enviaram alguns seres humanos que representam não apenas a humanidade, porém a própria divindade.

É por isso que precisamos tomar Leonardo da Vinci como modelo e procurar imitá-lo, para a nossa mente e a nossa inteligência se aproximarem um pouco da esfera celestial.

A experiência mostra que todo aquele que procura estudar e seguir os passos de um gênio consegue um salto quântico na sua vida, tendo inclusive alguns lampejos que lembram 'parcialmente' a divindade dos gênios."

Por seu turno, Michael Gelb descreve de maneira muito didática como os sete princípios de Leonardo da Vinci são atuais nos dias de hoje.

Leonardo da Vinci recomendava que toda pessoa tivesse sempre:

✦ *Curiosità*, ou seja, que cada um fosse um insaciável curioso durante toda a vida, o que sem dúvida leva ao aprendizado contínuo;

✦ *Dimostrazione*, isto é, um compromisso de testar todo conhecimento através da experiência, da verificação empírica, e o desejo de aprender a partir dos erros;

✦ *Sensazione*, buscando um refinamento contínuo dos sentidos, e procurando ser sempre tão esperto e atento como uma criança;

✦ *Sfumato*, querendo conviver com a ambigüidade, com o paradoxo e com a incerteza, como se estivesse literalmente em um ambiente "esfumaçado";

✦ *Arte/Scienza*, desenvolvendo um equilíbrio entre a ciência e a arte, entre a lógica e a imaginação, isto é, pensando com "todo o cérebro";

✦ *Corporalità*, ou seja, o cultivo do corpo usando com a mesma desenvoltura braços e pernas (ser ambidestro);

✦ *Connessione*, reconhecendo e avaliando a conectividade entre todas as coisas e todos os fenômenos.

De Leonardo da Vinci (1452-1519) pode-se de forma simplificada dizer que 40 anos antes de Copérnico ele já afirmava: "A Terra não está no centro do círculo do Sol e nem é o centro do Universo"; 60 anos antes de Galileu ele declarou: "Com lentes bem maiores se poderia estudar a superfície lunar e de outros corpos celestes"; 200 anos antes de Newton ele antecipou a teoria da gravitação, escrevendo que: "Todo corpo pesado tende a cair para o centro na trajetória de menor percurso possível", e 400 anos antes de Charles Darwin ele colocou o homem na mesma grande classe que incluía os macacos, destacando: "O homem não difere muito dos animais exceto no que é acidental!!!"

Ele contribuiu de forma significativa na anatomia, na botânica, na geologia e na física.

Em especial, foi a partir dos seus estudos que surgiram as modernas disciplinas de óptica, hidrostática e mecânica.

Alguns dos pensamentos de Leonardo da Vinci tornaram-se grandes ensinamentos, como:

1. "O desejo de saber é natural nos seres humanos bons. A curiosidade é um impulso inato, que provoca em cada pessoa a vontade de aprender mais."

2. "Todos devem dar um grande valor à experiência, pois só assim entenderão o grande valor que representam para o aprendizado a adversidade e os erros cometidos."

3. "Muito ou quase todo o nosso conhecimento tem a sua origem nas nossas percepções, e é por isto que os cinco sentidos são os ministros da nossa alma."

4. "O pintor que não tiver dúvidas não criará grandes obras, até porque só em uma mente medieval é que a possibilidade da dúvida não existe."

Figura 1.18 – Uma justaposição do auto-retrato de Leonardo da Vinci e a sua obra mais conhecida – a Mona Lisa.

CAP. 1 - Cérebro Humano e o Desenvolvimento da Criatividade

5. "Estude sempre a ciência da arte e a arte da ciência."

6. "Aprenda a preservar a sua saúde, e para tanto faça exercícios físicos moderadamente; coma só quando realmente tiver fome; adote uma dieta simples (vegetariana de preferência); misture o seu vinho com água e tome um pouco de cada vez, não entre as refeições e nunca com o estômago vazio, e finalmente descanse a sua cabeça e cuide da sua mente."

7. "Assim como a pedra ao bater e afundar na água provoca círculos de ondas ao redor do ponto de impacto até que elas desapareçam, da mesma forma, ao fazermos um distúrbio com a nossa voz ou com algum outro ruído provocamos um movimento circular de ondas no ar, e é por isto que aquele que está muito distante não ouve o que foi dito ou o barulho que foi feito."

Na realidade, cada um desses pensamentos corresponde a um dos seus princípios, e caso você queira realmente praticá-los para se **tornar mais criativo,** faça todo dia para si mesmo as seguintes perguntas:

Curiosità => Eu estou formulando as perguntas certas?

Dimostrazione => Como eu posso melhorar a minha aptidão para aprender a partir dos erros e das experiências?

Como posso desenvolver a minha independência de pensamento?

Sensazione => Qual é o meu plano para aguçar e afiar mais os meus sentidos à medida que vou envelhecendo?

Sfumato => Como posso aumentar a minha capacidade para manter sempre uma tensão criativa no sentido de me envolver com os principais paradoxos da vida?

Arte/Scienza => Estou conseguindo um equilíbrio entre a arte e a ciência tanto em casa como no meu trabalho?

Corporalità => Como posso alcançar e nutrir um estado de equilíbrio entre o meu corpo e a minha mente?

Connessione => Como é que todos esses elementos se ajustam entre si?

Como é que cada coisa está ligada às outras?

Pode-se notar que não é tão difícil assim pensar como um gênio, isto inclusive levou Todd Siler a escrever um livro com o título *Pense como um Gênio*, ele que tem vários trabalhos artísticos que estão no Metropolitan Museum of Art, no

Museum of Modern Art, no Guggenheim Museum e no Whitney Museum, todos em Nova York.

No seu trabalho ele introduz o termo **metaformação,** que deriva das palavras gregas *meta*, que significa transcender, e *phora,* que é o mesmo que transferência.

Portanto, **metaformação** refere-se ao ato de alterar algo de um estado da matéria e significado para outro.

Inicia-se com a transferência de novos conceitos e associações de um objeto ou idéia para outro.

A **metaformação** não é apenas só uma palavra para descrever o ato de pensar.

É um **modo mais profundo de pensar e criar**, embora tão antigo quanto a mente humana.

A pessoa **metaforma** para promover a criatividade, descobrir e inventar algo novo, interligar fatos aparentemente não relacionados: resolver um problema e buscar soluções, considerar uma idéia original ou questioná-la, enriquecer a experiência de aprender e melhorar as comunicações.

É, pois, um processo de pesquisa – com infinitas possibilidades de novas descobertas e invenções.

Diz Todd Siler no seu livro: "A metaformação é para a criatividade o que a respiração é para a vida."

Nascemos com habilidade para criar, explorar, aprender, descobrir e inventar, e isto no fundo é **metaformar**.

Lamentavelmente poucos dominam esta capacidade e aprendem a transformar as idéias, conhecimento e experiências em um eterno reservatório de informações utilizáveis e recursos renováveis.

Mesmo que todos tenhamos a habilidade de metaformar, não sabemos que a temos ou o que fazer com ela.

CAP. 1 - Cérebro Humano e o
Desenvolvimento da Criatividade

> *Sem orientação ou incentivo, acreditamos que não somos criativos nem temos o gene adequado para inovações ou pensamento imaginativo.*

Sem orientação ou incentivo, acreditamos que não somos criativos nem temos o gene adequado para inovações ou pensamento imaginativo.

Este problema torna-se ainda mais complexo pelo fato de à medida que amadurecemos, construímos barreiras mentais que bloqueiam nosso processo criativo.

Como conseqüência, muitas vezes nosso pensamento é fragmentado, prejudicando-nos e tornando-nos excessivamente medrosos.

Esta auto-imposição de barreiras bloqueia o talento natural para fazer conexões e ver além das discriminações e categorizações arbitrárias, o que pode restringir nossas imaginações.

Em pouco tempo aprimoramos nossas mentes e espíritos inovadores. Paramos de respirar e sufocamos nossa criatividade."

O processo de metaformação pode ser descrito com o acrônimo CRIAR.

Metaformar significa:

- **C**onectar
- **R**elacionar
- **I**nvestigar e explicar
- **A**nalisar
- **R**econhecer, transformar e experimentar

É essencial saber **conectar** dois elementos ou idéias aparentemente diferentes.

É fundamental saber **relacionar** idéias ou elementos supostamente diversos de outros que se conhecem ou que nos são familiares.

É preciso saber **investigar** e **explicar** os pontos comuns nos relacionamentos.

É imprescindível **analisar** o que se descobriu, voltando e observando o que foi feito.

É vital saber **reconhecer** e eventualmente **transformar** o projeto, o modelo ou o objeto elaborado, inventando ou nele introduzindo novos aspectos ou conexões.

É interessante **experimentar** e aplicar o novo modelo ou a invenção em tantos contextos quantos forem possíveis e aí, se necessário, recomeçar todo o processo criativo.

Se você utilizar estas partes da metaforma na exploração do seu **jardim mental**, os seus esforços serão recompensados.

Você provavelmente vai descobrir novas maneiras de acrescentar mais alegria à sua vida, trabalho, família e amigos, tornando-os mais significativos, e terminar com inovação e aplicação (Figura 1.19).

O que acontece no intervalo é percepção e descoberta. Podemos observar cada **ato de gênio** através desta definição em quatro etapas."

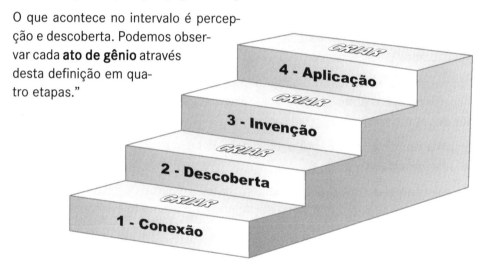

Figura 1.19 – O processo de metaformação.

Nós acreditamos piamente que para ser criativo, o **primeiro ingrediente,** sem dúvida, é ter conhecimentos nos mais variados campos, para assim poder fazer analogias e saber combiná-las no sentido de criar coisas novas.

Mas de nada adianta entrar em contato com uma informação que se pode transformar em conhecimento, que logo depois é **esquecida**.

Dessa maneira fica claro que é indispensável ter **boa memória** para não perder os conhecimentos adquiridos.

Naturalmente pouco adianta ter boa memória se não se tem a necessária inspiração para criar.

E finalmente no mundo moderno, quer dizer, no trabalho dentro de uma empresa, seja ela pública ou privada ou ainda uma organização não-governamental (ONG), é significativo que exista um ambiente propício para se tentar fazer coisas novas, e isto requer que não se punam novas idéias (e os idealizadores) que eventualmente não se transformam em sucesso, ou melhor, em inovações aceitas por todos!!!

MEMÓRIA.

Quando estamos abarrotados de dados de informações, como comumente ocorre no nosso dia-a-dia, fica complicado nos concentrarmos naquilo que efetivamente vamos precisar para lembrar no momento de desenvolver uma idéia.

A assimilação é assim a primeira etapa do processo de memorização.

Inicialmente, as imagens, os diálogos, movimentos, ruídos, cheiros, cores, etc. são captados pelos sentidos.

Ocorre aí uma arrumação no circuito cerebral, com uma alteração na taxa de disparos químicos entre os neurônios – as células que promovem a comunicação dos dados e informações no cérebro.

Essa é a memória de curto prazo, que você usa rapidamente e esquece quase na mesma velocidade.

Um exemplo claro disso são os endereços ou números de telefone que você "recebe" ao assistir à propaganda de alguma empresa na televisão.

A fim de que essa informação possa ser recuperada, digamos umas duas semanas depois de ter sido captada, é necessário convertê-la em memória a longo prazo.

Essa tarefa fica a cargo do hipocampo.

É ele que entra em ação quando você resolve quais conceitos, que músicas, que pessoas, etc. devem ser arquivados para um uso futuro.

O hipocampo envia as informações a diferentes locais do córtex cerebral (imagine como se fosse um imenso armário com bilhões de gavetas ou escaninhos onde são armazenadas as informações).

É lá que acontece uma alteração química bem intensa, que revigora as "conversas" entre as células de massa cinzenta.

Quanto mais extensa e bem enraizada for a rede de neurônios, mais simples será o acesso ao "escaninho" para recuperar a informação lá guardada.

Por exemplo, quando alguém lida com a informação de forma superficial, ou "surfando" de maneira desvairada na Internet, vai ser quase impossível lembrar de muita coisa até no dia seguinte...

Por seu turno, assim que as cenas, os sons, os cheiros, as cores, etc. forem integrados aos circuitos do cérebro, o hipocampo descansa e entra em ação o lobo frontal, que é a estrutura responsável pelo processo de recordação.

É ele que traz à tona todas as informações que foram adequadamente estocadas.

O lobo frontal coordena as diversas memórias e é a parte do cérebro que o ser humano tem mais desenvolvida em relação aos animais.

É no lobo frontal, ao mesmo tempo complexo e frágil, que as memórias de curto e longo prazo se completam para constituir aquilo que se pode denominar de raciocínio.

Na realidade, esse processo de recuperação às vezes não funciona bem e faz com que alguns políticos, quando falam de improviso, troquem os nomes e os cargos das pessoas que estão saudando, ou fazem pior, no seu discurso de saudação trocam o nome do país no qual estão por outro, como já aconteceu com um presidente dos EUA ao visitar o Brasil...

Bem, de forma resumida pode-se pois dizer que um processo de memorização passa por três etapas **(processo dos 3Rs).**

I) Registro ou aquisição.

Certamente o primeiro passo é ver, escutar, apalpar, saborear, cheirar, etc.

Você só vai poder lembrar de alguma coisa se isto for bem captado pelos seus sentidos.

Não se deve esquecer que as pessoas ansiosas, deprimidas, estressadas e/ou cansadas têm dificuldade para manter concentração e acabam deixando passar muitas informações úteis. É por isso que o processo de ensino deve ser motivador para que os estudantes fiquem concentrados naquilo que o professor quer transmitir.

II) Retenção ou armazenamento.

Para guardar para sempre o que se aprendeu, o cérebro de uma pessoa deve processar as informações no hipocampo.

Aí ele seleciona quais dados ou informações devem ser armazenados no córtex.

Doenças como o mal de Alzheimer e o estresse atacam e comprometem essa estrutura.

Existe hoje uma técnica, denominada **aprendizagem acelerada** (AA), na qual, usando-se recursos musicais (tocando música barroca), cores, cheiros e imagens variadas consegue-se que os alunos retenham em pouco tempo um número muito maior de informações que no ensino tradicional.

Os professores das diversas Faculdades da Fundação Armando Alvares Penteado (FAAP) têm recebido treinamento nos EUA em técnicas de AA, que depois procuram adaptar nas disciplinas que lecionam.

Os resultados têm mostrado que os estudantes retêm melhor as informações que recebem quando são empregadas as técnicas de AA.

Além disso, AA é um dos módulos do curso de especialização em Criatividade, que foi lecionado aos professores da FAAP pela Central de Cursos (CECUR), os quais por sua vez aplicam esses conhecimentos para tornar mais eficazes as suas aulas nos cursos de graduação e pós-graduação.

A técnica de AA é agora amplamente aceita por milhares de professores, instrutores e psicólogos educadores.

É um estilo de ensinar e apresentar os assuntos que possibilita realmente um aprendizado mais rápido.

AA é uma abordagem para a educação que busca usar as capacidades de reserva que temos e raramente usamos!!!

Figura 1.20 – Aprender através da associação é o foco da AA.

Técnicas de muitas fontes são usadas na AA. Muitos dos aspectos básicos do método foram elaborados pelo "cientista" búlgaro dr. Georgi Lozanov.

Ele demonstrou que através de um ambiente cuidadosamente orquestrado o aprendizado pode ser acelerado de um fator de 3 a 10 vezes, e pode ser um processo agradável e livre de tensão!!!

Figura 1.21 – Ambiente adequado auxilia a AA.

Para guardar para sempre o que se aprendeu, o cérebro de uma pessoa deve processar as informações no hipocampo. Aí ele seleciona quais dados ou informações devem ser armazenados no córtex.

O uso **adequado da sugestão** é o principal fator para se alcançar ou produzir tais resultados!!!

Os estudantes podem ir bem além dos conceitos diários que têm sobre si mesmos e suas aptidões para aprender, captando e armazenando após compreender grandes quantidades de materiais com facilidade e de forma divertida!!!

O processo da AA utiliza tanto o lado analítico e linear do cérebro (**hemisfério esquerdo),** como o lado intuitivo, espacial do cérebro (**hemisfério direito**) de uma forma relaxada, que resulta em uma AA muito motivante.

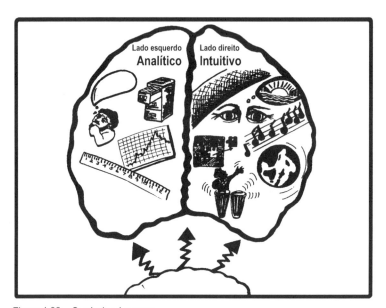

Figura 1.22 – O cérebro humano.

Hoje têm-se as seguintes descobertas gerais conseguidas por professores e por pesquisadores envolvidos com a AA:

1. O cérebro tem um enorme potencial. É capaz de muito mais do que você imagina se fizer conexões e associações (Figura 1.20).

2. Os hemisférios esquerdo e direito do cérebro processam a informação de maneiras diferentes.

3. Ao "envolver" o lado direito do cérebro, você não apenas dobra, mas aumenta em muitas vezes o poder cerebral (Figura 1.22).

4. Relaxamento é importante para criar um ambiente de aprendizado livre de tensão (*stress*). O relaxamento libera energia para o aprendizado (Figura 1.21).

5. Toda informação entra no "armazém" da memória de curto prazo, porém só é transferida para a memória de **longo prazo** se for repetida várias vezes imediatamente após captada!!!

6. Para registrar fatos novos é muito importante dar-lhes uma forte "codificação". Uma forte codificação é alcançada quando se criam imagens concretas de sons, sentimentos, aromas e sabores.

   Quanto mais forte a codificação, tanto melhor para se fazer retornar a informação ou um dado guardado.

7. Palavras ligadas a desenhos e objetos são mais fáceis de aprender/guardar, pois com isto estabelece-se uma dupla identificação.

8. **Memória visual** é essencialmente perfeita. A chave para a memorização e o aprendizado é, portanto, melhorar a sua visualização e formar fortes associações visuais com os novos materiais.

9. Basicamente, quanto mais tempo se gasta com o aprendizado, melhor é o mesmo.

   Contudo, a maneira como o tempo é atribuído para as várias atividades tem uma influência crucial.

10. O significado é vital para a memória e é por isso que frases sem sentido são tão difíceis de guardar!!!

11. Contexto, ou seja, ver o quadro todo é importante.

    Ele fornece uma visão geral do que se irá aprender e facilita o entendimento.

12. Aprendizado através de exemplos é melhor do que o aprendizado através da rotina, e quanto mais gerais forem os exemplos mais fácil será aplicar o conhecimento!!!

13. Apresentar a informação em pedaços ou partes, isto é, em pequenos componentes é uma importante ajuda para a memória!!!

14. Ritmo e rima são auxílios básicos para a memória.

15. Música, especialmente a barroca, é um acompanhamento ideal para o material novo, pois cria uma associação auditiva, rítmica e emocional.

16. É mais fácil lembrar sentenças curtas ou idéias do que palavras isoladas.

17. Todos temos potencial para a memória fotográfica. A chave é a **imaginação**.

18. A sugestão é uma arma poderosa para o aprendizado. É importante acreditar no sucesso.

19. Quanto maior for a orquestração dos estímulos subconscientes para ajudar o aprendizado, tanto mais rápido e eficiente será o mesmo.

20. Deve-se apresentar cada lição ao estudante usando os três canais sensoriais: visual, auditivo e cinestésico.

Seguindo essas 20 sugestões, os professores além de motivarem muito mais os seus alunos a aprender, constatarão que realmente eles têm uma grande retenção das informações e dos conhecimentos adquiridos e têm muito mais facilidade para "recuperá-los" quando for necessário.

III) Recuperação.

Trata-se do ato de se lembrar, de recuperar a informação que está guardada em algum escaninho da nossa memória. Nesse processo você vai vasculhar a sua massa cinzenta em busca das informações que quer, que estão dispersas no córtex.

Uma das estruturas que fazem esse serviço é o lobo frontal, que infelizmente enfraquece um pouco com a idade...

A boa notícia é que, já em 1999, cientistas da Universidade de Princeton, nos EUA, começaram a desenvolver uma promissora droga destinada a auxiliar a memória.

Depois de alterar o código genético de algumas cobaias, eles lograram aumentar a quantidade de receptores de NMDA (um tipo de neurotransmissor, a substância responsável pela comunicação entre os neurônios).

Quando esses receptores são estimulados repetidamente, acontecem reações químicas que geram uma espécie de ponte entre os neurônios, e isto auxilia muito a fixar a memória.

A estimativa otimista é que em cinco anos já esteja disponível no mercado uma droga inspirada nesses estudos, que inicialmente será vital para as pessoas que sofrem de doenças degenerativas do cérebro, como as várias demências e o mal de Alzheimer que danifica os neurônios, e também será útil para pessoas saudáveis que são "levemente esquecidas"...

Um outro avanço da ciência é que até 1998 acreditava-se que os neurônios não se reproduziam, e assim quando um morria, não era substituído.

Entretanto agora já está comprovado que a memória não é constituída apenas pelos neurônios que seguem a pessoa desde o seu nascimento.

Os novos neurônios nascem a partir de células primordiais (ou células-tronco), que existem em todo o sistema nervoso e podem se especializar em atuar no interior do hipocampo.

O desafio atual é o de conseguir aumentar a produção dessas novas células cerebrais, e tudo faz crer que a médio prazo conheceremos os genes que ordenam essa multiplicação, e aí seria só mudar essa chave para aportar novos neurônios a um cérebro cansado.

Enquanto as pesquisas do cérebro caminham de maneira esperançosa, quem sofre com a perda de memória – o que inibe o seu potencial criativo – pode recorrer a um eficaz paliativo.

Trata-se de um medicamento fitoterápico chamado *ginkgo biloba*. O *ginkgo biloba* é de uma família antiqüíssima de plantas anterior até aos dinossauros!!!

Ele deixa o sangue menos denso, fazendo-o correr mais rápido pelos vasos sanguíneos e permite levar mais energia e oxigênio aos neurônios.

Além disso, o *ginkgo* degrada alguns inimigos do cérebro, como a enzima MAO, que atrapalha as comunicações cerebrais, e os radicais livres, que viajam pelo corpo todo desgastando e envelhecendo os tecidos.

Mas mesmo tomando *ginkgo biloba* todo dia não esqueça que não adianta tentar recordar aquilo que você não gravou direito.

Por isso, saiba se concentrar nas informações que lhe parecem ou que lhe dizem as pessoas confiáveis que são importantes.

A INSPIRAÇÃO.

O matemático Henri Poincaré asseverou que a criatividade revelava parentescos inesperados entre fatos bem conhecidos, porém lamentavelmente tidos como estranhos uns aos outros.

Essencialmente, a criatividade pode ser definida como a capacidade de gerar idéias e comportamentos que são surpreendentes, relevantes e úteis em um certo momento. Tanto a originalidade quanto a utilidade das idéias variam dos níveis básicos de criatividade, isto é, da solução bem-sucedida dos problemas cotidianos, até aquela criatividade excepcional, presente nas atividades empresariais ou nas produções artísticas e científicas.

Mas se você, por exemplo, lançar um livro de receitas a partir da sua experiência com um grande cozinheiro, seguramente está sendo altamente criativo no plano pessoal.

Existem de fato certas condições sociais, culturais, econômicas e políticas que determinam a magnitude da criatividade.

É por isso que vamos dar um destaque para um ambiente de trabalho com liberdade que estimule a desenvolver o que é proveniente das idéias inspiradas dos funcionários de uma empresa.

Algumas circunstâncias encorajam o desenvolvimento do potencial criativo ou, em outras palavras, apóiam o extravasamento desse potencial.

Outras agem negativamente – como guerra, recessão no país, desemprego, instabilidade política, etc.

Uma das etapas do processo criativo é a **inspiração**, mas foi-se o tempo de acreditar que as idéias geniais aparecem de repente só na mente dos indivíduos privilegiados, que em seguida as concretizam tranqüilamente...

Ao contrário, criação é quase sempre resultado de muito trabalho e conhecimento (por isso que você deve ter boa memória para não esquecer o que já aprendeu...).

As idéias comumente vão ganhando forma aos poucos.

Claro que existem desvios ao longo do processo e também alguma interferência do feliz acaso, promovendo o ponto máximo de inspiração, do tipo **Eureka!** de Arquimedes, quando você finalmente enxerga a saída possível para o seu problema a partir de uma combinação das informações que tem na sua cabeça, ordenadas de maneira inusitada.

A inspiração está relacionada a processos do pensamento que acontecem no nível do pré-consciente.

A psicóloga Eunice Soriano de Alencar, que há três décadas se dedica ao estudo da criatividade, explica: "O pré-consciente, na definição freudiana, é aquela parte do inconsciente à qual temos acesso e inclui lembranças de experiências e sensações, como cheiros de alguns perfumes e impressões de viagens.

São essas informações que a mente acessa, de forma aleatória, quando desenvolvemos um trabalho criativo."

Aliás, muitas idéias interessantíssimas surgem nos sonhos, quando a mente recupera várias imagens e constitui inesperadas conexões entre as mesmas.

Os especialistas em criatividade, por isso mesmo, sugerem que as pessoas procurem ampliar ao máximo o seu banco de dados no cérebro (sem esquecer dos mesmos...) com atividades que estimulem a imaginação e a fantasia, gerando novos conhecimentos e imagens, por meio de leituras, viagens, visitas a museus, atividades artísticas, etc.

O neurologista Ivan Izquierdo relata que:

«Os elementos criativos são **extraídos da memória,** tanto a de trabalho (curto prazo), na qual retêm-se muitas informações durante um curto período, como a memória de longo prazo.

Mas existem também pessoas com transtornos na memória de curto prazo que apresentam uma excepcional capacidade criativa, como os esquizofrênicos.

> *Uma crença comum, porém totalmente errônea, é entender que o uso de drogas estimula a inspiração e o pensamento criativo.*

Você se lembra do matemático John Nash, retratado no filme *Uma Mente Brilhante*?

Apesar da grave esquizofrenia, Nash era capaz de fazer associações incríveis de idéias.

Outros que têm falha na memória de trabalho e que costumam ser bastante criativos são as pessoas deprimidas.

E aí talvez exista uma relação clara entre a criatividade e a biologia.

O período em que saem da fossa parece ser a fase de maior explosão criativa dos indivíduos depressivos, quando eles demonstram muita inspiração para produzir obras literárias, pinturas, músicas, etc.

Isso não quer dizer diretamente que é preciso ser depressivo para ser criativo.

Entretanto, os depressivos e os criativos pertencem a uma mesma categoria de pessoas muito sensíveis, ou seja, seres humanos que sentem o mundo com uma intensidade maior."

A capacidade criativa parece que também está ligada com as grandes oscilações no humor.

Assim os humoristas ou contadores de piadas, ou ainda as pessoas bem-humoradas demonstram uma euforia que comumente é seguida de fases de depressão, e aí percorrem o caminho de volta ao estado normal quando se tornam muito inspiradas.

Uma crença comum, porém **totalmente errônea,** é entender que o uso de drogas estimula a inspiração e o pensamento criativo.

O psicólogo e antropólogo Daniel Nettle, da Open University da Inglaterra, dá a seguinte explicação: "As drogas fazem o indivíduo achar que está mais criativo, mas isto acontece porque as substâncias que utilizou afetaram sua capacidade de julgar!?!

A longo prazo, a dedicação e o trabalho são comprometidos para quem faz uso de estimulantes, alucinógenos e tranqüilizantes."

A melhor maneira de aumentar a inspiração é livrando-se dos bloqueios à criatividade, buscando ambientes estimulantes, principalmente no local de trabalho, de maneira que seja possível se expressar livremente e poder testar diferentes perspectivas e idéias.

Lamentavelmente a nossa sociedade, ao mesmo tempo que valoriza a criatividade e as inovações, também continua protegendo os conservadores, apoiando as pessoas que têm uma **única resposta** e impondo conjuntos de regras para elas seguirem cegamente.

Assim fica difícil valer-se da inspiração quando ela surgir.

AMBIENTE FAVORÁVEL PARA A CRIATIVIDADE.

Grandes grupos brasileiros como Sadia, Votorantim, Gerdau, Usiminas, Embraco e AmBev, entre outros, estão fomentando o treinamento dos seus empregados em técnicas de solução de problemas, e estabelecendo ambientes propícios para o uso do potencial criativo dos seus funcionários, capacitando-os também a se envolverem com a chamada gestão participativa, em suma, o desenvolvimento de soluções para problemas da empresa é compromisso de todos (ver mais este assunto no Capítulo 8 no 2º volume).

Assim, por exemplo, recentemente na Companhia Mineira de Metais (CMM), empresa do grupo Votorantim, os funcionários de um setor conseguiram uma economia de R$ 50 mil por ano nos gastos com emissão de particulados com uma simples mudança na posição de uma válvula.

Para fazer a mudança, a empresa gastou somente R$ 4 mil.

O fato é que operários envolvidos, e que estão no dia-a-dia sentindo os problemas da empresa, têm como vislumbrar não só vários problemas operacionais, mas tendo autonomia, explicando melhor, existindo ambiente favorável no local de trabalho, eles agem e fazem uma grande diferença no incremento da produtividade de uma organização.

Um outro exemplo interessante é o dos funcionários da Albrás, no Pará, que conseguiram descobrir uma solução para 2,5 mil pessoas que trabalhavam numa olaria de uma cidade no interior do Estado.

Malgrado o altíssimo índice de acidentes, adultos e também crianças não abandonavam o trabalho porque dependiam dele para sobreviver.

Aí um grupo de funcionários da Albrás conseguiu detectar a causa do alto índice de acidentes e desenvolver um dispositivo que tornou os equipamentos da olaria mais seguros.

A empresa acabou patrocinando a instalação do dispositivo em todos os equipamentos da olaria.

Além da redução de acidentes, o dispositivo possibilitou o aumento da produção, que permitiu dar uma melhor remuneração a quase todos os trabalhadores.

Deve-se destacar que nesse tipo de ação social, o resultado motivacional dos empregados é um ganho extremamente valioso para a empresa, até porque se entra num círculo virtuoso: **eles vão querer melhorar mais coisas e com isto a empresa ganha e repassa parte do seu lucro para beneficiar seus trabalhadores.**

Em empresas de criação geralmente o ambiente é muito favorável para que venha a inspiração e daí talvez a inovação.

Não em todas, obviamente!

Carlos Domingos, que é um dos sócios-fundadores da agência Age, escreveu o livro *Criação sem Pistolão* no qual, entre outras coisas, descreve as angústias da profissão de publicitário.

Ele diz: "Escrevi este livro justamente para estimular a nova geração de futuros criadores.

Mas isto para estimular os que têm convicção pela carreira de publicitário e desestimular os aventureiros.

Neste ramo, as pessoas têm que ter grandes idéias quase todos os dias.

Este é um exercício exaustivo, que pode tirar horas de sono e que requer disciplina e muita dedicação.

A principal característica de quem trabalha em publicidade é que ele deve ser um *workaholic* (viciado em trabalho).

Para que isto não vire uma neurose é necessário que a pessoa ame o que faz.

Por exemplo, uma campanha como a da Bombril, com o ator Carlos Moreno, que até entrou para o *Guinness* – o livro dos recordes mundiais – como sendo o garoto-propaganda que está mais tempo no ar em todo o mundo, foi uma idéia brilhante, mas ela não nasceu num rompante de genialidade.

Tem muito trabalho por trás dela.

Criatividade em publicidade é hoje e sempre será encontrar saídas rápidas e diferenciadas para convencer alguém de alguma coisa.

É preciso, pois, fazer a cabeça funcionar, custe o que custar.

Não me lembro de nenhuma campanha que tenha sido fácil de fazer, e olhe que já ganhei dez leões em Cannes, um dos prêmios mais cobiçados na área."

A inspiração e a conseqüente criatividade bem-sucedida acontecem com mais facilidade em ambientes favoráveis, como é o caso da empresa Pixar Animation Productions.

Ela começou como uma divisão de efeitos especiais da Lucas Films, a produtora de George Lucas.

Em 1986, esse departamento foi adquirido por Steve Jobs, um dos lendários criadores do Apple, que ele batizou de Pixar.

Em seguida, veio a parceria com o grupo Disney, e aí um sucesso depois do outro: *Toy Story 1* e *2*, *Vida de Inseto* e agora *Monstros S.A.*

A Pixar criou um novo padrão em matéria de local de trabalho para atividades criativas.

Afinal de contas, todos sabem na Pixar, a começar de Steve Jobs, que é durante a fase de descontração, ou seja, no estado alfa que proporciona o cafezinho é que surgem as melhores idéias.

Sua sede foi construída num discreto endereço na vizinhança de Emeryville (um subúrbio entre as cidades de São Francisco e Oakland), na Califórnia.

Seu terreno de 60 mil metros quadrados já abrigou uma fábrica de frutas enlatadas, um campo de beisebol e uma pista para corridas de cavalo.

Esse prédio, atual sede da empresa, levou três anos para ser construído e foi inaugurado em novembro de 2001.

Porém, essa antiga "fábrica" está agora bem visível para todos, pois tem um ostensivo letreiro na entrada – Pixar –, e dentro impressionam os jardins e o campo de futebol.

O imenso edifício-sede, de dois andares, foi feito com tijolos e uso de muita madeira, uma surpresa inicial para quem esperava a frieza do alumínio e do aço, que é a arquitetura habitual das empresas de tecnologia nessa região.

A Pixar oferece aos seus mais de 600 funcionários um restaurante, lanchonete, *videogames*, mesas de bilhar, etc.

Nas paredes em todos os cantos estão fixados cartazes em japonês, italiano, alemão, etc. dos filmes produzidos pela Pixar, que são **provas do sucesso global** que as animações feitas na empresa já alcançaram em diversas culturas.

Isto sem dúvida cria orgulho, auto-estima e mais motivação nos funcionários da Pixar.

Eles na sua maioria são jovens que vestem camisa havaiana ou camiseta, bermudas e tênis ou sandálias.

Alguns mais apressados, como os artistas e os técnicos, andam com seus patinetes...

A descontração é total.

A grande atração desse pátio de entrada é uma passarela onde acontecem os disputadíssimos concursos de aviões de papel!?!?

Cada técnico da Pixar tem a sua sala, e não existe uma igual à outra.

Cada empregado tem o direito de fazer o que quiser com seu espaço.

Um dos escritórios, por exemplo, está decorado como se fosse uma vila mexicana, já uma outra sala se inspira nas ilhas do Pacífico, pois está toda decorada com máscaras da Polinésia.

Na Pixar, para os seus funcionários o limite entre **brincar** e **trabalhar** é bem sutil.

Parece que o trabalho de forma nenhuma é um aborrecimento ou está transformado em alguma tortura.

Depois de cada reunião os funcionários têm a possibilidade de uma interrupção saboreando um *cappucino,* ou então disputando uma partida de pebolim para elevar a sua adrenalina.

Aliás, entre uma sala e outra existe sempre algum tipo de diversão.

Assim, entre as possíveis seqüências que podem ser encontradas no *lay-out* da Pixar tem-se esta: uma sala, uma mesa de xadrez, outra sala, um piano, mais um par de escritórios, alvos para dardos e um fliperama, e assim por diante.

A cada 20 metros tem-se uma minicafeteria com sua máquina de café expresso.

Afinal de contas, todos sabem na Pixar, a começar de Steve Jobs, que é durante a fase de descontração, ou seja, no estado alfa que proporciona o cafezinho é que surgem as melhores idéias.

O ambiente é de descontração total não apenas na aparência, como também nas regras de trabalho.

Existe um forte conceito em cada tijolo do edifício da Pixar, isto é, *have fun* (divirta-se).

Trabalhe quando e como lhe agradar, basta que entregue as tarefas em dia e bem-feitas.

Aí você pode fazer o que quiser do seu tempo, desde sair da empresa para ir a uma competição esportiva, ao teatro, ou até ver o seu filho antes.

Criatividade
104 <<

Qualidade da

As portas estão abertas, a menos que você não fuja de alguma reunião previamente agendada...

O conceito na Pixar é: **quanto melhor você se sentir, melhor irá trabalhar!**

Para uma empresa de mídia, a Pixar está se tomando referência e está apontando para uma ruptura de paradigma: a eliminação do ambiente conservador, e indicando uma utopia altamente produtiva: o ambiente descontraído e que estimula o divertimento, que por sua vez cria condições propícias para a inspiração.

Pois é, na Pixar esses jovens de bermudas coloridas alternam trabalho duro com diversão; têm muita liberdade e são bem remunerados.

Também, pudera, no segundo andar do edifício está uma vitrine com uma vistosa coleção de *Oscars, Clics, Anima Mundis* e outros prêmios internacionais que eles possibilitaram ganhar tanto no cinema como na publicidade comercial.

Pode-se resumir o estado de ânimo dos funcionários da Pixar com a seguinte declaração de Tim Porter, supervisor de efeitos técnicos, um dos mais velhos da empresa, na qual está há quase 23 anos: "Steve Jobs deixou claro desde o início: ele quer que quando o nome Pixar aparecer na tela, provoque a mesma sensação da marca Disney. A marca enfatiza: o que você está para ver é bonito e divertido, e é isto que interessa."

O exemplo da Pixar é extremamente esclarecedor do que é um ambiente favorável à criatividade.

Deste modo, não esqueça, caro(a) gestor(a) criativo(a): contrate funcionários com potencial criativo, isto é, que tenham boa **memória** para acumular e não esquecer as informações e conhecimentos adquiridos, ofereça-lhes um **ambiente** de trabalho propício onde tenham liberdade e estejam descontraídos, que a **inspiração** brotará continuamente e com ela as idéias que poderão ser transformadas em inovações.

O psicólogo e doutor em medicina Edward de Bono desenvolveu, na Cambridge University, uma pesquisa muito interessante sobre os sistemas biológicos, chegando a algumas conclusões importantes sobre como trabalha o nosso cérebro.

Atualmente esse psicólogo passa a maior parte do tempo fazendo palestras sobre como se pode entender o pensamento através de um enfoque específico que ele chamou de pensamento **lateral, paralelo** ou **inspirado**, no qual cada pessoa busca empurrar a si mesma para que olhe o seu problema de forma diferente, e inclusive busque enxergar coisas que podem estar à frente.

Edward de Bono seguramente é a pessoa que mais escreveu sobre criatividade, e nos seus livros, através de vários exemplos, busca explicar a diferença entre **pensamento lateral** e **pensamento vertical,** que é o tradicional e lógico.

No pensamento vertical, procede-se ou passa-se diretamente de um estudo de informação para outro, construindo desta forma uma torre em que se coloca pedra (tijolo) sobre pedra (tijolo) para poder ter a última pedra (tijolo) firme no topo, ou então cavando um buraco e fazendo-o cada vez mais profundo.

Uma característica do pensamento vertical é a continuidade, e a do pensamento lateral, a descontinuidade.

O pensamento vertical é analítico (utiliza o lado esquerdo do cérebro – LEC), enquanto o pensamento lateral é provocativo (utiliza o lado direito do cérebro –LDC).

No **pensamento vertical** a conclusão precisa aparecer depois da evidência, enquanto no pensamento lateral (ou paralelo) ela pode aparecer antes da evidência. O **pensamento lateral** tem muito interesse na geração de novas idéias e enfoques, e também tem muito a ver com a utilização de outras capacidades do ser humano como intuição, imaginação e inspiração.

No seu excelente livro *Whole Brain Thinking,* Jacquelyn Wonder e Priscilla Donovan mostram como cada um pode fazer um uso melhor da mente, ensinando exercícios que devem ser realizados para desenvolver ambos os lados do nosso cérebro.

O LEC é o hemisfério dominante, pois tem as aptidões que são dominantes na nossa sociedade, como dinheiro, tecnologia, eficiência e poder.

Chega-se a isso por várias formas de pensamento, que se pode caracterizar como positivo, analítico, linear, explícito, seqüencial, verbal, concreto, racional, ativo, orientado para metas, etc.

Já o LDC é o não-dominante, a não ser nas culturas que preferem o místico, o intuitivo, o intangível e os valores artísticos.

O LDC possibilita-nos a aptidão para a espontaneidade, a intuição, o holismo, a emoção, o não-verbal, o artístico, o simbólico, etc.

Figura 1.23 - Aprenda a usar todo o seu cérebro...

As pessoas têm uma tendência de preferir um ou outro lado do cérebro – aquele que influencia o seu enfoque sobre a vida e o trabalho. Vivemos num mundo em que é necessário cada vez mais usar ambos os lados do cérebro, apesar da dominância ou preferência de cada um.

A Tabela 1.4 mostra as passagens que ocorrem no cérebro em função das nossas atividades diárias.

O fato que ninguém pode mais esquecer é que os humanos sobreviveram e melhoraram porque desenvolveram cada vez mais a sua forma de responder às mudanças que tiveram de enfrentar.

Do LEC para LDC	Do LDC para LEC
1) Sonhar de dia ou visualizar.	1) Fazer anotações ou escrever num *flip chart*.
2) Descobrir um padrão, enxergar todo o quadro, fazer conexões.	2) Estabelecer prioridades, rever a agenda ou organizar uma reunião.
3) Abrir-se para as "inrrelevâncias".	3) Avaliar ou eliminar idéias estranhas, estabelecer metas.
4) Responder com linguagem corporal, mudar o tom de voz ou dar uma gargalhada.	4) Analisar a linguagem corporal ou o tom de voz.
5) Falar consigo mesmo de maneira positiva e de estímulo ou usar uma linguagem mais "colorida" e brincadeiras.	5) Praticar as suas opiniões racionais, bem como preparar as suas apresentações.
6) Ver através dos olhos dos outros, tentando perceber e sentir o ponto de vista deles.	6) Fazer comparações, dançar, cantar e julgar.
7) Mover-se, fazer exercícios, participar de jogos, ir ao "recreio".	7) Decidir, questionar, avaliar o progresso, o tempo despendido e os objetivos alcançados.

Tabela 1.4 – Transições no cérebro em função da atividade praticada por uma pessoa.

Foi isto que provocou as diferenças fundamentais do nosso cérebro, tornando-nos superiores a quaisquer outras criaturas vivas na superfície terrestre (Figura 1.24).

DADOS SOBRE O CÉREBRO HUMANO.

1. Ele tem a superfície com a maior circunvolução, o que indica níveis de memória mais altos, assim como maior capacidade de aprendizado.

2. O cérebro humano está mais claramente dividido em dois hemisférios, mostrando o alto nível de especialização e sofisticação já alcançado.

3. O cérebro humano é o que tem a maior relação, ou seja, o maior peso em relação ao corpo, o que significa, entre outras coisas, a importância que representa o pensamento para a nossa sobrevivência (Figura 1.24).

Ninguém pode esquecer a citação de Thomas Alva Edison, um dos mais criativos seres humanos que já existiram:

"A função principal do nosso corpo é a de levar o nosso cérebro para todos os lugares!!!"

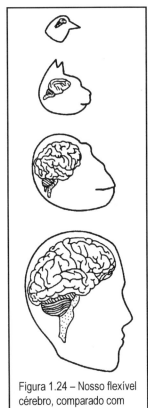

Figura 1.24 – Nosso flexível cérebro, comparado com outros animais.

4. O cérebro humano tem o conjunto mais complexo de lóbulos frontais de todas as criaturas vivas, sendo isto uma possível indicação de que nós ainda estamos fazendo crescer mais tecido nessa área onde está localizado o planejamento, a sensibilidade social, a invenção, etc.

5. Ninguém pode esquecer que o cérebro humano usa 90% do oxigênio do sangue e que o oxigênio é verdadeiramente o alimento do cérebro.

Por isso, é muito bom que você respire adequada e profundamente para permitir todas as conexões das células do seu cérebro (veja a Figura 1.25).

CAP. 1 - Cérebro Humano e o Desenvolvimento da Criatividade

Devido às turbulências cada vez maiores que nos aguardam nos anos vindouros, é necessário que o ser humano use cada vez mais todo o seu cérebro, e de fato possa compreender a dinâmica da mudança e adaptar-se a ela por meio de sua enorme criatividade.

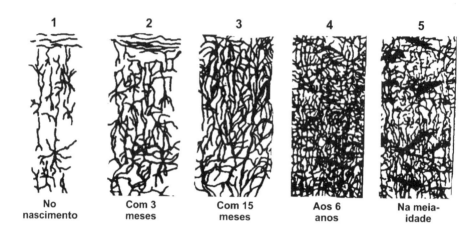

Figura 1.25 – Desenvolvimento das conexões do cérebro humano com a idade.

Diz Mintzberg: "O LEC tem dominado na formulação de estratégias, com sua ênfase na lógica e na análise.

Por ser superestruturado, cria opções limitadas.

As alternativas que não se encaixam na estrutura predeterminada são ignoradas.

Mas o LDC precisa tornar-se parte do processo, com sua ênfase na intuição e na criatividade."

Um grande problema contemporâneo é que muitos indivíduos e empresas adquiriram hábitos e procedimentos que os mantêm presos ao tipo de pensamento que usa apenas o LEC.

Ao manterem esses hábitos e não adotarem outros novos, eles limitam sua capacidade de explorar o pleno poder de seus cérebros.

Isso os deixará preparados para ter resultados apenas um pouco melhores que os anteriores, sem possibilidades reais de obter resultados excepcionais.

Passar a usar o **cérebro inteiro** não é nada mais que aprender a usar todo o poder cerebral que nos foi concedido, e o dos cérebros que contratamos também.

Os cérebros que temos e aqueles que contratamos são computadores cranianos.

No entanto, em sua empresa (ou organização), por exemplo:

→ Quantas pessoas sabem como usar um computador pessoal, mas não sabem como usar seu próprio computador craniano?

→ Quantas pessoas sabem do último *software* para o seu *laptop*, mas não têm idéia do último *software* para o seu computador craniano?

→ Quantas pessoas podem "surfar" na Internet, mas não sabem como arejar a mente?

As técnicas existentes para que se use o cérebro por inteiro não são nada mais que um *software* muito simples para a sua mente.

Todavia, muitas pessoas continuam a usar *softwares* cranianos ultrapassados, antigos, habituais – enquanto em seu computador pessoal insistem em acessar o último *software*.

Como Sperry e Ornstein descreveram na década de 80, o cérebro possui dois hemisférios que executam processos diferentes.

O lado esquerdo, da **lógica**, lida com palavras, números, raciocínio lógico, análise, listas e seqüências (Figura 1.26).

O lado direito, chamado de o lado criativo, lida com imagens, ritmos, cores, imaginação, idealizações e consciência espacial.

Muitas empresas, principalmente as ocidentais, passaram com o tempo a usar quase exclusivamente o LEC, porque era assim que se vencia.

Acontece que o problema é que a imaginação localiza-se no LDC, o lado oposto à lógica.

Para desenvolver o pensamento criativo precisamos de imaginação, e assim, necessitamos ter acesso ao LDC.

Além disso, para ter paixão e poder de modo eficaz atingir resultados extraordinários, temos de encontrar uma forma de acessar o LDC, bem como os pressupostos do LEC.

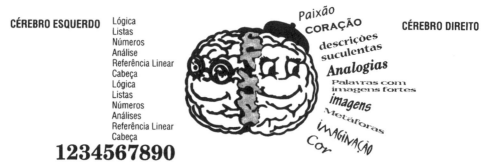

Figura 1.26 – Descobertas de Sperry e Ornstein sobre os processos que se desenvolvem no cérebro.

Um número cada vez maior de evidências científicas está emergindo, comprovando que o poder do nosso cérebro só é liberado se encontrarmos uma maneira de usar ambos os hemisférios do cérebro de um modo harmônico.

Uma analogia pode ser um jogo de basquete especial: em um dos lados você tem uma equipe de jogadores usando apenas o pé esquerdo, o braço esquerdo e o olho esquerdo. Eles estão jogando com um time que está usando os dois pés, braços, e ambos os olhos (equipe B).

Imagine o jogo mostrado na Figura 1.27:

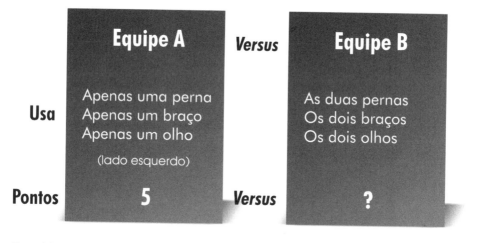

Figura 1.27 – Jogo de canhotos contra pessoas completas.

Se a primeira equipe faz cinco pontos, quantos pontos você acha que a equipe que está usando os dois braços e pernas faria? 50?

Na verdade, é bem mais que o dobro.

Usar os **dois** lados do seu corpo aumenta radicalmente o seu poder para um fator mais próximo de 10 ou 100.

O mesmo acontece com os lados esquerdo e direito do cérebro.

Você libera um poder incrível se sua empresa puder começar a usar os dois lados do cérebro dos seus funcionários.

Não é ou/ou – são os dois!!!

Evidentemente, este conceito não é realmente novo.

Só precisa ser expandido e se tornar sistemático.

As empresas já têm sucesso em experiências esporádicas, ou em usar o modelo que emprega ambos os lados do cérebro.

O que é novo é a fundamentação científica dessa noção, e são baseadas nisto as técnicas fáceis que podemos usar para acessar tanto o lado esquerdo quanto o direito. Os psicólogos têm notado a diferença entre o pensamento convergente (o lado esquerdo) e o pensamento divergente (o lado direito).

Em culturas orientais há o conceito de *yang* (lado esquerdo), distinto de *yin* (lado direito).

Freud distinguiu entre um conjunto de funções primárias (LEC) e secundárias (LDC).

Jung distinguiu entre a **persona** (lado esquerdo) e a **sombra** (lado direito).

A grande oportunidade de cada pessoa é, portanto, dirigir a atividade do cérebro para tudo o que ela fizer, com o intuito de substituir a atividade de apenas um hemisfério e liberar todo o potencial para alcançar metas desbravadoras.

Costumávamos antigamente medir os nossos ativos pela potência das máquinas.

Então veio a mão-de-obra.

Esta foi substituída pelo "número de funcionários".

Isto é certo, porque reconhece o movimento para a contratação de cabeças (poder intelectual) em vez de mãos (força "braçal").

CAP. 1 - Cérebro Humano e o Desenvolvimento da Criatividade

Porém, o futuro não está no número de funcionários, mas sim em sua capacidade mental.

O que é melhor ter: uma empresa A com 50 funcionários, atada ao incrementalismo, usando perversamente apenas a metade de seus cérebros, ocupada em administrar o *statu quo*, ou ter a empresa B, com 25 pessoas usando todo o seu cérebro criativo e motivacional, procurando atingir o impossível e estimuladas diante das perspectivas?

Instintivamente, utilizando tanto a emoção quanto a lógica, provavelmente você decida que a empresa B tem mais poder, mesmo que o número de funcionários seja menor.

De fato, é provável que – dado o *downsizing* (enxugamento) de hoje – a empresa B efetue o corte de funcionários, em parte para tentar captar o sentimento de liberdade das empresas menores.

A chave é não focalizar o número de funcionários, mas a capacidade mental deles.

E dirigir a empresa para se tomar cérebro inteiro, e não apenas parte dele, não só dobrando o seu poder mental, mas multiplicando-o por um fator próximo a 50 ou 100!!!

Se você usa toda a sua capacidade mental, você acrescenta criatividade, imaginação e paixão à lógica, à análise e aos fatos.

Não se trata de usar um ou outro, mas ambos, resultando em: lógica mais criatividade, análise com imaginação e fatos observados com paixão e emoção.

Dificilmente dá para imaginar uma situação – quando você quer atingir uma meta ou alcançar um resultado – em que acrescentar a criatividade, a imaginação e a paixão à lógica tradicional, à análise e a fatos não produzirá um desempenho notavelmente melhor.

É relativamente fácil engajar o lado direito do cérebro.

As técnicas estão ao seu alcance.

Muitas vezes, parece ser quase uma questão de se lembrar de fazer isso.

Mas as tradicionais práticas do Ocidente nos levam freqüentemente a considerações que empregam apenas o lado esquerdo, o da lógica, da análise e dos fatos.

Para obter resultados surpreendentes, você precisa se habituar a engajar o lado direito do cérebro com regularidade e sistematicamente.

Desenvolva hábitos e práticas que o mandarão automaticamente para esse lado e engaje-se nele.

Você precisa ter uma noção da diferença entre ganhar acesso ao lado direito *versus* permanecer usando o lado esquerdo. Para tanto, faça rapidamente os seguintes exercícios:

Tipo $\boxed{A}$ – Qual é a 13ª letra do alfabeto?

→ Quantos dias tem o mês de fevereiro?

→ Conte em ordem regressiva de 35 a 10.

Tipo $\boxed{B}$ – Escreva instruções para ir da sua casa até o trabalho de automóvel.

→ Qual é a seqüência de ruas que você vira à esquerda e à direita?

→ Descreva como você faz o nó da sua gravata (ou arruma o seu cabelo).

→ Explique as dificuldades para fazer a barba (tomar banho) segurando o aparelho (o sabão) na sua mão que não é a dominante.

→ Experimente ler a página de um livro de ponta cabeça ou recitar o alfabeto de trás para a frente.

Nos problemas do tipo A, você usa o LEC.

Eles praticamente só exigem o pensamento de rotina – repetir letras ou números mentalmente.

Já os problemas do tipo B deveriam ser percebidos de uma forma diferente.

Eles desencadeiam o acesso ao LDC.

Exigem que você imagine coisas (LDC) e então use o LEC para traduzir essas imagens ou movimentos em instruções.

Seguramente você é capaz de contar os números de 35 a 10, nessa ordem, em parte por ter decorado e em parte devido à lógica envolvida.

Aí só o lado esquerdo do cérebro é necessário.

Mas a maioria das pessoas tem dificuldade de recitar facilmente o alfabeto de trás para a frente, ou de ler um texto virado ao contrário porque decorou apenas uma forma e não há lógica...

É preciso neste último caso seguir uma abordagem alternativa.

Você pode usar oito recursos simples para ajudá-lo(a) a envolver o LEC, assim como o LEC.

1. Use cores.

2. Use figuras.

3. Use metáforas ou analogias.

4. Apele para a emoção.

5. Use a ousadia.

6. Use histórias e dados.

7. Use palavras e jargões com imagens poderosas.

8. Use mapas mentais no lugar de listas e anotações.

O uso de cores é simples e efetivo.

Da próxima vez que você escrever algo, utilize canetas ou papéis com cores diferentes e escolha cores vivas.

Use cores diferentes para sublinhar, para destacar palavras ou títulos-chave, para resumos ou frases-chave.

Você sentirá uma certa leveza para trabalhar.

Será mais alegre, mais interessante, mais memorável e mais divertido.

É o LDC que está sendo usado.

Os pensamentos que lhe virão à mente serão ligeiramente diferentes.

Você se sentirá menos preso a limites, mais solto, menos convencional.

Depois de fazer isso durante algumas semanas, experimente voltar para o branco e preto.

Isto parecerá muito desinteressante, monótono, rotineiro, preso a convenções e hábitos.

A cor está hoje presente na maioria das comunicações de negócios, pois agora a tecnologia permite isto.

A televisão e os jornais há muito tempo passaram a ser em cores.

Se isto é tão certo, por que persistir no hábito monótono que começou há muitas décadas com o uso da caneta-tinteiro?

Lembre-se, **uma única cor é o mesmo que um único tom, monótono e desinteressante**.

Uma boa **imagem** realmente fala por milhares de palavras.

Não se prenda, pois, apenas ao mundo do lado esquerdo do cérebro, de colunas de números e fatos e páginas e páginas de palavras.

A televisão tomou o lugar do rádio como o meio preferido.

Os computadores pessoais, além de permitirem elaborar gráficos e quadros poderosos para gerar informações, mostram imagens de forma bem nítida.

As imagens funcionam porque engajam o LDC.

Quando você está tentando comunicar algo, sinta-se livre para usar metáforas e analogias a fim de fundamentar seu ponto de vista.

Elas são muito mais poderosas do que prender-se a uma descrição seca dos fatos ou intenções.

As metáforas e analogias fazem o LDC ganhar vida.

São estimulantes e envolventes.

Ajudam a formar a imagem de uma maneira mais poderosa que uma descrição sem emoções.

Não há nada de errado com as emoções.

Elas são reais e podem ser muito mais poderosas que a lógica. A combinação de ambas é insuperável.

Os anúncios de televisão são bem mais efetivos quando apelam para o emocional tanto quanto para o racional.

Uma recitação árida sobre as características de um produto dificilmente provocará vontade em alguém de comprá-lo.

Quando esses dados são combinados com um apelo emocional, a venda acaba acontecendo com muito mais facilidade.

Discursos e apresentações são muito mais poderosos quando apelam para as emoções da audiência, e para sua lógica também.

Assim como acontece com os discursos e os anúncios, acontece com todas as outras formas de pensamento e comunicação.

Considerar ativamente as emoções envolvidas – o LDC – gera resultados significativamente mais poderosos.

Faça, pois, caro(a) leitor(a), o uso sistemático de suas próprias emoções e apele para as emoções dos outros.

De um lado, sempre queremos conhecer os fatos, e de outro, buscamos saber quais são as impressões dos outros, para assim tomarmos as próprias decisões ousadas.

Os fatos são dominados pelo LEC, e as impressões, pelo LDC, e a combinação de ambos é poderosa.

As decisões mais importantes que um indivíduo toma na vida envolvem o **cérebro todo**, e não apenas a parte racional.

Entre essas decisões mais importantes que uma pessoa toma na vida, três delas talvez sejam: **com quem se casar; a profissão ou carreira a seguir e onde viver.**

As pessoas podem tomar essas decisões várias vezes em suas vidas, entretanto, em geral, nenhuma delas é tomada com base apenas na lógica, na análise e em fatos.

Portanto, para atingir resultados inovadores, prepare-se para empregar seus lados emocional e racional nos negócios, e também na vida pessoal.

Use o cérebro por inteiro, e não apenas parte dele.

Há quem diga: "Os fatos falam por si sós."

Porém isto não é uma verdade absoluta.

Se os fatos falassem por si sós, não haveria debates.

Todos chegariam às mesmas conclusões.

O simples fato de você ter de ressaltar que "os fatos falam por si sós" significa que isto não acontece.

As pessoas ainda não estão convencidas.

O trabalho está pela metade.

Prepare-se, então, para usar histórias e ilustrações com o objetivo de colocar os fatos em perspectiva: fazer as coisas ganharem vida de forma que possam ser aplicadas.

Numa **história**, um exemplo, uma anedota pode ter maior impacto do que uma página repleta de fatos, é muito mais memorável.

A maioria dos **jargões** é, por natureza, dominada pelo LEC.

É uma representação de uma fórmula estabelecida.

Quando usamos um jargão supomos que todos saibam o que queremos dizer.

Ainda pior é ir além do jargão e usar abreviações do tipo B2B (para *business to business*).

Isto por natureza é restritivo, limita extremamente o significado.

Tudo isso tem um lugar, mas não esgota todos os lugares.

Em vez disso, se você deseja captar o sentido pleno de um significado, não tenha receio de usar palavras com imagens fortes.

Estas podem não ser legítimas em um sentido gramatical ou literal, mas evocam a imagem do significado que você deseja transmitir.

Na época em que as cidades de Nova York e Washington foram atingidas por raios terroristas hediondos, expressões como: "queremos justiça infinita" ou "buscamos a liberdade duradoura" carregam consigo uma imagem muito forte...

Palavras com uma imagem forte poderão ser como figuras.

Elas engajam o lado direito do cérebro de uma forma que o jargão não é capaz de fazer.

O **mapeamento mental** foi inventado por Tony Buzan (veja mais detalhes no Capítulo 6). É uma tecnologia extremamente poderosa para o seu computador craniano.

Pode gerar uma eficiência notável na reflexão sobre o problema, no resumo de seus pensamentos ou conhecimentos, como um auxiliar de memória para uma apresentação, em vez de notas ou de um *script*.

Na FAAP, onde todos os alunos cursam a disciplina de Criatividade, os mapas mentais são amplamente usados pelos estudantes e alguns professores como uma forma de anotação para revisão.

Com os mapas mentais consegue-se de uma forma sistemática engajar o LDC.

Neles, combinam-se muitos dos elementos técnicos vistos anteriormente como cores, figuras, palavras-chave, etc.

Estimulam a criatividade e antes de mais nada usam a imaginação.

Além disso, estimulam também o uso do seu lado sensível nas decisões.

Para entender a vantagem do mapa mental, tente responder à seguinte pergunta: "Você daria o nome de 40 pássaros em três minutos?"

Muita gente fica paralisada diante desta questão.

Para muitos, parece impossível dizer o nome de 40 pássaros em três minutos.

Aliás, algumas pessoas nem tentam quando enfrentam uma meta descontínua – desistem antes de começar.

Outros começam sem nenhum esquema a fazer uma lista, porém ela termina bem antes de 40.

Entretanto, existe uma abordagem alternativa eficaz que é a de construir um mapa mental (Figura 1.28).

Assim, coloque o problema em um círculo no meio da página.

Então considere nos primeiros 15 segundos os pássaros que lhe vêm imediatamente à cabeça.

Considere os temas ou padrões que eles seguem.

Por exemplo, pense nas situações ou lugares nos quais se podem encontrar tais pássaros.

Quando se lembrar de uma situação, introduza uma linha saindo do círculo.

Dessa forma, você pode colocar jardim, casa, e então lembrar-se de um zoológico.

E pensar no zoológico o faz lembrar-se de ganso e peru, digamos.

Este pensamento, por sua vez, desencadeia um diferente – o tema de pássaros usados como alimento.

Trace um novo ramo.

Uma ema desencadeia um tema de pássaros grandes.

Trace outro ramo.

Pintarroxo desencadeia pequenos pássaros.

Pássaros grandes desencadeiam cisne, que por sua vez nos faz lembrar de pássaros aquáticos.

Trace outro ramo, e assim sucessivamente, obtendo outros ramos (veja Figura 1.28).

CAP. 1 - Cérebro Humano e o
Desenvolvimento da Criatividade

Em seguida, ataque cada ramificação e acrescente sub-ramos à medida que vai se lembrando de outros pássaros em cada categoria.

Não se preocupe com as duplicações, simplesmente escreva.

Acrescente mais ramos, conforme precisar.

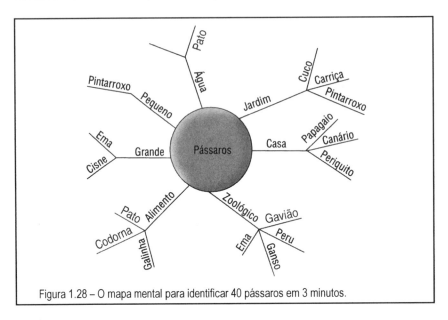

Figura 1.28 – O mapa mental para identificar 40 pássaros em 3 minutos.

Claro que com vários ramos já identificados, como mostrado na Figura 1.28, provavelmente você consiga com facilidade o nome de 40 pássaros, não é?

Obviamente que sim!!!

Os hemisférios esquerdo e direito do cérebro são conectados por uma "corda", como uma fibra grossa, chamada corpo caloso.

O interessante é que o corpo caloso nas mulheres é significativamente mais espesso que nos homens, e isto está cientificamente comprovado.

No entanto, não há comprovação científica para a possibilidade de que quanto mais espessa for a conexão entre os hemisférios esquerdo e direito, mais fácil será mover-se rapidamente entre eles. Ou que, quanto mais fina for a conexão, mais difícil será.

Se isso fosse verdade, certamente algumas diferenças entre o comportamento feminino e o masculino estariam explicadas.

O homem antigamente tinha com freqüência de ficar por muito tempo longe de casa para ir caçar ou ir para a guerra.

Ele precisava separar essa necessidade lógica de suas emoções ao se afastar da família.

Com o tempo, um corpo caloso mais fino ajudou-o a fazer isso.

Em contraste, o corpo caloso mais espesso da mulher ajudaria a explicar seu uso mais freqüente da intuição, que é dominada pelo lado direito do cérebro; sua capacidade de mudar mais rapidamente entre a lógica e as emoções, e vice-versa; e sua capacidade de conversar de uma forma que se ramifica para subafluentes do tema principal, à medida que o lado esquerdo se toma engajado e novas idéias surgem em sua mente.

Mas o corpo caloso de **ambos os sexos é espesso o suficiente** para aprender a ser capaz de engajar ambos os hemisférios, como é o desejo.

Um recente estudo desenvolvido na Universidade da Pensilvânia, nos EUA, mostra que homens e mulheres têm níveis de inteligência semelhantes.

Essa pesquisa comprova que não obstante o homem tenha cérebro maior, ele possui proporcionalmente menor massa cinzenta cerebral que a mulher.

A massa cinzenta é formada por neurônios (célula básica do sistema nervoso) e por ramificações que levam impulsos a outros neurônios.

Essas ramificações são denominadas dendritos.

Os homens, por sua vez, têm uma maior proporção de "matéria branca" e fluido cérebro-espinhal.

A matéria branca se refere a outro prolongamento neuronal, o axônio, que faz ligação com áreas distantes do cérebro, que é "irrigado" pelo fluido cérebro-espinhal.

A descoberta ajuda a entender conclusões de estudos anteriores, quando vários autores no passado mostraram uma maior facilidade para tarefas verbais nas mulheres e para os trabalhos espaciais nos homens.

Independentemente dessas possíveis diferenças entre o homem e a mulher, o que o ser humano não pode deixar de fazer é usar o **cérebro por inteiro** em vez de parte dele se quiser obter resultados surpreendentes na sua vida pessoal e no trabalho!!!

1.7

A COLABORAÇÃO CRIATIVA

O fundador do Institute for Creative Collaboration, dos EUA, Robert Hargrove, publicou um livro pioneiro cujo título é *Colaboração Criativa*, no qual ele trata do comportamento humano e assume uma posição ousada ao difundir não apenas um conceito da administração moderna, mas inclusive por enfatizar esta nova fase do desenvolvimento humano que incita o espírito humano a entrar em ação, criando possibilidades novas e ilimitadas num trabalho colaborativo.

Nós, em algumas partes deste livro, vamos expor os pontos de vista de outros especialistas que até mesmo relutam em aceitar a criatividade como sendo impulsionada por muitas pessoas, preferindo acreditar que isto se consegue melhor individualmente!?!

Num livro sobre criatividade, e principalmente sobre a sua qualidade, essa polêmica deveria ser resolvida, mas isto não é tão fácil assim...

A colaboração criativa, segundo Robert Hargrove, vai na realidade muito além da noção tradicional de cooperação e de trabalho em equipe, buscando-se através da mesma o aproveitamento máximo dos talentos e da diversidade do grupo.

No seu livro, Robert Hargrove expõe:

"A colaboração criativa é uma idéia que chegou para ficar.

Imagine pensar e trabalhar junto de pessoas que enxergam e reagem ao mundo diferentemente de você, mas que são pessoas que você achará extremamente curiosas, intrigantes e estimulantes.

Imagine participar de discussões produtivas, profundamente vigorosas, que resultem em novos entendimentos e na criação de algo que nunca existiu.

Imagine o que significaria ser parte de uma comunidade de compromisso, onde aprender e questionar fossem mais importantes do que saber e ter certeza.

Pois é, tudo isso pode ocorrer se estivermos num ambiente de colaboração criativa.

A colaboração é o ato ou o processo de **'criação conjunta'**.

Pessoas que colaboram são aquelas que identificam uma possibilidade e reconhecem que o seu próprio ponto de vista – perspectiva ou talento – não é o bastante para torná-la uma realidade.

Elas necessitam de pontos de vista, das perspectivas e talentos dos outros.

Assim, o primeiro ingrediente da colaboração criativa envolve diferentes visões e perspectivas.

O segundo ingrediente abarca a realização e o atingimento de objetivos 'comuns'.

A tentativa de alcançar objetivos comuns faz com que as pessoas inteligentes e vaidosas sujeitem a sua vaidade para contribuir com algo significativo e duradouro.

Também cria um esclarecimento que possibilita que as pessoas se movimentem através de diferentes campos profissionais, fazendo com que criem uma linguagem comum.

Para que as pessoas colaborem, elas devem entender o objetivo como essencial e como algo que não pode ser conseguido separadamente por cada uma delas.

O terceiro componente da colaboração criativa enreda a definição de novas metas em conjunto.

E, finalmente, o último ingrediente da colaboração criativa é a criação de novos valores.

É evidente que todas as colaborações implicam trabalho de equipe, mas nem todas as equipes são colaborativas.

Colaboração envolve a criação de um novo valor ao fazer alguma coisa radicalmente nova ou diferente, como acontece nas descobertas científicas, na jurisprudência e nos novos produtos e serviços.

A maior parte das equipes se concentra num trabalho de rotina e em **fazer a mesma coisa melhor**, tal como estabelecer uma ligação e uma coordenação mais eficientes das tarefas.

Nesse mesmo sentido, os grupos colaboradores bem-sucedidos são aqueles constituídos de combinações de pessoas diferentes, ou seja, de estranhas misturas multidisciplinares."

Como exemplo de colaboração no mundo animal vale a pena contar uma história a respeito de macacos nas ilhas do sul do Pacífico.

Desde priscas eras os macacos daquela região desenterravam batatas no mato, esfregavam-nas algumas vezes nas mãos e em seguida as comiam.

Um dia, observou-se que um dos macacos levou suas batatas para a praia e começou a lavá-las no mar.

Os outros macacos da ilha apenas o observavam.

Depois de mais ou menos uma semana, eles também começaram a lavar suas batatas no mar.

Esta é uma história que evidencia como uma boa idéia se espalhou entre os macacos.

Porém a história é ainda mais interessante!!!

Aconteceu que, de acordo com os antropólogos, depois de seis semanas os macacos de todas as ilhas, num raio de cem quilômetros, também começaram a lavar as batatas, **sem que tenha havido qualquer contato aparente com os macacos da ilha original!?!?**

Hoje em dia todos nós ouvimos os mesmos gurus e lemos os mesmos artigos, que são parte de um conjunto de informações que incluem termos como "habilitação", "equipes" e "processos integrados", e como resultado cada um no seu canto busca a colaboração criativa, isto é, "lavar as suas batatas".

É indiscutível que a grandeza não provém mais de um único ser humano, mas sim de todas as idéias trocadas num espírito de apoio mútuo ou de competição amigável, que muitas vezes foram unificadas num esforço de cooperação para elevar o nível da sua arte.

Tudo faz crer que, no futuro, realizações significativas e duradouras não virão de pessoas extraordinárias, mas **de extraordinárias combinações de pessoas** que aprendem a pensar e a trabalhar juntas.

A colaboração criativa está surgindo nas diversas profissões e campos disciplinares, como:

1- Na ciência, na medicina e na tecnologia.

Assim, por exemplo, um estudo recente da Kellogg School of Management revelou que nas UTIs (unidades de tratamento intensivo) dos hospitais uma comunicação mais aberta e uma resolução colaborativa de problemas entre médicos, enfermeiros e técnicos têm facilitado uma contribuição individual superior e o desempenho do grupo em tarefas complexas, em nível mais elevado de cuidados com os pacientes e de sobrevivência dos mesmos.

2- Cooperação entre os partidos no controle governamental.

São inúmeros os bons exemplos nos quais foram esquecidas as disputas partidárias e votou-se para o bem da nação, do estado ou da cidade.

3- Nos negócios onde o aspecto competitivo está sendo conseguido graças à colaboração.

O século XXI deverá ser o de organizações colaborativas, caracterizadas pela liderança lateral, que estarão cada vez mais preocupadas em desenvolver pessoas criativas com a visão voltada para recursos de criação que não existiam antes, do que em contar com um pequeno número de cabeças para coordenar todas as tarefas.

A fórmula eficaz para estimular a colaboração criativa em qualquer ambiente de grupo compreende cinco passos:

1º Passo – Faça essa afirmação de impossibilidade (sobre algo que você queira realizar).

Naturalmente, as rupturas originais não ocorrem com facilidade.

Mais ainda, afirmar que o impossível seja possível não autoriza ninguém a garantir que isso se realizará.

Porém, força você a pensar fora dos padrões e a adotar uma ação extraordinária.

2º Passo – Reunir combinações extraordinárias de pessoas que possam tornar o impossível uma realidade.

Realmente, justapor idéias e talentos múltiplos é um modo eficaz de incrementar drasticamente as possibilidades de se conseguir algo que seja excepcional e fora do comum.

É o caso, por exemplo, do projeto lunar Apollo, que reuniu físicos, engenheiros, geólogos, especialistas em programas de computação e burocratas.

Mas não se pode esquecer nunca que as pessoas se inspiram para colaborar quando elas têm um objetivo ou um problema complexo que seja muito significativo para elas e reconhecem que não podem realizá-lo sozinhas.

3º Passo – Definir um objetivo planejado em conjunto, que permita transformar a possibilidade num projeto viável.

O objetivo, em projetos amplos, deve prover a base para diferentes objetivos secundários: deve explicar a cada pessoa ou grupo qual é o seu papel e trabalhar intensamente para colocar em primeiro lugar aquilo que realmente precisa ser feito.

4º Passo – Fazer uma análise que contraste a realidade atual com aquela que o grupo colaborativo tem a intenção de realizar.

Este procedimento envolve a criação de um inventário dos pontos fortes e das deficiências de tudo aquilo que está funcionando e do que não está funcionando, bem como relacionar os fatores de atração e os de rejeição.

É muito importante, ao analisar "como é agora", querer honestamente reconhecer todos os problemas para fornecer informações vitais sobre o que é necessário para o sucesso do projeto.

5º Passo – Identificar o que está faltando e que, se fosse providenciado, produziria uma mudança positiva.

Perguntar: "O que está faltando?", é diferente de perguntar: "O que está errado?", ou "O que não está funcionando?"

A primeira pergunta leva a uma atitude criativa e produtiva. Já a última pergunta, principalmente, leva à procura de culpados, o que não leva a lugar nenhum.

As respostas para "O que está faltando?" em geral combinam idéias e talentos de uma forma não-convencional.

Efetivamente, todos os **"criáticos"** precisam estar interessados em desenvolver a colaboração criativa, pois isto promoverá a interação de talentos, com o que conseguirão muitos resultados positivos para a organização.

Sem dúvida, todos deviam seguir o seguinte conselho de Robert Hargrove:

"Os líderes do futuro que nos servirão de inspiração serão aqueles que conseguirem combinar de forma criativa e audaciosa pessoas com diferentes especialidades, deixando que confrontem seus pontos de vista, criem uma linguagem comum e tenham idéias criativas e inovadoras.

As idéias advindas da colaboração criativa mudarão a nossa forma de encarar o mundo dos negócios, as leis, a tecnologia, o sistema educacional, o governo e o mundo."

A NEURÓBICA DANDO ORIGEM AO *NEUROFITNESS*
(DESENVOLVIMENTO DA MENTE)

Lawrence C. Katz, professor de Neurobiologia no centro médico da Universidade Duke e pesquisador do Instituto Médico Howard Hughes, e Manning Rubin, supervisor de criação da K2 Design, uma agência de *marketing* de Nova York, escreveram o livro *Mantenha Seu Cérebro Vivo*, no qual apresentam 83 exercícios neuróbicos que permitem prevenir a perda de memória e aumentar a agilidade mental.

Os exercícios fundamentam-se na neuróbica, uma nova teoria do exercício cerebral.

À medida que as pessoas vivem cada vez mais, a questão de preservar a energia mental na meia-idade e além dela se torna muito importante.

Com o auxílio de novos e eficazes instrumentos da biologia molecular e imagens do cérebro, neurocientistas do mundo inteiro têm literalmente analisado a mente em funcionamento.

Eles estão descobrindo, quase todos os dias, que muitas crenças negativas sobre o envelhecimento do cérebro não passam de mitos.

O dito: "quanto mais velho, mais sábio" não é mais somente um clichê esperançoso, mas quase certamente em breve corresponderá à realidade.

Da mesma forma que uma pessoa é capaz de manter seu bem-estar físico, também pode cuidar de sua saúde e capacidade mental, principalmente se aplicar os conceitos da neuróbica.

A palavra **neuróbica** é uma alusão deliberada ao exercício físico.

Assim como as formas ideais de exercício físico enfatizam o uso de muitos grupos musculares diferentes para aumentar a coordenação e a flexibilidade, os exercícios cerebrais ideais envolvem a ativação de muitas áreas diferentes do cérebro, de novas maneiras, para ampliar o alcance da ação mental.

A neuróbica é de fato uma síntese de novas e importantes informações sobre a organização do cérebro, como ele adquire e mantém informações, e como certas atividades cerebrais produzem os nutrientes naturais do cérebro.

Esses avanços incluem:

1. O córtex cerebral é a **sede do aprendizado no cérebro** e consiste em um número incrivelmente grande de áreas diferentes, cada uma especializada em receber, interpretar e armazenar as informações que vêm dos sentidos.

2. As áreas do córtex cerebral são ligadas por milhares de circuitos neurais diferentes, capazes de armazenar memórias em combinações quase ilimitadas. Infelizmente, como o sistema é tão complexo e o número de combinações possíveis de circuitos cerebrais tão vasto, os seres humanos **utilizam uma função muito diminuta das combinações possíveis.**

3. O cérebro tem uma profusão de moléculas específicas – as neutrofinas (área de pesquisa de Lawrence C. Katz) – que são produzidas e segregadas pelas células nervosas para agirem como uma espécie de nutriente cerebral. São essas moléculas que promovem a saúde das células nervosas e das sinapses, ou seja, as conexões que enviam informações aos dendritos.

4. A **quantidade de neutrofinas produzida** pelas células nervosas – e a forma

como as células nervosas reagem às neurotrofinas produzidas por outras células nervosas – é regulada pela própria atividade das células.

5. **Tipos específicos de estimulação sensorial**, em particular as experiências fora da rotina, que dão origem a novos padrões de atividades nos circuitos nervosos, podem produzir quantidades maiores dessas moléculas que estimulam o crescimento.

Tudo faz crer que aprendemos muito melhor quando podemos fazer associações, e este é o conceito básico da aprendizagem acelerada (AA).

As associações são representações de eventos, pessoas e lugares que se constituem quando o cérebro resolve ligar diversos tipos de informações, principalmente se a ligação puder ser útil no futuro.

A matéria-prima para as associações se origina inicialmente nos cinco sentidos, mas também pode ter origens emocionais ou sociais.

O cérebro leva em conta várias coisas diferentes ao decidir se deve fazer essas conexões mentais.

Por exemplo, se alguma coisa proporciona informações a dois ou mais sentidos quase ao mesmo tempo – o aspecto, o cheiro e o gosto de uma feijoada –, o cérebro vai ligar as sensações de uma forma quase automática.

Na essência, este é o **nosso processo básico de aprendizado**.

É natural que os seres humanos são capazes de um aprendizado muito mais sofisticado e abstrato, que não está intimamente ligado a estímulos externos (como sons de campainhas aplicados aos animais) ou recompensas externas (como comida).

A maior parte do que aprendemos e lembramos fundamenta-se na capacidade do nosso cérebro de elaborar e recuperar associações, da mesma forma como os cães de Pavlov aprenderam que o som de uma campainha significava comida.

Assim, por exemplo, quando uma pessoa pega uma flor, digamos uma rosa, o seu cheiro ativa as **partes olfativas do córtex**, a **imagem** da rosa ativa **as áreas visuais** e as **pétalas macias** ou espinhos afiados ativam o **tato**.

Esses vínculos associativos entre os sentidos ajudam na recordação.

Os programas destinados ao exercício do cérebro até agora ignoravam esse poderoso caminho associativo para formar e recuperar memórias.

A neuróbica procura acessá-lo fornecendo ao córtex a matéria-prima que criará novas e vigorosas associações.

Entre os exercícios neuróbicos mais eficazes destacam-se os seguintes:

1. Acorde e sinta um cheiro diferente, suponhamos, em vez do aroma do café fresco, ou do cheiro de ovo frito, substitua pelo cheiro de baunilha ou de hortelã, algo bem diferente do trivial.

2. Tome o seu banho de chuveiro com os olhos fechados e usando a mão menos desenvolvida, isto é, com aquela que não escreve.

3. Se você vai com o próprio carro para o trabalho, entre no mesmo e prepare-se para ligá-lo de olhos fechados, e aí abra os olhos e escolha um caminho totalmente diferente para chegar ao seu emprego.

4. Vá a uma feira-livre ou a um supermercado que normalmente não faz parte da sua rotina e converse, por exemplo, com os vendedores de frutas experimentando várias delas até comprar algumas (se isto for permitido...).

5. Transforme as refeições em acontecimentos sociais, fazendo com que a sua atenção esteja toda voltada para o que está comendo e bebendo e em quem está à mesa com você.

6. "Fale" em silêncio. Pois é, aprenda a linguagem dos sinais. Saiba que é muito estimulante aprender a linguagem usada pelos surdos.

7. Pelo menos uma vez por mês experimente pratos que sejam uma total novidade para você. Quando você come sempre a mesma coisa, na mesma hora, com isto vai restringir a capacidade associativa dos sistemas de olfato e paladar.

8. Saia com o seu carro junto com a família ou os amigos para uma "viagem ao acaso", sem um plano definido. A bem da verdade, como orientação aleatória, uma boa idéia é sortear um local ao qual nunca foi.

> *Seja criativo e nas suas férias faça algo totalmente diferente, como tentar praticar um esporte que nunca fez, freqüentar um curso rápido de culinária ou envolver-se com ensinamentos sobre arte dramática.*

9. Seja criativo e nas suas férias faça algo totalmente diferente, como tentar praticar um esporte que nunca fez, freqüentar um curso rápido de culinária ou envolver-se com ensinamentos sobre arte dramática.

10. Sexo, o supremo exercício neuróbico.

Use toda a sua imaginação e todos os recursos sensoriais. Ponham, pois, caros leitores deste livro, roupas de cetim, espalhem pétalas de rosa sobre a cama, queimem incenso de lavanda, tomem champanhe gelado, massageiem um ao outro com óleos perfumados, ouçam uma música romântica...e qualquer outra coisa que considerem excitante.

Além disso tudo façam, sem olhar antes as respostas, todos os exercícios que nós chamaremos de *neurofitness*.

Estamos tentando aqui imitar um pouco o escritor britânico Lewis Carrol, um mágico das palavras e grande inventor de neologismos (palavras novas).

Por exemplo, o seu famoso poema Jabberwocky do livro *Alice Através do Espelho*, é cheio de neologismos curiosos e apropriados, como é o caso daquele quando o herói retorna da batalha a galope, triunfante, e Lewis Carroll diz que ele voltou "galufante".

Lewis Carroll também inventou o jogo de palavras chamado de *couplets*, em que uma palavra é gradualmente transformada em outras por meio de substituições sucessivas de uma letra, até se transformar no seu antônimo.

Bem, esperamos que *neurofitness* "pegue" de fato, transformando cada um dos leitores deste livro em um atleta constante do seu desenvolvimento mental, para estar adequadamente preparado no século XXI – **a era do cérebro**.

1.9

NEUROFITNESS Nº 1

A *Seleções Reader's Digest* lançou em 2002 um maravilhoso livro para praticar *neurofitness* (treinamento da mente) com o título *Treinando seu Cérebro*, contendo centenas de jogos e passatempos que realmente permitem exercitar bastante a mente do (a) leitor (a).

Nele são apresentados labirintos mentais que aguçam sua percepção e mantêm seus neurônios funcionando a todo vapor; jogos de palavras, o que pode incluir confusão léxica, acrósticos, palavras cruzadas, etc., exigem soluções inteligentes, preenchendo-se os espaços vazios e decifrando códigos, pensamentos laterais através do uso de símbolos para transmitir uma idéia; enigmas e questões de interpretação; exercícios de análise visual, etc.

Nós também vamos usar esse esquema.

No final do livro estão as respostas de todos os "probleminhas " formulados que vão estimular muito a sua criatividade.

Não olhe a resposta antes de ter tentado resolver exaustivamente algum exercício, inclusive dando um tempo para incubar o problema. Quem sabe você o resolve enquanto sonha!!!

1) Na Figura 1.29 são apresentadas cinco figuras geométricas. Qual delas tem a área maior?

2) Qual das três linhas horizontais da Figura 1.30 é a mais comprida?

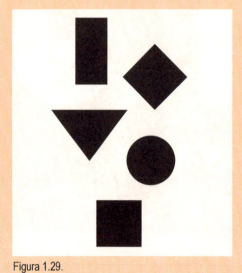

Figura 1.29.

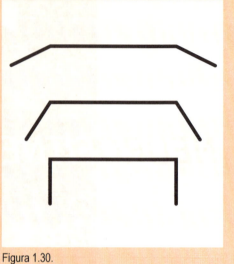

Figura 1.30.

3) Quantos cubos você pode contar na Figura 1.31? Você também consegue sair desse labirinto?

Figura 1.31.

4) Olhe para os cinco desenhos da Figura 1.32.

Figura 1.32.

Qual dos desenhos A, B, C, D e E da Figura 1.33 continua corretamente a seqüência da Figura 1.32?

5) Olhe para os três hexágonos da Figura 1.34.

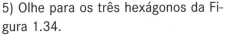
Figura 1.34.

Qual das quatro opções da Figura 1.35 continua corretamente a seqüência da Figura 1.34?

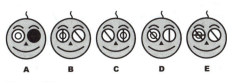
Figura 1.33.

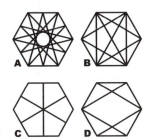
Figura 1.35.

6) Olhe detalhadamente para cada linha e para cada coluna e descubra o que é que falta no canto inferior direito da Figura 1.36.

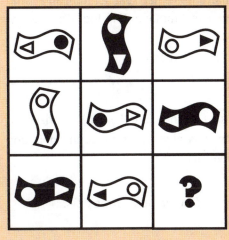
Figura 1.36.

A resposta certa está entre as seguintes opções da Figura 1.37:

Qual é a certa?

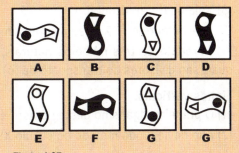
Figura 1.37.

CAP. 1 - Cérebro Humano e o Desenvolvimento da Criatividade

7) Você pode deduzir qual é o desenho que falta no hexágono que está no topo da Figura 1.38?

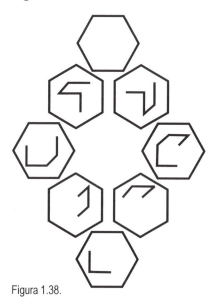

Figura 1.38.

Escolha a opção correta entre as seguintes da Figura 1.39:

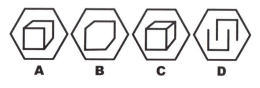

Figura 1.39.

8) Encontre os números cruzados da Figura 1.40.

Linhas horizontais.

(1) Número que tem todos os algarismos diferentes e não tem nenhum algarismo em comum com (8) – horizontal que, por sua vez, também tem todos os algarismos distintos.

(5) O máximo divisor da (3) – vertical, sem ser ele mesmo.

(7) O número do (3) – vertical, transposto.

(8) Veja o (1) – horizontal.

(9) Este número é 1/9 da soma dos números (1) – horizontal e a (8) – horizontal.

(12) Produto de três números naturais, de dois algarismos cada um, dois dos quais são divisores do transposto da (6) – vertical.

Linhas verticais.

(1) O primeiro algarismo deste número é igual à soma dos outros dois.

(2) Ano da segunda metade do século XVIII.

(3) A diferença entre os números (1) – horizontal e (8) – horizontal.

(4) Neste número, o último algarismo é o produto dos dois primeiros.

(5) O transposto deste número é múltiplo da (3) – vertical e se obtém fazendo o produto de 3 números naturais de dois algarismos cada.

(9) Um dos divisores do transposto da (6) – vertical.

(10) Um dos divisores da (3) – vertical.

(11) O menor dos divisores da (3) – vertical sem ser o número 1.

Observação importante: o transposto de 375 é 573.

1		2	3	4
5	6	7		
8				
9			10	11
12				

Figura 1.40.

9) Olhe bem para a seqüência de formas na Figura 1.41.

Figura 1.41.

Na sua opinião, qual das opções da Figura 1.42 continua a seqüência da Figura 1.41?

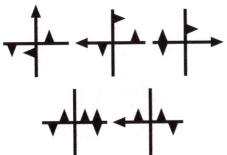

Figura 1.42.

10 – Olhe para essa pirâmide lógica em que se pode considerar que o peso em cima é igual aos dois pesos sobre os quais ele se apóia (Figura 1.43).

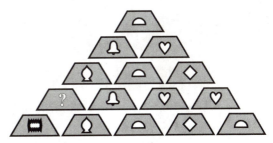

Figura 1.43.

Qual dos seguintes pesos (veja Figura 1.44) deve-se colocar no lugar do ponto de interrogação da Figura 1.43?

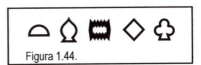

Figura 1.44.

capítulo 2

MENSURAÇÃO DA CRIATIVIDADE INDIVIDUAL

2.1 – CRIATIVIDADE COMO TRAÇO PESSOAL E COMO REALIZAÇÃO

As primeiras tentativas de efetuar a medição da **criatividade como um traço** de uma pessoa foram realizadas por C. Spearman e seus alunos ainda em 1927, sob o título de **fluência**.

Ele estava convencido de que a fluência verbal e imaginativa era básica para a criatividade e poderia ser medida.

C. Spearman também descobriu que os testes de fluência estavam correlacionados positivamente com a inteligência e a extroversão.

Em 1989, D. Hovecar e P. Bachelor forneceram uma taxonomia (ciência da classificação) para se medir a criatividade como um traço que inclui testes de pensamento divergente, levantamentos ligados à personalidade, atitudes e interesses, biografia, etc., e julgamento dos produtos e das atividades da própria pessoa.

Coube a Hans J. Eysenck dar uma boa explicação sobre como se deve entender a criatividade como realização (Figura 2.1), estabelecendo até algumas medidas ligadas à mesma através de critérios públicos de produção, de reconhecimento profissional e social.

No seu modelo percebe-se claramente que a criatividade como **traço** é apenas um elemento para a realização da criatividade, embora seja um elemento necessário.

A inteligência é também um dos fatores que determinam a realização criativa, e sob o aspecto de criatividade como um traço, ela é condição necessária, porém não suficiente.

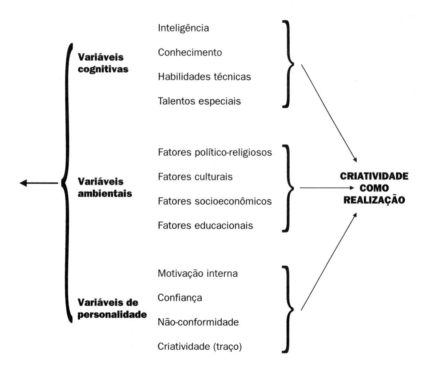

Figura 2.1 – As principais variáveis que atuam sobre a criatividade.

Constatou-se que grandes realizadores têm QI (quociente de inteligência) elevado, porém um QI elevado não garante a realização criativa.

Um outro fato importante é que a realização criativa está quase sempre estritamente ligada a um setor especial.

Assim, físicos criativos normalmente não produzem pinturas de vanguarda, psicólogos criativos não são conhecidos por sua habilidade em compor novos tipos de música, escritores criativos raramente contribuem com importantes avanços nos estudos da cosmologia.

Mesmo no âmbito de uma determinada ciência ou arte, os indivíduos criativos estão normalmente ligados a um tipo especial de problema.

A realização criativa exige talentos (musicais, científicos, verbais, visual-espaciais, etc.) próprios, que servem para localizar a realização.

Ela demanda conhecimentos especializados cuja aquisição pode levar anos, e não permite mais do que uma transferência muito limitada exigindo, além disso, habilidades técnicas (construção de instrumentos, domínio do computador, etc.) ligadas a setores específicos.

2.2 TENTANDO MEDIR A SUA CRIATIVIDADE – TESTE DE A. J. DU BRIN.

O intuito principal deste livro é a capacitação. Pretendemos que ele atinja uma finalidade prática: ajudar as pessoas inquietas e desejosas de superar-se a desenvolver a sua criatividade, sobretudo servindo de material de apoio para a educação, treinamento e desenvolvimento de outras pessoas, principalmente dos seus colaboradores no trabalho diário.

A partir dessa perspectiva, talvez o mais importante não seja poder medir esta qualidade – a criatividade – com a precisão de um laboratório, porém é necessário chegar-se a alguma quantificação.

Alguém disse há muito tempo que pretender dar medidas numéricas exatas à criatividade é o mesmo que quantificar o amor: "Cristina quer o Bonvenuto com intensidade 67; Rafael venera a Hortênsia com 89; Joaquim adora Vera ao nível 98...".

Em verdade, a analogia é um tanto remota, mas temos de admitir que diagnosticar uma qualidade tão determinante seria extremamente valioso tanto para os indivíduos como para as empresas, além de que o tema desperta a curiosidade de qualquer um.

Todos gostariam de saber (achamos) a resposta para a pergunta: **"Qual é o nível da minha criatividade?"**

Interessa a todos conhecer a própria criatividade, bem como a de outras pessoas: nossos filhos, alunos, colaboradores, sócios, chefes, etc.

Vamos aqui fazer um miniteste e ao mesmo tempo uma sessão de aquecimento, falando sobre o Papai Noel (Figura 2.2).

É bom um pouco de fantasia e de "loucura"...

Você precisa agora responder a algumas perguntas para testar os seus conhecimentos e a sua imaginação.

1. Quem é Mamãe Noel?

2. Qual é a idade do Papai Noel?

3. Por que o Papai Noel gosta de você?
4. Como o Papai Noel inventou os presentes?
5. Como muitas crianças não sabem escrever, não têm selo, moram onde não há correio, telefone ou outra forma de se comunicar (por exemplo, usar a Internet), o que Papai Noel inventou para receber todas as mensagens a ele endereçadas?
6. Por que o Papai Noel entra pela chaminé?
7. Onde mora o Papai Noel?
8. O que acontece com quem não acredita em Papai Noel?

Figura 2.2 - Eis o Papai Noel, tão importante para a nossa vida...

Aí vão as resumidas respostas:

1. Seu nome era Ana, ela era mais bonita que os raios de sol sobre as ondas do mar, seus cabelos eram dourados como ouro, seus olhos, de um azul muito profundo. Ela era uma princesa. Papai Noel realmente não queria que as coisas fossem assim, porém a Mamãe Noel é o seu segredo mais bem guardado...

2. É difícil dizer ao certo a idade do Papai Noel, mas suas lembranças datam de muito tempo atrás....Para ser mais preciso, do ano 710.

3. Porque não há ninguém no mundo que seja exatamente como você e porque ele é um mestre na arte de fazer as pessoas rirem e ficarem felizes. Quando rimos, estamos felizes, mandamos automaticamente os íons de pensamentos positivos...

4. Papai Noel começou como carpinteiro, trabalhava com todos os tipos de madeira, e o resultado era tão perfeito que não demorou para que seu nome ficasse conhecido em todas as regiões. Porém, o primeiro brinquedo surgiu quando Papai Noel, não tendo material suficiente para entregar 64 cadeiras encomendadas por um rei, levou-lhe 63 do tamanho desejado e uma pequena miniatura...

5. Papai Noel inventou o Receptador de Pensamentos, e para usá-lo eis as etapas:

   a) pense no que você vai querer de presente de Natal;

   b) mantenha segredo para que a energia do seu pensamento não se perca. Diga apenas para seu pai, sua mãe e seus irmãos e para ninguém mais (é verdade que hoje em dia já existem algumas outras variantes aceitáveis...);

   c) pense firmemente sobre o que você gostaria de ter;

   d) o Receptor de Pensamentos imediatamente captará a sua mensagem.

6. Como geralmente as portas e as janelas de todas as casas onde o Papai Noel tem de deixar os presentes estão fechadas e ele não quer arrombar nada, a alternativa que ele achou foi a chaminé...

7. No marco do Pólo Norte. Ninguém sabe ao certo de onde o marco do Pólo Norte vem; ele está onde está desde que o mundo existe. É feito de madeira petrificada e de uma liga vulcânica de ferro e granito. Tem 12 metros de altura e 8 centímetros de raio, com sua base firmemente presa ao gelo. Os Pólos Norte e Sul são como pontos em um giroscópio, mantendo a Terra em equilíbrio. De vez em quando a Terra sai do seu eixo e, para conservar o seu alinhamento perfeito, Papai Noel instalou um fio de ajuste no marco do Pólo Norte, que ele puxa quando necessário.

8. Parece estranho, mas é a pura verdade: algumas pessoas não acreditam em Papai Noel. E quando uma pessoa deixa de acreditar, ninguém sabe explicar a razão, as coisas tristes começam a acontecer com ela, inclusive ela passa a sofrer da "síndrome do envelhecimento". Tem mais: se for um(uma) incrédulo(a) típico(a), morrerá muito mais jovem do que quem acredita!!!

Depois de tudo isto, o problema de saber se você é criativo não foi resolvido ainda!?!?!

CAP. 2 - Mensuração da
Criatividade Individual

> *"Sabe-se facilmente quem são as pessoas que se limitam a copiar e quais são aquelas que imprimem às suas atividades cunho e estilo originais."*

Carecemos de instrumentos de medição (testes) versáteis, adaptáveis e preciosos para:

1. avaliar a criatividade;
2. determinar as correlações entre os diversos desafios típicos da pessoa criativa;
3. avaliar um hipotético progresso na criatividade em vista das experiências de aprendizagem.

Na prática, tudo se complica.

As medições, tanto da novidade como do valor, supõem conjuntos de critérios e escalas de valores muito difíceis de quantificar, e o **subjetivo** contamina irremediavelmente o **objetivo.**

Além disso, como se pode enquadrar em normas preestabelecidas o que por definição é novo e inédito?

Por sorte, quando se trata de uma apreciação geral da criatividade de alguma pessoa, vem em nosso auxílio o senso comum.

Após alguns qüinqüênios de vida profissional e da observação da vida como um todo podemos, sem a necessidade de aplicar algum teste, perceber quem é um arquiteto brilhante (ou medíocre), quem é um engenheiro notável, e assim também em relação a um esportista, um médico, um cantor, um gestor, um humorista, um político, um orador, etc.

Ademais, também não é difícil sentir quem é rotineiro, ou seja, quem se contenta em imitar e repetir fórmulas conhecidas.

Sabe-se facilmente quem são as pessoas que se limitam a copiar e quais são aquelas que imprimem às suas atividades cunho e estilo originais.

Nestas últimas duas décadas ocorreram várias tentativas de elaborar testes simples e objetivos. Um deles é o famoso teste de Chirstensen, Merrifield e Guilford, chamado de **teste de conseqüências.**

Neste teste formulam-se dez hipóteses de mudanças um tanto quando drásticas no cosmos e na vida humana, e pede-se à pessoa que esteja se submetendo ao teste que mencione, exatamente em três minutos, o maior número possível de conseqüências que resultariam da hipótese assinalada.

Aí vai o conteúdo do teste (com leves modificações e adaptações)!!!

Escreva você mesmo as conseqüências que possa imaginar, não esquecendo de cronometrar os três minutos para cada hipótese.

1. A partir de agora não se precisa comer mais para viver.

2. A humanidade perdeu a vontade de viver um em companhia do outro e cada um quer viver sozinho.

3. Subitamente, todas as pessoas perdem o sentido de equilíbrio e fica impossível ficar parado um único momento.

4. O homem perdeu a capacidade de continuar reproduzindo a espécie humana.

5. A Terra toda se cobrirá de água, com exceção de alguns pontos da Terra e das montanhas.

6. Todas as pessoas perdem repentinamente a capacidade de ler e escrever.

7. A vida humana torna-se extremamente longa e ninguém morre de causas naturais.

8. A força da gravidade se reduziu de repente a um quinto do seu valor.

9. A floresta amazônica foi dizimada por um grande incêndio e tudo se transformou em uma área árida e desértica.

10. De repente, ninguém pode usar mais as mãos e os braços.

Bem, faça o autoteste e se auto-avalie. Fique um pouco preocupado se, para as diversas hipóteses, transcorridos os três minutos correspondentes a cada uma, **você não escreveu nada!!??!!!**

Um outro teste bastante praticado é o de A.J. Du Brin, no qual se enfocam as atividades mentais e caracterológicas que estão na base da criatividade.

Neste teste, solicita-se que se opte por V[verdadeiro(a)] ou F[falso(a)] em cada uma das seguintes 16 propostas ou afirmações:

CAP. 2 - Mensuração da
Criatividade Individual

Teste de Criatividade de A. J. Du Brin

1. Os romances e os contos são uma perda de tempo. Devem-se ler preferencialmente livros que não sejam de ficção.

2. Deve-se admitir que muitos vigaristas ou caloteiros são verdadeiramente hábeis.

3. A maioria das pessoas me considera um tipo difícil no modo de me vestir; detesto estar mal-vestido.

4. Tenho convicções muito profundas e rígidas. O que é bom é bom, e o que é ruim é ruim.

5. Em nada me aborreço quando meus superiores me dão ordens vagas e missões não totalmente definidas.

6. Uma regra muito importante em minha vida é: "O trabalho sempre antes que a diversão."

7. Para mim é agradável ir ao meu trabalho por um itinerário diferente do tradicional, ainda que isto resulte em um tempo maior para chegar ao serviço.

8. Os regulamentos não devem ser tomados demasiadamente a sério; a maior parte deles pode ser contornada (ou até esquecida) caso as circunstâncias concretas assim exigirem.

9. Agrada-me muito entreter-me com uma nova idéia, mesmo quando no fim de tudo não tire proveito disso.

10. Não me pergunto por que as pessoas são amáveis comigo; o que vale é que em si elas sejam amáveis.

11. Quem escreve deveria evitar a utilização de palavras e expressões inusitadas.

12. Atrai-me muito a profissão de detetive.

13. Os tolos e os estúpidos nunca têm boas idéias.

14. Não há por que escrever nos cartões de Natal para os amigos, já que existem tantos magníficos cartões impressos. Basta assinar.

15. É mais importante buscar o que parece certo do que tratar de servir e ceder à vontade de alguém.

16. Caso se busque com suficiente esforço e constância, encontra-se a resposta correta para a maioria das questões.

O número máximo de pontos é obtido por aquele que responder **V** para as afirmações 2, 5, 7, 8, 9, 10, 12, 13, 15 e **F** para as proposições: 1, 3, 4, 6, 11, 14 e 16.

Caso se deseje ir mais a fundo, então é necessário enfrentar a tarefa de decompor a criatividade nos seus fatores essenciais e estudá-los um a um.

Diversos autores propõem diferentes pontos de vista. Existem, entretanto, coincidências nos seguintes três fatores:

Fluidez e espontaneidade – Aqui se busca a facilidade em fazer associações e a fluência de expressão de um modo geral. Estas qualidades se medem pelo número e tipo de respostas, de alternativas que o indivíduo produz em uma situação qualquer.

Flexibilidade – É a capacidade de transformação de objetos e de situações e a aptidão de adaptação às mudanças (Figura 2.3).

Originalidade – É a propriedade de conseguir estabelecer algo extravagante, algo raro, e a qualidade de aproveitar de forma nova as coisas encontradas.

Esses fatores são analisados com mais detalhes no Capítulo 4.

Guilford e Löwenfeld propõem, além disso, outros sete critérios mensuráveis:

→ a sensibilidade;

→ a receptividade;

→ a facilidade de abstração;

→ a síntese;

→ a organização coerente;

→ a mobilidade para adaptar-se;

→ o impacto.

Figura 2.3 - Para evitar este tipo de gargalo você podia ser mais flexível, mais criativo, ou então ler as instruções...

Com isso, ficam assinaladas apenas algumas possíveis rotas de um longo caminho ainda a percorrer.

É natural que é preciso projetar testes específicos para as diferentes áreas, já que geralmente elas são muito heterogêneas no tocante às capacidades que exigem de cada um.

A elevada criatividade no terreno da dança ou dos bailados garante muito pouca criatividade para a arte culinária, bem como a excelência no esporte pode coexistir com a mediocridade no estudo da Matemática e da Química.

Existem outros indicadores muito interessantes da criatividade.

Um deles é a percepção de humor, que não pode ocorrer sem intuição, sem argúcia, sem sutileza e sem uma boa dose de agudeza.

AVALIANDO A SUA CRIATIVIDADE PESSOAL.

A criatividade é muito mais um **esporte individual** do que um jogo de equipe!?!?

Isto é o que nós achamos e muitos outros especialistas também acham...

Naturalmente, com freqüência é necessário e muito útil um trabalho em grupo, ou seja, trabalhar em projetos criativos com outras pessoas.

Mas, em geral, quando um grupo é constituído, na realidade as idéias surgem da imaginação individual dos integrantes da equipe, que evidentemente têm competência de melhorá-las ou até de transformá-las em algo fantástico...

Porém, se você não tiver ao menos uma pessoa cheia de idéias no grupo, o seu trabalho terá grande probabilidade de se transformar em fracasso.

Assim, estamos convencidos de que caso se queira aumentar o nível de criatividade de uma empresa, isto é, do talento organizacional, o enfoque deve ser no incremento da criatividade individual, apesar de que muitos consultores e instrutores acreditem que o foco deva ser no processo de trabalho de um grupo como chave para fixar a cultura da criatividade.

O que nós acreditamos é que o trabalho em equipe é bom e conveniente para deflagrar processos de trabalho em grupo, que permitam maximizar a criatividade individual.

Entretanto, não se pode esquecer nunca que as equipes são constituídas por pessoas mais ou menos criativas, dependendo do seu treinamento, da sua preparação e de outros fatores, tais como o ambiente no qual trabalham e se são lideradas por gerentes que encorajem e não sufoquem a criatividade.

A chave da criatividade corporativa são as **pessoas** – umas mais criativas que outras.

E na maioria das empresas, os indivíduos são menos criativos do que poderiam ser!!!

Eles seguramente são menos criativos do que poderiam ser e menos criativos do que deveriam ser, pois os seus empregadores não perceberam claramente que é através do uso mais eficaz da criatividade dos seus funcionários que podem enfrentar melhor os tempos turbulentos do ambiente desafiador e em constante mutação em que estão os seus negócios.

Quando se fala do ambiente no local de trabalho, há referência também ao clima para se desenvolver as idéias.

Existem muitas pessoas que não concordam com essa posição, como é o caso, por exemplo, dos professores Dorothy Leonard e Walter Swap, que no seu livro *Centelhas Incandescentes – Estimulando a Criatividade em Grupos* dizem: "Embora muito da inovação se origine atualmente de processos grupais, a maior parte da literatura se concentra em **indivíduos criativos**.

Afirmamos que qualquer grupo pode ser criativo, mesmo se seus participantes individualmente não fizerem muitos pontos em testes de criatividade.

Temos uma série de evidências de que a criatividade de um grupo pode ser ensinada, estimulada e administrada a partir de zero."

É por isso que devemos desmitificar os seguintes mitos:

1º Mito – A produção da criatividade depende de poucos indivíduos, quase sempre extravagantes.

Nem todas as empresas têm "pessoas criativas" designadas oficialmente, mas com certeza nelas **existem** indivíduos especialmente criativos, e é claro que a sua contribuição potencial para os grupos não deve ser minimizada ou desprezada.

No caso dessas pessoas, elas conseguem fazer ligações e enxergam oportunidades que as outras não notam, viram as perguntas de cabeça para baixo (ou do avesso), e são tão curiosas como uma menina de cinco anos ou um explorador do estilo do Amyr Klink. Para elas, a criatividade é um modo de vida.

Todos os empresários líderes gostariam de ter muitas delas nas suas instituições. Aliás, na FAAP temos muitos professores assim e centenas de alunos seguindo o mesmo caminho...

Mas a inovação resulta freqüentemente de um processo criativo que inevitavelmente inclui pessoas que não são definidas como **criativas ou brilhantes**.

Elas podem nunca ter patenteado algo ou mesmo ter escrito um artigo deslumbrante ou pintado um quadro diferente.

No entanto, geralmente suas contribuições individuais podem ser essenciais para o resultado criativo do grupo, e jamais se pode esquecer que um grupo criativo não é um grupo de "pessoas criativas"!?!?

2º Mito – A criatividade é um processo solitário.

Na verdade, não nos atrevemos a relegar a responsabilidade pela inovação a indivíduos ilhados, nem a funções isoladas, como pesquisa e desenvolvimento.

Nossas empresas têm hoje sede de produção criativa, desde a sala da diretoria até o subsolo, do departamento financeiro ao chão da fábrica.

Mas hoje a criatividade nos negócios é um exercício de grupo.

O fato é que a maioria das invenções do século XX que mudaram o mundo emanou de grupos de pessoas com habilidades complementares, e não somente de um inventor dando duro como um gênio solitário.

É, por exemplo, o caso de William Shockley, cujo nome é associado muito de perto à invenção do transistor, hoje presente em todas as partes.

Contudo, certamente esse notável ato de criatividade se originou de seu trabalho em conjunto com outros dois pesquisadores criativos – Walter Brattain e John Bardeen.

Esse pequeno grupo descobriu os "vazios" (a ausência de elétrons) que conduzem correntes elétricas no silício.

3º Mito – A inteligência é mais importante que a criatividade.

Muitos líderes empresariais sonham em constituir suas organizações com muitas equipes de homens e mulheres mais inteligentes à disposição, deixando a criatividade cuidar e reinar nas suas companhias...

É claro que a inteligência é importante!

Mas, infelizmente, a inteligência e a criatividade estão modestamente associadas apenas até um QI de cerca de 120.

Acima desse nível, todos os indivíduos parecem igualmente capazes em termos de pensamento criativo.

Por isso, embora sem dúvida defendamos a seleção dos empregados pela sua inteligência (e deve-se aí não esquecer a inteligência emocional), um grupo de pessoas talentosas nem sempre se transforma em um grupo talentoso ou criativo!!!

Aliás, aí devem entrar outras variáveis, pois há quem aceite que hoje em dia inovação está relacionada a talento e tecnologia pela seguinte expressão:

$$INOVAÇÃO = TALENTO^{TECNOLOGIA}$$

ou seja, o talento é matéria-prima da inovação, mas é a tecnologia que lhe fornece a velocidade necessária.

Portanto, a tecnologia é o expoente do talento para se inovar, e assim uma tecnologia de ponta sem talento é como ter uma magnífica Ferrari de cor vermelha, mas que sem um condutor (piloto) talentoso dificilmente ganhará, digamos, uma corrida de Fórmula 1.

É algo magnífico para contemplar, mas sem muitas possibilidades de vitórias brilhantes.

Já talento, apoiado por muita tecnologia, permite chegar a grandes inovações, como ocorre com as constantes descobertas no campo da genética.

4º Mito – Na realidade, a criatividade não pode ser gerenciada.

A criatividade é ainda freqüentemente considerada uma arte, significando um processo impenetrável e específico para cada projeto, um processo que **"simplesmente acontece"**.

Alguns argumentariam que ao se tentar administrar a criatividade acaba-se esmorecendo, ou até mesmo fazendo-a desaparecer.

Todavia, a prática mostra que em grupos os gerentes eficazes conseguem moldar o processo criativo, planejar a correta constituição da equipe, melhorar o ambiente físico, fornecer as ferramentas e técnicas para fazer as coisas funcionarem.

Assim, muito longe de destruir a criatividade, esses esforços administrativos podem ressuscitar um processo moribundo ou aumentar a criatividade de um grupo já produtivo.

Claro que isso não é fácil!

5º Mito – Podem-se encontrar grupos criativos apenas nas empresas de alta tecnologia, ou nas agências de propaganda, ou ainda no setor de artes.

É evidente que se pode aprender muito sobre criatividade nas empresas de alta tecnologia, numa agência de propaganda ou então no ateliê de um artista, mas a criatividade pode florescer nos recantos e nas fendas mais recônditas de quaisquer organizações, sejam públicas, privadas ou não-governamentais, isto é: nas prefeituras das cidades, nas instituições de ensino, nos bancos, nos hospitais, nas forças armadas, nas siderúrgicas, nas empresas farmacêuticas ou de alimentos, etc.

Isso é a pura verdade e ela seria mais patente se nas organizações existissem mais gerentes que desafiassem e estimulassem os seus funcionários a ser criativos.

6º Mito – Criatividade só é relevante para grandes idéias.

Naturalmente a inovação que resulta de processos criativos pode variar de **incremental** (novos projetos de ferramentas, produtos derivados ou resultantes, novos modos de interação com clientes existentes) a **radical** ou de **ruptura** (uma nova orientação estratégica, reconfiguração total de uma empresa, a produção do clone de um ser vivo, etc.).

Dessa maneira, encontra-se criatividade em pequenos aprimoramentos que favorecem a qualidade e a produtividade, e também em transições visionárias que remodelam o futuro, como acontece com os alimentos transgênicos.

Embora o escopo da mudança obviamente varie ao longo desse *continuum*, o processo criativo é bem semelhante em todos os casos.

Independentemente de o grupo desafiado a produzir uma inovação ser composto de quatro pessoas que trabalhem com recursos minguados, ou de centenas de pessoas que estejam labutando na última plataforma de *software* que permita transformar palavras em sons, os estágios e as atividades associados com o resultado criativo serão bem parecidos.

7º Mito – A criatividade só envolve a apresentação de novas idéias.

Certamente, a novidade é uma parte importante da criatividade. Mas apenas parte do complexo processo criativo consiste em apresentar novas idéias. Antes que isso possa ocorrer, precisam ser escolhidas as pessoas que terão essas idéias. Mas, é preciso que lhes sejam dadas ferramentas para estimular seu pensamento divergente e que elas tenham tempo para refletir.

CAP. 2 - Mensuração da
Criatividade Individual

Além disso, em algum momento o processo deve ser redirecionado para se chegar a uma ou a algumas poucas opções que deveriam se mostrar úteis.

Pois é, no nosso modo de ver, a partir da breve análise desses mitos sobre a criatividade individual e a própria criatividade, devem-se tirar as seguintes conclusões:

✦ A criatividade é um **processo**, e ele é semelhante e independe da magnitude do projeto ou da sua posição na empresa.

✦ **Indivíduos criativos** são muito importantes para se ter grupos criativos. Mas não são tudo o que importa.

✦ A **composição correta** do grupo é essencial.

✦ A criatividade é um processo que **pode ser aprendido** pelos grupos. Como conseqüência, ela pode – e deve – ser gerenciada corretamente.

✦ O processo criativo vai **além** de simplesmente **gerar novas idéias**, a despeito de o pensamento divergente ser fundamental.

✦ A criatividade envolve **mais** do que apenas ser **diferente** ou **incomum**.

AVALIANDO A SUA CRIATIVIDADE.

A grande questão para responder agora é: **você é criativo?**

Muitas pessoas ao receberem esta pergunta a entendem como: "Sou uma pessoa inerentemente criativa, um artista por temperamento, um extravagante repleto de idéias inéditas, imaginativas, absurdas e até malucas?"

Por favor, não se deve interpretar essa pergunta dessa forma, pois aí se está enveredando pelo caminho errado.

O problema é que, infelizmente, a maioria das pessoas busca dar uma resposta a essa pergunta procurando em si a presença ou a ausência de alguma dádiva rara, algo presente em praticamente todos os artistas, nos grandes escritores ou nos atletas excepcionais, e não algo que possuem todas as pessoas normais.

Quando aqui está se perguntando se você é criativo, simplesmente se está querendo saber algo sobre o seu **comportamento**.

Você se comporta de uma forma que pode ser considerada criativa, ou melhor, de maneira que seja conduzido a gerar muitas idéias novas, para que possa sugeri-las aos outros ou então aplicá-las no contexto do seu próprio trabalho?

Você está sempre preocupado em ter uma resposta para a questão: "Quando foi a última vez que fiz algo pela primeira vez?"

Se acontecer de "todo dia", ou pelo menos toda semana, você podendo dizer que fez algo pela primeira vez, seguramente poderá **considerar-se criativo**.

Em caso contrário, você não é criativo, mesmo que pense que tenha um temperamento criativo natural...

Mas lembre-se de que, por outro lado, qualquer um pode ser criativo!!!

Todos temos a essência da criatividade dentro de nós, e o que precisamos fazer na realidade é nos envolvermos com um conjunto de comportamentos de certo modo naturais.

Estamos falando do básico, de comportamentos essenciais, coisas que nos tornam humanos.

A propósito, aqui é vital responder à questão: **o que é a criatividade?**

Há quem diga que a criatividade é saber fazer uma nova combinação com elementos antigos.

Para outros, criatividade é a reestruturação dos pensamentos e a ruptura de paradigmas a respeito de um certo tópico com o intuito de conquistar novos entendimentos (*insights*) sobre a própria natureza (veja a Figura 2.4).

A criatividade deve, porém, ser **útil**, isto é, deve ter pelo menos potencial para a utilidade.

É manifesto que nem sempre sabemos desde o início se uma idéia criativa se tornará útil.

Desta forma, talvez uma definição completa de criatividade seja a seguinte: "É um processo para desenvolver e expressar idéias novas que têm a probabilidade de ser úteis."

Existem quatro características vitais nessa definição.

Inicialmente, que a criatividade envolve **pensamento divergente**, um rompimento com as formas conhecidas e estabelecidas de ver e fazer as coisas.

O pensamento divergente produz idéias que são novas.

Com efeito, a novidade em si mesma pode ser realmente importante nos estágios iniciais dos esforços criativos, quando se desejam muitas opções – inclusive

Figura 2.4 - Onde é que as pessoas estão: em cima ou embaixo?

as esdrúxulas ou extravagantes –, contudo se o esforço acabar aí, nada foi realizado além de um pouco de aeróbica mental, provavelmente muito divertida.

A segunda característica é que essas **novas idéias devem ser transmitidas** ou comunicadas aos demais. Esta transmissão proporciona uma verificação com a realidade para ver se as idéias são realmente novas ou se são apenas bizarras!

A terceira característica é que a criatividade também deve incluir **pensamento convergente** (quando é importante o pensamento lógico), ou seja, alguma concordância em relação a uma ou mais das novas idéias que merecem ser perseguidas.

E finalmente, a quarta característica: essa opção com a qual se concordou deve ter o **potencial de ser útil** para tratar, ou melhor, solucionar o problema que deu origem ao desenvolvimento das várias alternativas.

Naturalmente o resultado final do processo criativo é uma inovação.

Mais especificamente, inovação é a incorporação, combinação e/ou síntese de conhecimentos em produtos, processos ou serviços novos, inéditos, relevantes e valorizados.

O tipo de tarefa a ser realizada e o escopo da inovação requerida comandam a quantidade de criatividade necessária.

Comumente tarefas rotineiras e problemas bem definidos e bem entendidos podem exigir uma quantidade pequena de criatividade, ao passo que situações e problemas novos exigem "força máxima".

Se você ainda não se convenceu sobre o que é criatividade, analise as seguintes definições dadas por alguns especialistas no assunto:

M. I. Stein, num artigo para o *Journal of Psychology*:

"Criatividade é o processo que resulta em um trabalho novo que é aceito como sustentável, ou útil, ou satisfatório, por um grupo em algum momento."

Teresa M. Amabile, no seu livro *Creativity and Culture*:

"Um produto, serviço ou resposta será considerado criativo na medida em que:

a) for tanto uma resposta nova quanto apropriada, útil, correta e valiosa para a tarefa à mão;

b) a tarefa for heurística (não tem um caminho claro e prontamente identificável para a solução) em vez de algorítmica (o caminho para a solução é claro e direto)."

Alan G. Robinson e Sam Stern, no seu livro *Corporate Creativity*:

"Uma empresa é criativa quando seus funcionários fazem algo novo e potencialmente útil sem que lhes seja diretamente mostrado ou ensinado."

Robert Rothenberg, no seu livro *Creativity and Madness*:

"A criatividade é... a produção de algo que é simultaneamente novo e verdadeiramente valioso."

Donald W. MacKinnon, num artigo publicado no *Perspectives in Creativity*:

"A criatividade... envolve um processo demorado que se caracteriza pela originalidade, adaptabilidade e realização."

Figura 2.5 - Avaliar-se é mais difícil do que perceber essas ambigüidades, não é?

Na realidade, criatividade é também saber lidar com a ambigüidade (veja Figura 2.5).

Bem, com todas essas definições complementares acreditamos que não pairam mais dúvidas sobre o conceito de criatividade: trata-se então de um processo envolvendo a produção de algo **novo** ou **incomum**, sendo o resultado do processo algo **útil**.

E agora, retomando a mesma questão: **você acha que é criativo?**

Esperamos que pelo menos você tenha empacado num terrível dilema: "Humm! Deixe-me pensar sobre isso!", e não ter respondido com um curto e grosso "Sim" ou "Não". Até porque essa é a resposta mais adequada no primeiro momento.

O fato é que a extensão segundo a qual um indivíduo se comporta de forma criativa depende de dois fatores:

1. as barreiras ou obstáculos pessoais que atrapalham a criatividade;
2. os facilitadores (habilitadores) ou capacitadores pessoais que ajudam a criatividade.

Dessa maneira, uma forma simples e eficiente para avaliar a criatividade de qualquer pessoa é a de fazer-lhe um conjunto de perguntas que permitam identificar os seus pontos fracos (obstáculos) e os pontos fortes (facilitadores) no que se refere à criatividade.

Comumente, no local do trabalho, os funcionários de uma empresa têm a sua criatividade bloqueada por vários tipos de barreiras pessoais, bem como tendem a evidenciar diversas aptidões ou competências individuais favoráveis à criatividade.

Ao se combinarem as duas condições pode-se facilmente chegar ao déficit da criatividade pessoal.

Para diminuir este déficit é necessário inicialmente responder às perguntas que estão nas Tabelas 2.1 e 2.2, ou seja, ter uma visão clara dos obstáculos e das competências ou características facilitadoras no que se refere à criatividade.

Esse enfoque pode não ser científico, mas serve para os propósitos de se visualizar com simplicidade as deficiências e as aptidões capacitadoras que uma pessoa tem para desenvolver mais a sua criatividade.

Deve-se assinalar cada quadradinho da Tabela 2.1 caso se trate da situação vivida pela pessoa na sua empresa.

Uma vez preenchido esse questionário, fica-se sabendo quais são as barreiras que impedem ou atrapalham a criatividade pessoal.

Por certo que qualquer obstáculo identificado é um problema potencial, e a contagem ou o escore ideal seria ter de 0 (zero) a 3 barreiras apenas.

Já para quem tem 11 ou mais barreiras, será muito difícil desenvolver algo criativo no trabalho.

Bem, uma vez obtida a pontuação, deve-se colocá-la na Figura 2.6, que é a representação da matriz da criatividade pessoal.

É vital, agora que foi feito todo o teste, que você some todos os quadradinhos assinalados da Tabela 2.2 para avaliar os seus facilitadores ou as suas aptidões habilitadoras para a criatividade, como, aliás, já foi feito na Tabela 2.1, no caso da avaliação dos obstáculos.

É indiscutível que quanto mais marcas você tiver, significa que tem maior probabilidade de ser bem-sucedido como uma pessoa criativa no seu trabalho.

De um modo geral, pode-se dizer que quem tiver assinalado concordância com 11 ou mais declarações da Tabela 2.2 pode se classificar facilmente como tendo um alto nível de competência para a criatividade.

E agora, mais uma vez (e pela última)!

Você é criativo?

Os seus companheiros de trabalho são criativos?

Naturalmente agora você já está familiarizado com uma ferramenta de avaliação de criatividade, como foi indicado nas Tabelas 2.1 e 2.2, e tem uma condição mais precisa e poderosa para responder a essas duas últimas perguntas com toda a certeza!!!

Para todos os iniciantes, é bem simples classificá-los de acordo com os seus níveis de características facilitadoras e os seus pontos fracos ou barreiras para a criatividade.

E em seguida deve-se focar nos detalhes, melhor dizendo, fixar-se nas barreiras que estão presentes e procurar removê-las, e também descobrir quais os facilitadores que não estão presentes e iniciar imediatamente o trabalho para que sejam incluídos no local de trabalho nas próximas semanas, ou na pior condição, nos meses vindouros.

Acontece que nas Tabelas 2.1 e 2.2 não estão todas as barreiras e todas as aptidões ou facilitadores (habilitadores) para a criatividade, porém acreditamos que o conjunto apresentado já fornece uma excelente ferramenta de avaliação.

Cada marca, em especial no que se refere aos facilitadores (habilitadores), representa um recurso maravilhoso que existe numa organização, uma centelha incandescente da criatividade, que cada um(a) pode transformar em uma forte chama quando expuser a mesma ao ar...

Assim, por exemplo, se na sua empresa houver pessoas que são claros exemplos de um comportamento extremamente criativo, você deve se aproveitar delas ao máximo para encorajar igual tipo de desempenho nos outros colegas de trabalho e em si mesmo(a).

Sempre tenha em mente que cada facilitador lhe oferece uma alavanca poderosa para estimular o seu comportamento criativo e sobrepujar as barreiras que impedem o surgimento pleno da sua criatividade.

Para visualizar melhor a criatividade de alguém no seu local de trabalho é conveniente representar os resultados obtidos das Tabelas 2.1 e 2.2, criando assim a matriz da criatividade pessoal (Figura 2.6).

Na realidade, isto é muito fácil, basta usar o número de marcas (ou pontos) obtidos em cada categoria, ou seja, nas barreiras e nos habilitadores, e assim descobrir a sua posição correta entre os valores numéricos que vão de 0 a 20 em cada um dos eixos.

Na intersecção das duas retas correspondentes às pontuações obtidas (barreiras e habilitadores) ter-se-á o ponto que ficará em um dos quadrantes (**fechado, aberto, latente** e **criativo**). Isto é mostrado na Figura 2.6, dando a indicação precisa do que os gerentes ou instrutores devem fazer para conduzir a pessoa ao quadrante ótimo (se for necessário), ou melhor, o **criativo**.

Se por algum acaso a maioria das pessoas cair no quadrante **fechado**, não fique desesperado, pois esta não é uma situação imutável.

Ela pode ser modificada, sendo viável incrementar a sua criatividade e a dos outros, mas para isto seguramente se deverá trabalhar muito e ter o apoio da alta administração para se poder introduzir as mudanças que eliminem as barreiras e promovam as condições facilitadoras do florescimento da criatividade.

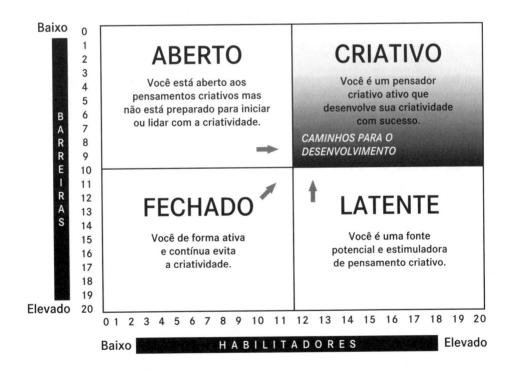

Figura 2.6 - Matriz da criatividade pessoal, mostrando os níveis das barreiras e dos habilitadores (ou facilitadores).

- **Aceitação de riscos** – Devo ter uma atitude de não desafiar o *statu quo*, ou seja, não correr nunca o perigo de "bater o barco nas rochas".
- **Baixa auto-avaliação do próprio trabalho** – Penso que o trabalho que executo não tem particularmente muito valor.
- **Falta de várias aptidões** – Meu trabalho exige apenas um pequeno conjunto de aptidões ou habilidades.
- **Possibilidades limitadas para o desenvolvimento de aptidões** – Meu trabalho não dá oportunidade para desenvolver novas aptidões.
- **Sem desafios** – Meu trabalho não me submete a novos desafios.
- **Não existe o senso de responsabilidade pessoal** – Não consigo enxergar como o meu trabalho influencia o resultado global da empresa onde trabalho.
- **Conjunto limitado de soluções** – Sou encorajado a resolver os problemas dentro de um estrito conjunto de maneiras e não sou autorizado a explorar enfoques não convencionais.
- **Não tenho em quem me espelhar** – A maioria dos meus gerentes não age nem pensa como pessoas criativas.
- **Os colegas de trabalho possuem "cabeças bem fechadas"** – Os companheiros de trabalho não estão aptos nem dispostos a aceitar novas idéias ou novas atitudes.
- **Sanções** – As pessoas que perdem muito tempo pensando de forma criativa são rotuladas de preguiçosas ou então de geradoras de transtornos.
- **Restrição pessoal na forma de pensar** – Sinto que minha atitude é: "Se não está quebrado, não é preciso consertar ou me preocupar com isto."
- **Medo** – Não gosto de dar novas idéias, pois aí as pessoas me classificam como "provocador de problemas" e ameaçam que no futuro as coisas vão "engrossar" para mim...
- **Pensamento bipolar** – Geralmente prefiro buscar apenas duas alternativas e por isto sempre penso apenas nas soluções "ou isto ou aquilo".
- **Superconfiança** – No trabalho, geralmente estamos confiantes de que o único enfoque que nos conduziu à solução é o correto, e assim não se analisam as outras alternativas.
- **Pressão do tempo** – Existe freqüentemente tanta pressão para terminar logo as tarefas e iniciar as próximas, que não há tempo para pensar de maneira detalhada e mais demorada sobre algum problema.
- **Restrições nos procedimentos** – Tenho tido algumas idéias sobre como as coisas poderiam ser feitas de maneira mais eficaz, mas não as divulgo pois violariam as normas existentes na empresa.
- **Burocracia** – Pouco adianta contribuir com idéias criativas, pois elas desaparecerão ou se perderão na tremenda burocracia existente na empresa.
- **Líderes com "mentes blindadas"** – Os meus líderes gerenciais não estão nem um pouco dispostos a aceitar novas idéias, reagindo de forma defensiva e conservadora contra todas elas.
- **Bloqueios nas reuniões** – Gostaria de desenvolver um pensamento criativo, porém não existe muita oportunidade para isso, nem nas reuniões nem nos projetos nos quais se trabalha em equipe.
- **Pressão da conformidade** – Se você não se comportar e agir da forma "correta", quer dizer, de acordo com a cultura da empresa, não terá sucesso no trabalho.

Tabela 2.1 - Avaliação da criatividade pessoal verificando os obstáculos à mesma no local de trabalho.

- **Conhecimento** – Estou ciente das muitas técnicas práticas para a geração de idéias.
- **Local de controle** – Tenho autonomia para ser criativo no meu local de trabalho por meio do meu próprio senso de controle em função das circunstâncias.
- **Confiança** – Estou confiante na minha capacidade de produzir novas idéias e soluções bem valiosas.
- **Mente aberta** – Estou aberto para a análise de novas perspectivas, mesmo quando elas estão em desacordo com os meus valores ou crenças.
- **Experiência** – Beneficio-me freqüentemente com a experiência dos outros na criatividade, bem como com a minha.
- **Pessoas como modelos** – Existem muitas pessoas no local onde trabalho que tiveram muito sucesso graças ao seu elevado nível de criatividade.
- **Apoio da alta administração** – Os meus superiores, principalmente os gerentes médios, encorajam e prestigiam a criatividade.
- **Liderança aberta** – Os líderes na minha empresa estão abertos e gostam de ouvir e receber novas idéias.
- **Premiação** – Na minha empresa as pessoas que demonstram ser criativas são premiadas por seus esforços.
- **Treinamento** – Já recebi um treinamento adequado para que seja mais criativo.
- **Recuperação emocional** – Sinto-me suficientemente seguro no meu trabalho para lidar com os riscos da criatividade.
- **Diversidade** – No meu trabalho e no meu tempo de lazer estou continuamente exposto a uma variedade de idéias, atividades e práticas.
- **Independência** – Sou classificado pelos meus colegas de trabalho como um pensador independente.
- **Sem conexão externa** – Não estou vinculado e preso a idéias fixas, ou específicas teorias ou concepções, com o que estou apto a explorar outras alternativas.
- **Atividade agradável** – Acho muito divertido o pensamento criativo, sendo que as atividades para a solução criativa de problemas constituem para mim um passatempo agradável.
- **Persistência** – Quando começo a pensar sobre um problema não consigo sossegar até conseguir resolvê-lo, mesmo que isto leve muitas semanas.
- **Empatia** – Sou bom em perceber o que os outros sentem e pensam, e esta aptidão ajuda-me a entrar em contato e a aprender com as boas idéias dos meus companheiros de trabalho.
- **Autopercepção** – Enxergo-me como sendo uma pessoa criativa.
- **Espírito inventivo** – Gosto de inventar novos produtos ou dispositivos ou novas formas de fazer um certo serviço.
- **Rompedor de limites** – Freqüentemente consigo chegar a idéias que permitem fazer conexões entre coisas ou atividades não relacionadas anteriormente.

Tabela 2.2 - Avaliação da criatividade pessoal verificando as características habilitadoras (facilitadoras) da mesma no local de trabalho.

2.4 INTERIORIZANDO O ESPÍRITO DE INDIVÍDUOS NOTÁVEIS PARA MELHORAR O PRÓPRIO DESEMPENHO

O famoso inovador no campo do pensamento criativo e do desenvolvimento de liderança Michael J. Gelb, no seu livro *Como Descobrir sua Genialidade,* mostra como "bebendo" da fonte das mentes mais revolucionárias como Platão, Brunelleschi, Colombo, Copérnico, Elizabeth I, Shakespeare, Jefferson, Darwin, Gandhi e Einstein, cada uma delas personalizando uma característica especial de genialidade, é possível incorporá-la à vida diária e com isto incrementar significativamente a própria criatividade.

Aí vai um exemplo, resumidamente, de como se pode aproveitar e captar para si mesmo(a) algo da vida e das realizações de Filippo Brunelleschi, conhecido por seus amigos como *Pippo*.

Em 1418 foi lançada uma concorrência para a escolha de um projeto para a cúpula da catedral de Florença, que fora iniciada em 1296 e permanecera inacabada até então...

Brunelleschi não era estranho às concorrências de Florença: anos antes, em sua época de ourives, participou de uma para a criação das portas de bronze para o Batistério de Florença, quando foi solicitado aos sete concorrentes que apresentassem quatro provas de painéis.

Após um ano de trabalho, somente Brunelleschi e Lorenzo Ghiberti foram considerados capazes de executar a incumbência – entretanto Filippo retirou seu nome dos estudos finais em lugar de compartilhar o serviço com Ghiberti, que se tornou por isso seu adversário por toda a vida.

Pouco depois, Brunelleschi redirecionou o foco do seu interesse para o espaço arquitetônico, o que o levaria a competir com seu rival em Florença mais uma vez. A concorrência da cúpula oferecia ao vencedor a enorme quantia de duzentos florins de ouro.

Dezenas de propostas foram recebidas pelos encarregados da catedral, todas baseadas na técnica tradicional de centralização – o uso de um andaime interno central e um sistema de suporte. Mas Brunelleschi apresentou um projeto tão radical e ousado que era quase inimaginável.

Ele propôs eliminar o suporte central e usar uma cápsula dupla de tijolos em espinha-de-peixe para erguer a cúpula por meio de um equilíbrio matematicamente exato de forças materiais em oposição.

Em 1420, os maiores arquitetos da época reuniram-se em Florença para analisar as propostas, porém, quando chegou a vez de Brunelleschi explicar suas idéias, eles riram diante daquele plano altamente polêmico e incompreensível...

Brunelleschi fez uma defesa tão acalorada de sua idéia que as pessoas pensaram que ele estava tagarelando sem nexo. Foi dura a batalha até que Brunelleschi vencesse todos os arquitetos concorrentes, mas finalmente ele ia assumir a liderança na construção do domo.

Depois de muitos anos e contratempos Brunelleschi conseguiu tornar sua visão uma realidade, e assim ele foi o primeiro na história da humanidade a realmente projetar um edifício e depois construí-lo.

O professor de História da Arte Sir Ernest Gombrich diz: "O *Duomo* revolucionou a percepção renascentista do espaço tridimensional, como definido pela arquitetura, que o cria e encerra. Os gregos ergueram monumentos mas não criaram espaço, e os romanos criaram espaço com o arco e o domo mas com certa ineficiência.

Brunelleschi demonstrou de uma maneira incrível que com menos material podia criar um recinto maior. Ele demonstrou que a forma é um elemento estrutural. Deu também aos artistas os meios matemáticos de solucionar esse problema; e a comoção que isto causou entre seus amigos pintores deve ter sido imensa."

No começo de 1446, a "forma celestial" do domo foi concluída. O domo foi formalmente abençoado pelo arcebispo de Florença e grandes comemorações foram realizadas.

Assim, Brunelleschi pôde saborear a realização de seu sonho antes que uma breve doença pusesse termo à sua vida em 15 de maio de 1446.

Eis de forma resumida o legado de Filippo Brunelleschi:

- ✦ Foi uma figura exponencial da Renascença, tendo seguramente muito influenciado figuras como Alberti, Masaccio, Donatello, Leonardo da Vinci, Michelangelo e Rafael.

- ✦ Foi o primeiro a entender e a transmitir a plena descrição dos princípios da perspectiva na arte e no desenho.

- ✦ Na catedral de Florença, entre 1420 e 1446, ele projetou e construiu a maior cúpula já conhecida, e somente ultrapassada quando materiais de construção do século XX, como o aço e o concreto, tornaram-se disponíveis.

- ✦ Foi o pioneiro no Renascimento da arquitetura clássica – **neoclassicismo** –, influenciando a construção ocidental desde então.

- ✦ Como engenheiro, projetou máquinas tão à frente de seu tempo que algumas só vieram a ser aperfeiçoadas no século XIX, e tão criativas que algumas foram mais tarde **erroneamente** atribuídas a Leonardo da Vinci.

- ✦ Originalmente habilitado como ourives e gravador, tornou-se o protótipo do homem da Renascença – especialista em pintura e escultura, bem como em arquitetura e engenharia.

- ✦ Foi o primeiro a solicitar e a obter a primeira patente de que se tem notícia para uma invenção. Como as patentes tornaram as invenções individuais extremamente lucrativas, isto inspirou sobremaneira para que as pessoas usassem mais a criatividade a fim de conseguir as patentes das suas grandes idéias.

Bem, e aí entra a criatividade de Michael J. Gelb (e por isso o seu livro deve ser lido por quem quer ampliar sua criatividade...), que usa a vida e a obra de Brunelleschi para estabelecer um roteiro que permita a uma pessoa pensar **da maneira como deve ter pensado o gênio...**

Diz ele no seu livro: "Com a história de Brunelleschi não pretendo inspirá-lo a sair correndo para fazer uma faculdade de arquitetura ou ser um engenheiro civil para criar e construir uma cúpula gigantesca.

Mas, sem dúvida, o exemplo desse excepcional inovador da Renascença para resolver problemas criativamente deve inspirá-lo a descobrir novas maneiras de enfrentar os desafios da vida – novas perspectivas – que podem levá-lo (a) a se tornar o (a) próprio (a) arquiteto (a) do seu futuro.

Ele mostra como se pode criar e manter imagens vívidas de nossas metas e sonhos, pois tratou seu projeto monumental como uma imagem nítida na mente do que ele desejava realizar.

Como ele disse à notável assembléia de arquitetos: 'Já posso visualizar a abóbada terminada...'

Seu triunfo demonstra o poder de começar com o fim em mente. Brunelleschi construiu com maestria uma visualização minuciosa de sucesso e manteve essa visão definitiva diante da oposição (seus concorrentes) e do infortúnio.

Ao começar seus projetos e planos na vida com uma visualização vívida do que deseja atingir, e manter uma perspectiva ampliada diante da adversidade, você achará mais fácil acreditar em si mesmo e vencer os desafios da vida.

O próprio *capomaestro* (supervisor) Brunelleschi inspirava-se nas palavras do grande poeta do Império Romano, Virgílio, que escreveu: 'Pois eles vencerão quem acreditarem que podem vencer.'

Portanto, se você souber interiorizar o espírito de Brunelleschi, vencerá as pequeninas coisas que obscurecem a perspectiva ampliada de suas aspirações e prioridades mais altas."

Pensando no exemplo de Brunelleschi, inicialmente faça uma auto-avaliação posicionando-se em relação às seguintes questões:

→ Quando você começa um projeto, inicia com a visualização de sua bem-sucedida empreitada?

→ Você consegue manter as suas prioridades em perspectiva mesmo quando está sob tensão?

→ Você tem fé nas suas próprias idéias?

→ Você permite que pequenos reveses o afastem do caminho planejado?

→ A oposição fortalece a sua determinação?

→ Você é capaz de impressionar quando isto se tornar necessário?

→ Quando estabelece uma meta (objetivo), consegue trabalhar com paciência e dedicação até que ela seja concluída (atingida) com sucesso?

→ Você pretende ampliar sua perspectiva intelectual?

→ Você consegue pensar livremente e depois adequar as soluções criativas aos problemas da vida real?

→ Você aprecia e aceita que é vital a influência da arquitetura na sua visão de mundo?

Já percebeu onde estão alguns dos seus pontos fracos e se, por exemplo, você não possui a visão de um arquiteto, comece com algumas tarefas simples, como fazer uma coleção ilustrada das 25 maravilhas arquitetônicas do século XXI.

Claro que é bom que aí estejam pelo menos os cinco maiores prédios do mundo.

É forçoso que reflita como cada uma dessas maravilhas o afeta emocionalmente, e em particular o modo como o espaço foi criado, quem o usou no passado e para quê, bem como a sua função na atualidade.

Paralelamente pense em fazer uma coleção de 25 aberrações arquitetônicas (consulte para isto o *site* www.bbvh.nl/hate/fprojects.html).

Por que acha que esses são os piores edifícios (ou obras) do mundo?

Um fato é indiscutível: a arquitetura molda a consciência e, naturalmente, também a reflete!

Brunelleschi foi capaz de manter uma visão revolucionária, ao mesmo tempo em que solucionava uma infinidade de problemas práticos.

Seguramente ele teria concordado que a vida é um exercício, quer dizer, um espaço para a solução criativa de problemas (SCP).

Não espere, pois, ser feliz somente quando se livrar de todos os seus problemas, até porque esse dia jamais chegará...

Infelizmente, a maioria de nós ao iniciar um trabalho (projeto) usa ferramentas que nos são fornecidas por outras pessoas ou que já temos em nosso poder.

Brunelleschi nos oferece uma nova perspectiva sobre esta questão. Ele procurou sempre desenvolver novas ferramentas para traduzir seus sonhos em realidade: ferramentas gráficas para a representação realística do espaço tridimensional; ferramentas de estilo e proporção para construir prédios ao estilo romano, e ferramentas estruturais para solucionar o problema do enorme vão aberto da futura cúpula da igreja de Santa Maria Del Fiore.

A disposição de Filippo de pensar criativamente era parte integrante da sua genialidade. Essa abordagem pode funcionar para você. Acredite, pode sim!

Não esqueça que durante mais de 25 anos, Brunelleschi para conseguir construir o *Duomo* precisou administrar uma força de trabalho heterogênea e otimizar sua produtividade.

No começo de seu trabalho como *capomaestro* enfrentou grandes problemas trabalhistas. Seus pedreiros e carpinteiros insistiam em abandonar suas posições nas alturas para longos almoços.

Aí Brunelleschi elaborou um plano de servir o almoço com vinho, a **muitos metros do chão**. Isto mantinha seus operários felizes e concentrados na construção da cúpula e,

> *Não espere, pois, ser feliz somente quando se livrar de todos os seus problemas, até porque esse dia jamais chegará...*

na verdade, Brunelleschi acabou ganhando com o fornecimento da comida nas alturas, pois a produtividade aumentou. Ele também construiu "lavatórios nas alturas" para a conveniência de seus operários.

Além de improvisar estratégias de administração bem-sucedidas, Brunelleschi foi ainda um gênio em inventar e investir em novas tecnologias – como o seu surpreendente guindaste de bois – com o qual elevou muitas toneladas (mas muitas mesmo...) de mármore, tijolos e pedras.

Portanto, ele ofereceu um exemplo fantástico da capacidade de manter a primazia de sua visão e missão diante dos desafios do dia-a-dia.

Um fato porém, é indiscutível: a SCP de Brunelleschi se manifestou por ele estar sempre aprimorando sua experiência de vida como ourives, escultor e projetista, e adquirindo conhecimentos de outras pessoas, ao mesmo tempo em que alçava sua própria visão a patamares cada vez mais altos.

É por essa abordagem visionária, impulsionada pelo aprendizado contínuo, que cada um deve lutar se quiser ser genial...

Faça, pois, como o renascentista Brunelleschi: interiorize o seu espírito, procurando sempre novos desafios e enfoques e atinja a realização plena do seu potencial através da visão (inteligência espacial do arquiteto), da persistência e do trabalho árduo.

Se por acaso você não quiser interiorizar Brunelleschi, não esqueça que Michael J. Gelb lhe permite ter como modelo de comportamento criativo outras nove fantásticas figuras, inclusive uma mulher, com o que poderá estar mais próximo(a) do que sonha ser!!!

2.5
NEUROFITNESS Nº 2

Quem não se lembra do filme *Ghostbusters* nos seus vários "capítulos"?

Pois bem, Jim Razzi e Jack Looney conseguiram montar um livro de distrações baseando-se nos "fantasminhas", e aí vão os quatro primeiros problemas inspirados nele:

1) Este é um jogo para dois. Pegue uma régua e, usando uma das retas, prolongue-a até que chegue ao contorno do desenho (Figura 2.7). Em seguida, será a vez do oponente jogar.

À medida que se vão isolando os fantasmas, cada jogador os elimina e conta os que "matou", marcando um ⊗ ou um ⊕ sobre cada um deles ♛(fantasma).

Entende-se que cada ♛(fantasma) está isolado quando está nesta situação:

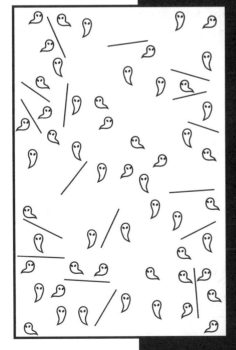

Figura 2.7

2) Você consegue contar todos os fantasminhas do conjunto que aparece na Figura 2.8?

Figura 2.8.

3) Lance um fluido *zapp* que destrua o fantasma (veja a Figura 2.9), mas com a seguinte condição: o caça-fantasma ① deve destruir o fantasma ①, o caça-fantasma ② destruir o fantasma ②, e assim respectivamente, sem que uma trajetória intercepte a outra.

Figura 2.9.

4) Como é possível, lançando apenas 4 "feixes" retos, matar todos os fantasmas dispostos, como mostrado na Figura 2.10?

Figura 2.10.

E aí vai o complemento do *neurofitness* nº 2.

5) Obtenha o quadrado mágico com a soma 70. A sugestão aqui é montar um sistema linear para achar os valores das casetas **a**, **b** e **c**, como indicado na Figura 2.11.

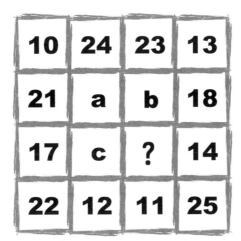

Figura 2.11.

6) Complete o quadrado da Figura 2.12 de tal forma a ter a constante 13 na soma das linhas, das colunas e das diagonais usando apenas os números 2 ou 3 em cada casela.

Poderá usar os números 2 ou 3 quantas vezes quiser.

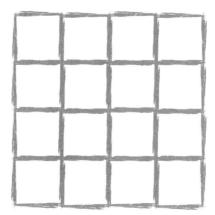

Figura 2.12.

7) Você gostou da soma 13?

Alguns têm horror ao 13, achando-o um número de azar. Bobagem!!! Os números não geram resultados nefastos. Isto só é verdade quando representam nossas dívidas...

Complete as caselas da Figura 2.13 obtendo a constante mágica 13, usando a repetição 1, 2 e 7, porém só com estes números.

Figura 2.13.

8) Coloque os números 3, 4, 5, 6, 7, 40, 42, 100, 147 e 210 nos círculos da estrela mostrada na Figura 2.14, obtendo o produto 176.400 nas diagonais.

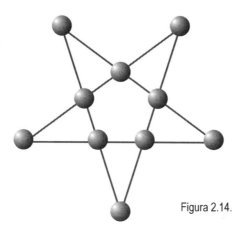

Figura 2.14.

9) Você tem nas mãos várias fichas e dentre elas:

6 fichas de valor 20;
3 fichas de valor 15;
3 fichas de valor 10;
6 fichas de valor 5.

Coloque-as no quadrado mágico (Figura 2.15) de maneira que a soma de cada um dos lados exteriores e de cada uma das diagonais seja igual a 55.

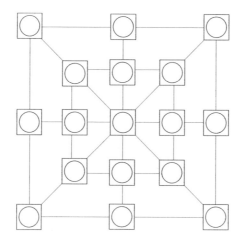

Figura 2.15.

10) Olhe para o conjunto de três quadrados (Figura 2.16).

Eles têm uma característica que é compartilhada, ou seja, existe em um dos conjuntos da Figura 2.17.

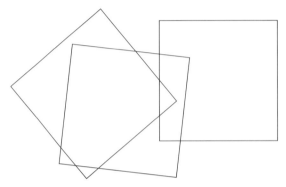

Figura 2.16.

Qual dos conjuntos da Figura 2.17 é aquele que tem algo em comum com o da Figura 2.16?

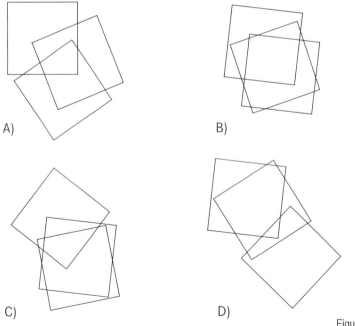

A)

B)

C)

D)

Figura 2.17.

MAUS E BONS HÁBITOS E ATITUDES PARA A CRIATIVIDADE

3.1 - OS 9 HÁBITOS QUE IMPEDEM O DESENVOLVIMENTO DA CRIATIVIDADE.

A maioria das pessoas vive e/ou trabalha em condições que atrapalham muito o desenvolvimento da sua criatividade.

E o que é pior, há indivíduos que adquiriram ou cometeram erros bastante graves que reduzem em muito sua criatividade.

Existem nove hábitos (pelo menos) ruins que se transformam em grandes barreiras para o ser humano fazer emergir todo o seu potencial criativo.

Aí vão os nove hábitos maus:

1º MAU HÁBITO
Não fazer todos os dias novas perguntas.

Realmente a criatividade requer uma mente inquisidora e os pensamentos criativos não podem brotar no "solo seco da mente não-questionadora".

A menos que você faça inúmeras perguntas "Por quê?" todos os dias, não poderá gerar para si novos *insights* (discernimentos).

Para eliminar esse mau hábito de não fazer questionamentos, ou seja, viver na zona de conforto da aceitação, é preciso que cada pessoa comece a praticar a rotina de fazer muitas perguntas diariamente para aqueles com os quais tem contato e a si mesma.

O indivíduo que esqueceu como se faz isso deve passar um tempo num jardim da infância, observando os "pequeninos" bombardeando a professora com centenas de perguntas do tipo: "Por que isto é assim?"

Claro que se você tiver um(a) filho(a) de até cinco anos não precisa ir a lugar nenhum, pois recebe o tempo todo uma enxurrada de perguntas dele(a) questionando diariamente até o ambiente em que vive.

E você faz perguntas sobre o seu trabalho, a sua carreira, os seus sonhos, os seus desejos?

É imperioso que cada pessoa aprenda a se cutucar, ou então meter às vezes o nariz onde não é chamada, ou ainda tentar aprender algo sem seguir as normas estabelecidas, como fazem, por exemplo, os adolescentes quando querem usar algum *software*, e então apelam para a "tentativa e erro" e não seguem religiosamente os passos indicados no manual do *software*.

Quando foi a última vez que você escarafunchou algo (sua situação econômica, seu estado profissional, sua qualidade de vida, etc.) seguindo os seus impulsos, o que lhe proporcionou o aparecimento de muitos "por quês"?

Caso você não esteja lembrando, isto significa que está acomodado e não vive num **estado questionador,** e assim é muito difícil que lhe ocorra o nascimento de algum *insight* criativo.

Porém, não se sinta envergonhado ou arrasado por causa disso, pois você não está sozinho!?!

A grande maioria das pessoas falha no que se refere a formular questões, a perguntar coisas aos outros com freqüência.

Lamentavelmente é um fenômeno social largamente difundido, e na realidade se justifica pelo fato de que as nossas empresas, em grande proporção, são estruturadas no sentido de limitar e até desencorajar uma inquirição criativa...

E os processos de trabalho estabelecidos em muitas organizações – apesar de algumas até acharem que nelas existe o trabalho em grupo – restringem a formulação de questionamentos ou debates até nas reuniões convencionais, o que as torna pouco criativas.

Realmente é pouco eficaz ir a uma reunião na qual não existe uma agenda preestabelecida, quer dizer, não está claramente definido o seu objetivo.

Contudo, também é muito ruim participar de uma reunião na qual não se tem liberdade de expor as próprias idéias (que podem ser contraditórias às de outras pessoas...), pois assim não se estimula a imaginação de cada um.

Bem, caso você esteja convicto de que tem o hábito não-criativo de não fazer perguntas, chegou a hora de romper os grilhões e começar a olhar o mundo com olhos mais inquisitivos, procurando tirar idéias de tudo que esteja em movimento ao seu redor, e tentando o mais que puder fazer sempre a pergunta vital: **"Por quê?"**

Faça isto e em breve se espantará com os resultados obtidos...

2º MAU HÁBITO

Não arquivar ou não armazenar as suas idéias.

Este meu (minha) caro(a) menino(a) adulto(a), é um pecado imperdoável...

É muito comum (e nós constatamos isto com freqüência no trabalho de consultoria nas empresas, durante a realização de *workshops*) ao se trabalhar duro na solução de problemas terrivelmente complexos surgir como a saída viável algo que alguém já tenha sugerido ou mencionado algum tempo atrás.

Aí ocorrem comentários do tipo: "Estão vendo o tempo que perdemos por não ter armazenado adequadamente esta idéia!!!"

E então, o que efetivamente se deve fazer para acabar com esse 2º mau hábito?

Inicialmente, entender que não existe essa coisa de idéias ruins no mundo da criatividade, como também todas as idéias não podem ser boas.

É por isso que cada pessoa deve guardar as suas idéias, e desta maneira, quando necessitar de novas, deverá primeiro reexaminar todas as suas antigas idéias pertinentes a um certo problema.

Algumas delas, que podem ter parecido malucas alguns anos atrás, talvez agora sejam viáveis.

Outras podem continuar sendo esdrúxulas, mas seguramente atuarão como um catalisador ou um lampejo que lhe ilumine a mente para chegar a conceitos mais valiosos. Esta é uma prática importante tanto para um indivíduo como para uma empresa.

Pode-se até não ter um esquema formal de armazenamento de idéias, mas ao menos algo informal deve existir.

É bem prático hoje em dia guardar as idéias numa agenda tradicional ou eletrônica, um *notebook,* ou algum fichário rotulado de "armazenador de minhas idéias brilhantes".

Naturalmente pode-se gravar e mesmo classificar as idéias em dispositivos eletrônicos cada vez mais eficientes e de tamanho minúsculo.

Talvez o melhor seja você mandar uma mensagem – **a idéia** – pelo correio eletrônico (*e-mail*) para você mesmo!!!

Claro que, periodicamente, você pode transferir todas essas idéias para um dispositivo de armazenamento de longo prazo, também as imprimindo.

É óbvio que aí vale muito a sua criatividade, e isto tem bastante significado: você pode criar o seu próprio esquema para capturar idéias, algo realmente diferente e estimulante.

O ponto crucial aqui é que inúmeras boas idéias chegam à sua cabeça todo mês, todavia um elevado percentual das mesmas é perdido.

Se, para começar, você conseguir apenas dobrar o número daquelas que consegue guardar, não esqueça que com isto terá matéria-prima para qualquer serviço mental, enriquecido, ou melhor, **aumentado de 100%!**

Não se preocupe muito com a organização formal do seu arquivo de idéias. Ele pode até ser do tipo de seleção aleatória, e é neste caso que se torna mais inspirador.

Só uma coisa não pode acontecer: **você esquecer completamente as boas idéias que vão surgindo no decorrer da sua vida!**

Não se preocupe muito com a organização formal do seu arquivo de idéias. Ele pode até ser do tipo de seleção aleatória, e é neste caso que se torna mais inspirador.

CAP. 3 - Maus e Bons Hábitos e Atitudes para a Criatividade

3º MAU HÁBITO

Esquecer de revisitar suas boas idéias.

Mesmo que se tenha (ou não) um sistema formal para guardar as idéias, toda pessoa acaba deixando de lado (ou não percebendo), devido à turbulência do trabalho diário, muitas idéias e suposições (hipóteses).

No entanto, como a nossa vida não segue em linha reta, freqüentemente voltamos ao mesmo ponto (por exemplo, revendo um velho amigo, ou tendo a oportunidade de fazer o mesmo negócio não realizado alguns meses atrás), mas parece que não percebemos que já vivenciamos essa situação, ou então não aprendemos o suficiente com ela.

Isto tem tudo a ver com **revisitar antigas idéias.** Uma forma prática para poder revisitar as antigas idéias é estabelecer um programa que inclua um tempo livre apenas para perambular no passado, algo assim como "recordar é viver".

É recomendável pelo menos uma vez por mês dedicar um tempo para mergulhar na análise dos antigos relatos, da observação das idéias que o(a) impressionaram e que você deixou registradas nos seus livros de anotação (agendas), tudo isso com o intuito de ressuscitar ou reavivar as velhas idéias e trazê-las para o foco de algum contexto atual que necessite de decisões.

Uma forma elementar de tornar prático esse hábito de revisitação pode começar olhando um álbum de fotografias, arrumando os livros de sua biblioteca e lendo as observações que estão em algumas páginas dos mesmos, vendo as anotações que fez em alguns cursos de especialização ou seminários, etc.

Toda pessoa que revisita as suas idéias deseja fazer duas coisas:

→ dar às velhas idéias uma **segunda oportunidade**;

→ tornar a si mesma **mais convicta** sobre as antigas suposições.

Pode parecer para o(a) leitor(a) um tanto quanto confusa essa divisão de revisitação em duas áreas separadas: **idéias** e **suposições**. Entretanto, essas áreas se relacionam de maneira distinta uma com a outra e deve-se mesmo pensar nas **idéias** como algo oposto às **suposições**.

As idéias, na realidade, têm tudo a ver com **atividade**. Para gerá-las, temos que focar nossa atenção em algo, pensar muito sobre isso, colocar de fato a nossa engrenagem mental em movimento.

Já as suposições, por seu turno, representam a **passividade**. Não podemos nos envolver com as suposições, apesar de estarmos conscientes da opção por uma escolha ou outra. Uma suposição é que existem Inferno e Paraíso, isto porém não nos abre uma porta para chegar lá...

Desse modo, ou pensamos de modo fatigante sobre algo até surgirem *insights* e idéias, ou não fazemos isso. Quando não fazemos isso, entramos então na área de hipóteses ou de suposições...

No decorrer da revisitação freqüentemente parece que as hipóteses (suposições) chamam mais a atenção ou são mais surpreendentes que as idéias.

As suposições tendem a nos manter numa certa "zona de conforto", e até nos dão uma área de apoio se fugirmos ou evitarmos pensar muito, procurando alternativas criativas que desafiem o *statu quo*.

O que se percebe nas empresas neste início do século XXI é que boa parte delas tem poderosos mecanismos sociais trabalhando contra a revisitação, ou melhor, **o retorno ao passado.**

Os executivos de um modo geral não gostam e não querem que suas decisões do passado (principalmente as erradas) sejam reavivadas e questionadas.

Os líderes de equipes e os gerentes normalmente detestam voltar ao que já foi discutido na reunião de dois meses atrás...

E os empregados, por sua vez, também resistem de forma expressiva contra a revisitação, pois ela pode conduzir ao jogo de queixas e reclamações de serviço incorreto.

Convenhamos, a revisitação poderá provocar um certo nível de ansiedade, o que sem dúvida influenciará negativamente a produtividade. Neste caso, para que a idéia da revisitação emplaque, ela deverá ser difundida sempre com o apoio da alta administração, para que possa conduzir a bons resultados.

Este é um processo demorado porquanto depende, entre outras coisas, de que os principais executivos aceitem a importância da revisitação. Mas isto não impede que cada um faça a sua própria revisitação, ou seja, reveja as suas antigas idéias, e que se constituam inclusive grupos de "criáticos" que se lembrem do passado para construir um futuro mais promissor para a companhia.

Quando a empresa consegue ter muitas pessoas que se tornam *closet creators* (indivíduos criativos que fazem bom uso da revisitação), então as mudanças organizacionais começam de fato a ocorrer.

CAP. 3 - Maus e Bons Hábitos e Atitudes para a Criatividade

4º MAU HÁBITO

Ter dificuldade de expressar as idéias.

Caso você tenha uma idéia – **alguma idéia** – é vital que saiba expressá-la de forma correta.

Conte-a para si mesmo quando estiver sozinho ou descreva-a para os outros quando estiver num grupo, e veja se eles o(a) entendem.

Isto soa tão simples, até é um princípio óbvio, mas raramente é seguido de maneira eficaz.

É por isto que não se têm muitos professores que conseguem explicar as próprias idéias para seus alunos, e que todos entendam as mesmas, não é?

De fato, isso ocorre muito, pois explicar uma idéia é um pouco diferente de lecionar, até porque muitas das nossas idéias acabam nem emergindo e ficam "congeladas" dentro do cérebro, visto que não passam pelo nosso sistema interno de autocensura.

A muitas das nossas idéias não damos o crédito suficiente para que se transformem em algo valioso, nem compartilhamos muitas delas com os outros.

Nesta circunstância, essas idéias parecidas ou esquecidas são tratadas como se fossem ervas daninhas que nos irritam, e queremos arrancá-las o mais depressa possível...

A mente ordeira tem poucas ervas daninhas.

Todavia a mente metódica ou disciplinada não é criativa!!!

Se porventura você quiser desenvolver a sua criatividade, precisará prestar muita atenção nas ervas daninhas e cuidar das mesmas, pois elas têm potencial para um novo tipo de colheita!?!

O(a) leitor(a) deve perceber que a analogia da erva daninha tem um significado muito especial para compreender esse 4º mau hábito, que é o de não saber explicar claramente as suas idéias.

O que se deve entender é que uma erva daninha é apenas uma planta que você não quer que cresça em um particular lugar.

Mas não se pode esquecer nunca que numa horta pode brotar uma magnífica flor exótica, até porque a terra da horta é bem adubada, apesar de que isto é indesejável à primeira vista.

O mesmo é verdadeiro para idéias.

Nós acabamos repudiando muitas delas, classificando-as como ervas daninhas que não merecem crescer no nosso jardim mental, e assim nem chegamos a descrevê-las para os outros e para nós mesmos.

Aliás, procedendo dessa maneira acabamos de fato rejeitando inúmeros dos nossos pensamentos potencialmente úteis.

O incrível é que a produção de muitos jardins (hortas) mentais é de pouco valor, com exceção das ervas daninhas, cujos proprietários deveriam ter a preocupação de cuidar bem delas!?!?

Uma forma muito boa de cuidar dessas ervas daninhas é saber explicar para todos como elas surgem e o que representam.

É vital, portanto, registrar o pensamento que pode se perder, ou seja, a "idéia erva daninha".

Fale com emoção sobre ela para os outros.

Tire-a da sua cabeça e coloque-a no domínio da comunicação pública.

É isto que lhe dará o tempo e a oportunidade para levá-la em conta da maneira mais cuidadosa e plena, e quem sabe até achar um uso prático para ela.

Além do mais, isso dará ao seu pensamento a possibilidade de crescer e se desenvolver, possivelmente em outras idéias valiosas!!!

Se você conseguir inculcar em si mesmo o hábito de expressar as suas idéias "erva-daninha", ficará surpreso com a facilidade com que isto contamina as pessoas e semeia o surgimento de muitas outras imaginações provenientes das suas cabeças.

Criatividade

186 <<

5º MAU HÁBITO
Não procurar pensar de maneiras diferentes.

Ninguém consegue "sair da sua caixa", vale dizer, dos seus limites, se continuar fazendo o que sempre fez!

Uma forma de modificar isto é ao tentar tomar uma decisão (ou opção), elaborar uma lista de explicações suas para a mesma, descrevendo inclusive os seus pontos interessantes.

Se você nunca usou esse sistema de analisar uma alternativa, deveria fazê-lo o mais depressa possível.

Hoje em dia existe uma grande variedade de processos de pensamentos criativos bem estruturados, os quais efetivamente possibilitam que você possa refletir de maneira diferente, sendo então mais criativo e acabando com o 5º mau hábito: **só fazer de um único jeito!**

É verdade que a constância é uma característica muito desejada no campo da qualidade, porém se alguém quer melhorar deve procurar descobrir uma outra forma melhor ainda, e assim continuamente, pois estamos numa era em que se quer tudo **sempre melhor!!!**

Um outro modo de enxergar as coisas de maneira não-usual é através da aplicação do pensamento visual, quando se busca desenhar um diagrama ou quadro do problema no qual se esteja trabalhando – chama-se a isto de mapa da mente, ferramenta que foi popularizada por Tony Buzan.

Pode-se também usar analogias visuais perguntando a si mesmo, digamos, dez nomes de coisas que são semelhantes ao problema que se quer resolver.

E aí busca-se gerar novas perspectivas de solucionar o problema a partir das imagens estabelecidas que surgiram da resposta à pergunta: **Por que este problema se parece com uma certa coisa?**

O ponto aqui é que tais padrões de pensamento constituem coisas bem novas (ou não diretamente relacionadas com o problema), o que levará você rapidamente para um território não muito familiar.

Por isso você deve ser criativo a respeito de como encara ou o que pensa sobre a própria criatividade.

Você captou isso?

Bem, é fácil entender a imperiosa necessidade de saber pensar de formas diferentes e para isto é necessário experimentar estratégias novas e diferentes (como, por exemplo, as citadas há pouco).

E como corolário não se pode esquecer que o importante não é apenas o que você pensa, mas como elabora o seu processo de pensamento.

Portanto, para eliminar o 5º mau hábito é vital que cada pessoa tenha a competência de poder pensar sobre algum tópico a partir de vários ângulos, ou seja, de maneiras diferentes.

Cada indivíduo então é forçado a articular diversas estratégias mentais e isto o ajuda a tornar-se mais cônscio de como pensa, ficando conseqüentemente mais apto para controlar todo o seu processo de pensamento.

6º MAU HÁBITO

Não desejar alcançar novos objetivos ou não querer realizar novos feitos.

Se você já estiver contente com o atual estado das coisas, então isto significa que não está mais sentindo a coceira da criatividade!!!

A criatividade se nutre da especulação otimista contida em frases como:

→ "Que maravilha seria se pudéssemos resolver aquele problema!"

→ "Desejo muito que exista uma outra maneira de fazer aquilo!"

→ "Vamos deixar todo mundo perplexo com essa possibilidade!"

Etc.

Assim, demonstrar que não se deseja mais nada ou achar que algo é impossível de ser feito é o modo mais simples de deter a sua criatividade.

Os inventores geralmente são pessoas comuns em relação a quase todas as coisas que caracterizam o ser humano, menos em uma: **eles estão sempre querendo achar uma melhor maneira**!

Quando eles dão os nós no cadarço do sapato, na realidade gostariam de não fazer isso, isto é, desejariam poder prender o sapato ao pé de uma forma mais simples. E foi assim que surgiram os sapatos com fivela, com elásticos, com velcro, etc.

A pessoa com espírito inventivo é, por exemplo, aquela que não se conformava em ter que limpar e esfregar uma panela toda vez que fritasse algo, e aí ela melhorou muito as coisas inventando a panela com revestimento de *teflon,* que não exige esse trabalho; ou então, alguém que achava o correio de voz (*voice-mail*) muito legal, porém se preocupava com o fato de poder perder mensagens importantes, e aí vai à luta até chegar ao *pager*, uma inovação que elimina esse problema.

Para as pessoas comuns – empregados de uma empresa – é muito fácil cair nas rotinas desanimadoras de uma intensa vida de trabalho, até chegar ao ponto de não ter mais vontade, nem aptidão para fomentar um **pensamento de desejo**.

Parece até que a vida está se desenrolando num ritmo tão veloz que esse mau hábito – não querer mais nada novo e nem desejar sair da sua zona de conforto – pode persistir até se tornar permanente, com o que as pessoas tornam-se apáticas e desinteressadas pela criatividade.

Mas tudo indica que uma importante parcela das pessoas continua desenvolvendo o pensamento de desejo, e assim vão surgindo cada vez mais inovações, dando ao ser humano uma qualidade de vida cada vez melhor.

Pois é, você também deve ser um ativista da melhoria. **Queira, deseje, almeje sempre algo novo que seja melhor!!!**

7º MAU HÁBITO

Considerar que não é uma pessoa criativa.

No nosso trabalho de consultoria com os empregados das empresas e entre os estudantes das faculdades dos cursos de pósgraduação da FAAP sempre se encontram aqueles que acreditam – ou pelo menos dizem – que **não são criativos,** e por isto **não vão se esforçar para ser o que não são!?!**

Bem, a explicação aqui é muito simples: você é criativo (ou será) se começar a pensar criativamente, e caso não fizer isto, não é (será).

Por conseguinte, quem parar de tentar seguirá pelo caminho que vai levar a sua criatividade ao capotamento...

Felizmente, com um pouco de esforço dá para fazer com que quase todos aceitem que podem ser criativos.

Isto é o que se constata no final dos cursos de Criatividade, tanto na graduação como na pós-graduação na FAAP.

É evidente que isto exige um envolvimento posterior para ir aperfeiçoando as técnicas que lhe permitam gerar cada vez mais idéias criativas, e para que você aumente a sua capacidade de transformar aquelas viáveis em inovação.

8º MAU HÁBITO

Desistir de continuar tentando ser criativo.

Você consegue preencher uma página inteira com idéias brilhantes?

Provavelmente não!! E isto não representa um fracasso seu, pois a grande maioria das pessoas não consegue gerar idéias de "ruptura" (*breakthrough*) ou brilhantes quando tenta pela primeira vez praticar o pensamento criativo.

Por outro lado, é facílimo gerar dúzias de idéias e constatar em seguida que todas elas são simplórias ou tolas.

Enquanto é muito simples estimular o pensamento criativo em si mesmo e nos outros, não existe nenhuma garantia sobre a qualidade das idéias geradas e da sua viabilidade na prática.

É por isso que muitas pessoas abandonam o enfoque criativo, pois se desencorajam pela total falta de eficácia das suas idéias iniciais. Mas este é um outro grande erro ao qual submetemos a nossa criatividade de tempo em tempo, ou seja, desistindo de ser criativo.

A criatividade, até emergir, requer uma forte chama de calor para produzir uma luz significativa...

É vital, portanto, que cada um que queira ser criativo saiba disto desde o começo para não se desencorajar com os fracassos iniciais.

Cada indivíduo deverá manter a sua fé no processo criativo e continuar trabalhando no mesmo até chegar a algo útil para alguma enrascada, dificuldade ou encrenca.

Pode levar alguns minutos ou muitas centenas de horas até que você alcance algum tipo de ruptura de que necessite; porém, de qualquer forma, você pode chegar a isto!

Infelizmente muitas pessoas acreditam que após algumas aulas de Criatividade elas já estão "inseridas no contexto" e aptas para resolver criativamente os seus problemas. Esse é o erro que se deve evitar.

O que se deve fazer é paulatinamente ir aumentando o tempo que se gasta (dobrando-o ou triplicando-o) pensando e observando o que acontece.

Se surgirem bons resultados, deve-se aumentar outra vez o tempo para pensar, e assim num futuro próximo os resultados serão melhores ainda.

Quanto mais familiarizada a pessoa ficar com o processo de pensamento criativo, mais estará capacitada para estimar o tempo de que necessitará para completar específicas tarefas de raciocínio e meditação. Terá expectativas mais realistas e sua probabilidade de abandonar a tarefa prematuramente será baixa.

Para começar, como referência, deve-se dedicar pelo menos 4 horas para qualquer tarefa mental importante. Ademais, para qualquer tarefa que exija pensar é necessário também dar a si mesmo um tempo para incubação, isto é, um tempo para que ocorra o desenvolvimento da idéia enquanto o seu cérebro e você estão "sentados em cima do problema".

A incubação é uma etapa muito importante do pensamento criativo, além de ser ainda surpreendente e agradável. É nesse período que o solucionador criativo de problemas relaxa um pouco o seu foco no problema, criando assim as condições necessárias para que surjam perspectivas frescas para a sua análise e resolução.

O grande segredo de incubar idéias é garantir que o problema será revisitado e com muita freqüência. Deve-se, pois, continuar trabalhando para resolver a "encrenca", renovando o seu foco e reintensificando os esforços em cada visita de retorno.

O solucionador não pode, entretanto, deixar que o problema escape do seu foco: ele deve sempre "senti-lo" na mente. Para conseguir que isto ocorra, é imprescindível colocar uma significativa energia mental no mesmo, não parando de tentar resolvê-lo, revisitando-o sem parar...

De outro modo, se você não proceder assim, ou seja, colocando o problema a seu lado, **não haverá nada para incubar!**

Em criatividade o esforço desenvolvido conta muito.

Uma pessoa que tornou isto muito claro foi Thomas A. Edison, que disse: **"Gênio é alguém com 1% de inspiração e 99% de transpiração."** E como um dos maiores inventores da história da civilização humana, ele sabia que isto é a pura verdade. De forma que se deve eliminar o péssimo hábito de achar que para pensar criativamente existem atalhos ou trajetos de percurso mínimo para chegar a idéias de ruptura.

Por isso não se pode parar de tentar até que finalmente surja um **Aha!**, aquela explosão de alegria pela confirmação de que o problema está resolvido...

CAP. 3 - Maus e Bons Hábitos e
Atitudes para a Criatividade

9º MAU HÁBITO

Não conseguir tolerar as pessoas com comportamento criativo.

É fato que as pessoas criativas são um tanto quanto esquisitas ou misteriosas. Sim, realmente é verdade!!! Mas isto não significa que existe o **mito da pessoa criativa**, melhor dizendo, que alguns indivíduos são criativos e outros não. O que realmente se constata é que quando as pessoas estão no processo criativo, seu comportamento muda e parece um pouco estranho para os outros.

Dessa maneira, saber tolerar o comportamento criativo – **o seu e o dos outros** – é uma necessidade se você, como gestor, desejar tirar algum proveito do pensamento criativo.

O pior é que alguns executivos, nas suas empresas no século XXI – que para alguns será a **era do cérebro**, isto é, da criatividade –, têm a coragem não só de desestimular a criatividade, como ainda repassam a seguinte mensagem aos seus funcionários: "Parem de pensar e preocupem-se em fazer o seu trabalho. Há alguém que está pensando por vocês..."

Tudo faz crer que este tipo de comunicado fundamenta-se no fato de que se você não está visivelmente produzindo algo tangível, então parece que está consumindo ou até desperdiçando o dinheiro que a empresa lhe paga.

No entanto, as idéias pela sua própria natureza são invisíveis e intangíveis. E aí vem a pergunta: Se no século XXI, em que para se ter um diferencial competitivo é preciso inovar, quando é que os empregados vão ter tempo para pensar?

Quando prestamos serviços de treinamento nas empresas, facilitando o desenvolvimento dos processos de qualidade, às vezes dá para suspeitar e até acreditar que o tempo do curso é a única oportunidade que os participantes têm para se envolverem completamente com o pensamento criativo.

Entretanto, é difícil acreditar que um treinamento de dois a quatro dias deflagre na empresa nos restantes dias do ano um ambiente fértil para a disseminação do pensamento criativo na organização...

Se este é o caso na sua companhia, se o pensamento criativo está reservado **apenas para ocasiões especiais** – quando se contrata um especialista em criatividade para conduzir uma sessão de treinamento –, então a empresa e a sua alta administração estão cometendo o **erro da tolerância.**

E aí, a fim de minimizar o mal-estar, a alta administração utiliza o termo **imersão** para denominar esse evento que comumente se desenvolve em dois ou três dias, geralmente em algum hotel.

Quanto aos altos executivos, um breve retiro (ou imersão) é a saída para fugir do ambiente tenso e intolerante da empresa, que não reconhece ainda (!?!?) o pensamento criativo como uma atividade de valor exercida pelo funcionário.

De fato, a receita eficaz é promover uma imersão em algum lugar retirado da organização, começando aí a fazer algum trabalho criativo e assim vencendo a intolerância.

Mas não se pode esquecer jamais que as empresas não conseguirão nunca algum lucro, a partir do potencial criativo dos seus empregados, até que os gestores diretos não comecem a encorajá-los e solicitar deles mais criatividade em lugar de criticá-los por estarem envolvidos em ações e pensamentos criativos.

É vital, pois, não só tolerar, mas ainda estimular o comportamento criativo nos empregados, caso a empresa queira ser bem-sucedida no século XXI!!!

ESCAPANDO DAS FRASES ASSASSINAS QUE MATAM AS IDÉIAS

A MORTE DAS IDÉIAS.

Um dos mais "inspirados" autores e divulgadores da Criática é Charles "Chic" Thompson, que junto com Lael Lyons lançou anos atrás o livro *Yes But...* editado no Brasil com o título de *Idéias em Ação – Como Superar os Obstáculos para Ser Criativo e Bem-Sucedido*.

Nele estão **as frases assassinas**, que despertam medo e geram terror no coração de todos aqueles com novas idéias, dispostos "a praticar" a Criática.

Aí vão algumas das piores frases assassinas da criatividade:

1. Sim, mas...

Aqui se dá com uma mão e se tira com a outra. A ação de liderança quando se quer possibilitar o diálogo é substituir o "Sim, mas..." por "Sim, e...".

Deve-se a todo custo, para estimular a criatividade, divergir, desviar ou neutralizar uma frase assassina antes que ela provoque danos irreversíveis.

2. A competição vai devorá-lo vivo!!!

Com essa "agressão" trituram-se muitas idéias e torna-se desnecessário a concorrência reagir pois não se deu possibilidade nem para tentar.

Uma ação de liderança é a de pacificar os agressores para ter tempo a fim de que a idéia seja implementada ao menos em alguma situação experimental.

3. Você percebe a papelada que esta idéia vai gerar?

Talvez realmente na sua idéia exista algum tipo de supérfluo ou redundância, ou ainda "encheção de lingüiça".

Elimine o que for possível, não desista, porém, da idéia. Ao contrário, reforce o seu ponto de vista mostrando os benefícios da sua idéia.

4. Não se pode lutar contra o governo.

O significado é óbvio: não discuta com a onipotência.

Na realidade, ninguém quer lutar contra o governo, mas sim ajudá-lo a administrar de forma mais eficiente e eficaz em tempos nos quais os paradigmas devem ser mudados.

É famosa a história de T.A. Edison que não conseguia o apoio do governo para substituir os lampiões a gás pela sua lâmpada a eletricidade.

Aí, ele achou a solução dizendo aos governantes: "Vocês poderão taxar o serviço!!!"

5. O que é que as pessoas vão dizer?

Com esta frase assassina, força-se a ter para o resto da vida o mesmo padrão que os outros, tanto pessoal como empresarial.

É necessário neste caso conseguir com que os outros visualizem um futuro bem-sucedido para se ter sua cooperação no intuito de implantar a sua idéia.

6. Sempre fizemos deste jeito.

Pois é, a tradição é admirável, contudo pessoas espertas ou empresas inovadoras são aquelas que sabem que a complacência certamente levará ao colapso.

Os tempos mudam, a tecnologia evolui, as necessidades são outras, as expectativas dos clientes não são as mesmas, e assim por diante.

Cabe à liderança mostrar que as maneiras antigas funcionaram bem no seu tempo e, como as coisas mudaram, só com novas idéias pode-se pensar em novos sucessos!!!

7. Você está muito à frente do seu tempo.

É claro que uma nova idéia é um pensamento que ainda não está enraizado num determinado tempo.

Dos computadores aos telefones celulares, dos aparelhos de barba (no lugar da navalha) aos televisores digitais, dos automóveis aos modernos aviões a jato, a maioria das grandes idéias sempre esteve à frente do seu tempo!!!

Todo aquele que quiser ser líder deve ter idéias que estejam no mínimo alguns anos à sua frente, e para se auto-encorajar deve seguir o conselho de Walt Disney: **"Se você pode sonhar com alguma coisa...pode realizá-la!!!"**

8. Você é muito jovem.

Esta frase assassina pode atacar-nos tanto de fora quanto de dentro...

A ação da liderança numa organização é a de evitar que isto influencie principalmente os funcionários jovens, e a atitude a tomar é a construção de uma empresa forte e confiante na capacidade de seus empregados, reconhecendo valor em todas as suas sugestões.

9. Sua hora já passou!!!

A resposta aqui pode ser simplesmente esta:

"Benjamin Franklin descobriu a eletricidade após a sua aposentadoria."

Aliás, a última coisa que envelhece no nosso corpo é o cérebro, portanto não se considere retrógrado jamais!!!

10. Tenho uma idéia melhor!!!

Lamentavelmente, esta frase assassina é terrível, em especial quando aquele que a profere pegou carona na sua idéia!!!

A frase: "Eu tenho uma idéia melhor", infelizmente mostra que há um jogo de poder na empresa, e todo bom líder é aquele que consegue oferecer campo livre para todos poderem experimentar as suas novas idéias.

11. Não vai funcionar nunca!!!

É imprescindível acabar com esta frase "achatadora" de idéias, e aí talvez valha a pena perguntar à "oposição" algo do tipo:

Onde você acha que isso vai funcionar melhor?

O que é necessário, no seu ponto de vista, para fazer funcionar essa idéia?

Será que poderíamos fazer ao menos um teste para ver o resultado?

Etc.

12. Já tentamos isso antes.

Esta é a expressão preferida dos pessimistas, dos negativistas, dos que não acreditam em progresso.

É vital não assustar os empregados novos com essa frase, até porque podem ter mudado as circunstâncias e agora essa idéia tem tudo para funcionar!!!

13. Vai dar mais trabalho do que merece.

Este é o lema dos derrotistas, ou seja, daqueles que não percebem que o esforço se justifica e que existirão muitas dificuldades se o problema não for resolvido.

Infelizmente, o que grande parte das pessoas mais teme numa empresa são as oscilações, as perturbações e os desequilíbrios.

É necessário uma ação de liderança para se modificar esse comportamento, mostrando que a solução criativa para um problema antigo terá benefícios para todos.

14. Não dá para ensinar truques novos a cachorro velho.

Na realidade, parece que ninguém perguntou isso ao cão, e no caso figurado da pessoa experiente isso é bastante inverídico, pois sempre é possível promover mudanças nas pessoas.

15. As pessoas não querem mudanças.

Cabe aqui a seguinte ação de liderança: **a destruição criativa** auxiliando as pessoas a escapar das idéias antigas para dar espaço às novas.

Além disso, é fundamental esclarecer a todos da organização que a manutenção do *statu quo* não é mais um porto seguro.

16. Não. *Nyet. No. Nein. Ner.*

Deve-se usar com bastante critério essa palavra tão forte, que coloca um ponto final em qualquer diálogo sobre a inovação.

Aliás, já temos uma significativa experiência em "não" adquirida dos nossos pais, que usaram muito mais o "não" do que o "sim" na nossa infância...

17. Por que eu disse sim!!!

Esta é a síndrome de culpa que assalta a humanidade desde o tempo de Adão e Eva, sendo a frase assassina mais antiga do mundo.

Os japoneses aplicam uma estratégia muito boa para evitar esse sentimento de culpa perguntando **"por que"** um problema está ocorrendo, e depois da resposta fazendo a pergunta **"Por quê?"** pelo menos mais quatro vezes.

Aplicando esta técnica geralmente não se fica com o remorso de se ter aprovado uma idéia!!!

18. Há! Há! Há! Há!

O escárnio, o ridículo e o riso sobre a sua idéia, sem dúvida abalam qualquer um.

Porém aí o que vale é tomar como exemplo que nos anos 50 do século XX, os EUA riram da qualidade das empresas no Japão, e nos anos 90 o seu mercado estava inundado com artigos da Toyota, Sony, Nintendo, etc., de muito melhor qualidade que os similares norte-americanos.

Sempre que houver muitos risos sobre a sua idéia é muito provável que ela tenha alguma coisa extremamente interessante...

19. Idéias dão mais que chuchu na serra.

Ninguém pode ignorar as novas idéias, pois parece que aí acontece o que diz o famoso cineasta Steven Spielberg:

"Se você não usa suas idéias, elas pulam para fora de sua cabeça e entram na de outra pessoa. Provavelmente nas de seus concorrentes."

20. Não seja ridículo.

Uma das formas de se chegar à criatividade é através das proposições "aparentemente" ridículas como:

"E se transmitíssemos notícias pela televisão vinte e quatro horas por dia, sete dias na semana?"

Algumas décadas atrás, muitos riram de Ted Turner, que depois ficaria bilionário com o seu canal de notícias CNN, transmitindo notícias o dia inteiro...

21. Você e mais que exército de pessoas vão cuidar disso?

Realmente, ninguém pode dar idéias e esquecer dos recursos necessários para implementá-las.

Para que se tenha sucesso num grande projeto, convém antes obter pequenos sucessos em partes dele.

22. Parece coisa que meus filhos diriam.

Esta frase assassina tende a igualá-lo com idéias que neurônios de crianças seriam capazes de elaborar.

Mas isto não deve deixá-lo ofendido, pois hoje a perspectiva descompromissada da criança tem direcionado muitas iniciativas tanto no setor privado como no público, principalmente nos segmentos de turismo, alimentação, moda e música.

23. Por que não vai para casa mais cedo hoje?

Com esta proposta alguém está sugerindo que você descanse e deixe de lado a sua **idéia louca**.

No entanto ele esquece, e está comprovado que a maioria das grandes idéias aparece fora do ambiente de trabalho, a saber, pela ordem de importância:

> I. Sentado no banheiro!
> II. Fazendo a barba ou se lavando no chuveiro.
> III. Indo e vindo do trabalho.
> IV. Adormecendo ou acordando.
> V. Durante uma reunião chata.
> VI. Lendo por pura distração.
> VII. Fazendo algum exercício.
> VIII. Acordando no meio da noite.
> IX. Ouvindo sermão na igreja.
> X. Fazendo algum trabalho manual.

Dessa maneira, ao sugerir-lhe que vá para casa, a pessoa está lhe dando uma grande oportunidade de ter mais momentos num ambiente adequado ao surgimento de boas idéias.

24. Não é responsabilidade sua.

Todos aqueles que querem fazer alguma que esteja um pouco fora de seus limites, isto é, das suas paredes ("sair da caixa"), acabam ouvindo algo do tipo: "isso não é do seu departamento", "deixe os outros caras se arriscarem", "não é problema seu", etc.

Empresas visionárias como a General Electric, Hewlett Packard, 3M, etc., ao contrário, estão estimulando cada vez mais que se partilhem opiniões e que todos os seus funcionários expressem seu pensamento sem restrições de fronteira.

25. Não perca seu tempo pensando.

É demais ouvir esta! Será que sempre continuarei a ser **mão-de-obra** em lugar de ser um **cabeça-de-obra ou mente-de-obra**?

As empresas vencedoras não procedem mais desse jeito. Ao contrário, buscam juntar as idéias de todos para criar uma solução de equipe. Equipes com poderes (*empowerment*) sempre procuram – e atingem – os padrões mais altos.

26. O chefe nunca vai apoiar essa idéia!!!

Pois é, parece um espetáculo do tempo do imperador Nero apontando o polegar para baixo.

O gerente-líder deve ser uma ponte para a inovação, estimulando o pensamento divergente, demonstrando claramente o seu engajamento na sua idéia, e que ele não possui todas as respostas corretas.

27. Quem disse?

Aí vale a pena seguir o conselho de Jack Welch, o mais importante executivo da General Electric do século XX, orgulho dos norte-americanos por ser uma empresa de sucesso que sempre deu lucro durante as quase duas décadas de sua gestão:

"Gerentes que não acreditam em delegação de poderes, em gerência participativa e em colaboração estão fora da G.E. Aqui todos devem ter o direito de dar idéias e não apenas o *staff* gerencial!!!"

28. Não temos gente para isso.

De fato, às vezes basta um funcionário negativo para afundar boas idéias vindas de muitos colaboradores que têm capacidade para fazer "mais com menos através de novos enfoques".

29. Grande idéia, porém não para nós!!!

É vital poder vislumbrar um campo maior de aplicações para as idéias, criando inclusive condições para aplicá-las em outros ambientes.

30. Não está no orçamento.

Esta é a resposta favorita dos burocratas. A ação de liderança é a de instituir na organização um ambiente empreendedor para pelo menos se ter a seguinte opção:

"Temos verba para um teste ou para um protótipo."

31. Apresente-me isso por escrito.

É essencial fazer com que esta frase não seja assassina, mas sim que corresponda a uma estratégia objetiva para submeter uma idéia a uma análise formal.

Mas deve-se também criar um esquema que permita apresentar a idéia de uma maneira fácil de ler, e que o tempo para a sua análise seja curto.

32. "..."

Você conhece, ou então já viveu a situação na qual após apresentar a sua idéia, o que percebe naqueles que o ouviram é: um olhar fixo ou um virar de olhos, ou ainda um torcer a boca, ou até alguém mover a mão para cobrir o rosto...

Quando você apresentar alguma idéia identifique a reação, permita até o silêncio, porém atue prontamente para ter alguma opinião verbal sobre a mesma.

33. Eu dou um retorno a você.

Esta frase assassina equivale a um botão de controle que provavelmente demorará a ser acionado. Muitas vezes, para que ele seja acionado é preciso insistir, dando explicações adicionais sobre a idéia.

34. Forme uma comissão para analisar esse assunto.

A ação de liderança visa a formar comissões simples, pequenas, e que tenham uma meta específica para a apresentação final de uma idéia a fim de resolver um dado problema.

Uma coisa muito importante é convidar aquele que sugeriu a constituição da comissão para fazer parte da mesma.

É vital evitar comissão que só analisa, analisa...e continua analisando!!!

35. Se não estiver quebrado, não tente consertar.

É necessário romper este bloqueio, caso contrário a competição o fará.

O "fator-surpresa" é uma das grandes vantagens de todo lançamento de produto novo. É preciso mudar o que não "quebrou ainda", pois o cliente quer sempre o inesperado e produtos mais estimulantes.

Neste sentido, é precioso o conselho de Robert J. Kriegel & Louis Patler que escreveram um livro com o título *If it ain't Broke... Break it!* (*Se não estiver quebrado...quebre-o*): "... mesmo que algo não esteja quebrado hoje, estará amanhã.

As inovações de hoje são as antiguidades de amanhã."

36. Não balance o barco.

Este é o aviso que comumente recebe aquele que quer montar uma nova rota em águas turbulentas, achando que com a sua idéia a navegação poderá se tornar mais tranqüila.

E aí a ação da liderança para contemporizar essa metáfora de "não balançar" é a de esclarecer para todos que a **punição pela inércia é maior do que a punição pela ação.**

37. Não me convence com esta!!!

Realmente, é comum que as idéias estranhas espantem muita gente como, por exemplo, papel higiênico para usar dos dois lados, cofre comunitário, flores que dançam com estímulo elétrico, etc., porém isto não é tão ruim porque uma das características de uma provável idéia vencedora é o seu apelo.

38. Deixe-me bancar o advogado do diabo.

Esta é uma terrível frase assassina quando aquele que a diz procura de todas as formas destacar os pontos negativos da sua idéia, salientando que você não levou em conta várias coisas, que a idéia se implementada vai trazer problemas, e finalmente termina falando: "Que diabo que você está pretendendo!!!"

Contudo, não se deve desistir, visto que a verdade surge do choque de idéias adversas.

39. A última pessoa que disse isso não está mais aqui.

Para espantar os imaginativos, um dos artifícios é a atemorização.

O consolo é que muitas "últimas pessoas" estão hoje vivendo e trabalhando mais felizes em outras empresas, pois naquela em que deram a idéia foram realmente flechadas...

40. Não satisfaz nossos padrões de qualidade.

Pois é, aqueles que não querem mudar defendem-se invocando a ISO 9.000, ISO 14.000, o dr. W. E. Deming, o Prêmio Nacional da Qualidade, etc., ou então procurando nos gozar em relação à idéia apresentada dizendo: **"Há! Há! Há! Este é o resultado da sua estada no Seminário de Criatividade na semana passada!?!?!"**

3.3

USANDO A INCERTEZA POSITIVA (IP)

H. B. Gelatt é um conferencista bastante conhecido nos EUA, sendo sua especialidade a tomada de decisão e a orientação para uma carreira profissional. Ele é o autor do original livro *Tomando Decisões de Maneira Criativa Usando a Incerteza Positiva*.

Nesse trabalho, H. B. Gelatt, de maneira muito didática, ensina como usar tanto as técnicas **racionais** quanto as **intuitivas** para tomar as melhores decisões.

O mestre e doutor em psicologia pela Universidade de Stanford, H. B. Gelatt, diz: " A vida é como um rio, e cada um de nós toma decisões todos os dias sobre como navegá-lo.

A maneira como o rio flui está mudando.

No passado, o rio geralmente era **calmo**, um tanto **previsível** e **moderadamente administrável**.

Nosso rio está mudando e nosso modo de navegá-lo também deveria estar.

A vida no novo rio significa que precisamos aprender não apenas a esperar a mudança e reagir a ela, mas também a **imaginar a mudança e criá-la**.

Assim, acredito que devemos mesmo usar um novo processo, que denomino de **incerteza positiva (IP)**, para tomar boas decisões nestes tempos de mudança.

A **incerteza** inclusive descreve as condições atuais do rio da vida.

O tomador de decisões bem-sucedido, navegando no rio, precisa ser compreendido, aceito, e ser positivo até sobre a incerteza.

No processo da IP desenvolvo uma abordagem que usa todo o cérebro e que permite planejar o futuro de cada um(a)."

H. B. Gelatt apresenta na realidade um processo **dois por quatro**, ou seja, ele se fundamenta em duas **atitudes**:

1. aceitar o passado, o presente e o futuro com incertezas;
2. adotar uma atitude positiva acerca da incerteza e de quatro **fatores** (ou fatos):
   I. o que você quer;
   II. o que você sabe;
   III. em que você acredita;
   IV. o que você faz.

A IP usa estas atitudes e fatores para gerar flexibilidade e equilíbrio.

Ela faz isto combinando a abordagem tradicional, linear, racional do cérebro esquerdo, com a abordagem criativa, não-linear, instintiva do cérebro direito, criando um conjunto de princípios ambíguos e paradoxais para o planejamento e a decisão.

As estratégias tradicionais para tomadas de decisão salientam que quando se está tomando uma decisão é preciso:

→ direcionar-se, estabelecendo metas claras;

→ estar informado, através da coleta de fatos relevantes;

→ ser objetivo, prevendo resultado mais prováveis;

→ ser prático, pela escolha racional de nossas ações.

A IP sugere quatro variações criativas, mas paradoxais, desses procedimentos tradicionais e racionais, como sendo princípios modernos e equilibrados:

- ✔ **direcionar-se** e ser **flexível** (abordamos este conceito em detalhes no Capítulo 4);
- ✔ estar **bem informado** e ser **prudente**;
- ✔ ser **objetivo** e **otimista;**
- ✔ ser **prático** e **mágico.**

Estas variações derivam de quatro fatores e de duas atitudes. Esses fatores se tornarão os quatro princípios paradoxais da IP.

ANÁLISE DOS QUATRO PRINCÍPIOS PARADOXAIS

I. Direcione-se e seja flexível acerca daquilo que você quer.

Você se recorda do rio da vida?

Quando flutua em águas calmas, você é capaz de ver seu objetivo com clareza e suas opções podem ser bem-definidas. Entretanto, nas corredeiras caóticas, você poderá ser forçado a mudar de objetivos diversas vezes e ficar até incapacitado para considerar todas as suas opções.

Para navegar com habilidade pelos dois tipos de corrente, você necessita tanto de **foco** quanto de **flexibilidade**. Ser direcionado e flexível é como ser positivo e não ter certeza.

É um paradoxo por definição; parece contraditório, mas ainda assim pode ser verdadeiro. Na realidade, trata-se de buscar a **feliz coincidência**. Ela exige que você busque algo (direcione-se), mas que também seja receptivo a algo diferente (seja flexível).

Estando direcionado e sendo flexível, você pode, na verdade, "provocar" a descoberta de uma feliz coincidência que alguns também chamam de **serendipidade**.

Saber o que se quer sempre foi uma coisa difícil. Não saber o que se quer pode ser uma séria desvantagem; mas se você acredita **que é,** isto pode fazer com que **finja que sabe**, e isto sim é efetivamente uma **séria desvantagem**.

Ser equilibrado na determinação de metas significa ser flexível quanto ao seu foco. Em outras palavras, você pode planejar, mas deve estar aberto para mudar os seus planos.

Um conselho ambíguo é o seguinte: **saiba o que você quer, mas não tenha tanta certeza**.

Uma maneira de saber se o que você quer é aquilo que você realmente quer é não ter muita certeza!?!? Se ficar meio inseguro sobre as metas, você estará mais propenso a reavaliá-las freqüentemente. Estabelecer metas e objetivos é correto.

Propósito antes da ação e olhar bem antes de saltar são comportamentos inteligentes e até mesmo lógicos.

Todavia, numa sociedade mais turbulenta, esta prática direcionada e razoável precisa ser **suplementad**a com um comportamento flexível e inclusive meio tolo, para que os indivíduos e as organizações possam agir na ausência de uma meta clara, ou mudar sua meta no meio do percurso.

Às vezes você precisa ser capaz de fazer coisas para as quais não dispõe de um bom motivo. Ou com a finalidade de descobrir um bom motivo!!!

II. Esteja bem informado e seja prudente quanto àquilo que você sabe.

Mark Twain poderia estar falando a respeito de IP quando disse: " Não é aquilo que você não sabe que o coloca em enrascadas. É aquilo de que você tem certeza absoluta, e que não é bem assim."

Numa sociedade rica em informações, o que você sabe com certeza hoje pode não ser verdadeiro amanhã. É importante estar ciente daquilo que você sabe e do que não sabe. A informação sustenta nossas vidas e nosso trabalho. No entanto, ser bem informado pode não ser tudo que é necessário.

O que você sabe ou precisa saber exige mais do que simplesmente ter informação. Isto ocorre porque a informação, hoje em dia, nem sempre é "amigável".

Freqüentemente ela é uma desinformação: incompleta, tendenciosa, inconfiável, irrelevante, subjetiva, e nunca independente de valores, sejam eles seus ou de outra pessoa qualquer.

Todos os dias você recebe informações que não solicitou, não queria, não são do seu interesse, e o pior é que constantemente as pessoas acabam usando essas informações nas suas decisões até sem perceber.

A tomada de decisão consiste no processo de organizar e reorganizar a informação para uma escolha de ação. Na realidade, o que cada um faz para efetivar a escolha é organizar e reorganizar a informação que obtém, com outras informações de que já dispõe e com aquilo que ele quer e acredita.

Não se deve esquecer que a informação muda a mente e vice-versa. Na sua mente você seleciona, nega, filtra, distorce, exagera, projeta, racionaliza e reprime a informação. Ela censura a informação das suas percepções do momento e de memórias distantes.

Desta maneira, você "usa" a informação para obter o que deseja. Mas às vezes nossa mente muda a informação.

A mente pode tratar os fatos com imaginação, mas o computador não. A mente não-linear é um instrumento admirável para processamento. E provavelmente ela não será substituída por computadores-robôs porque, como a NASA destaca:

"Os humanos são o sistema de computação não-linear para uso geral, mais barato e leve que pode ser produzido em massa por mão-de-obra não-especializada."

Richard Wurman, no seu livro *Information Anxiety,* nos diz que uma edição de um dia útil do jornal *The New York Times* contém mais informação do que uma pessoa média poderia encontrar em toda a sua vida, na Inglaterra do século XVII.

Este **excesso de informação** cria uma lacuna sempre crescente entre o que entendemos e aquilo que pensamos que devemos entender.

Produz aquilo que Wurman chama de **ansiedade de informação**.

A ansiedade de informação pode ser o resultado tanto de excesso quanto de falta de informação. Parece que a ignorância é o melhor antídoto para esta ansiedade, diz Wurman.

Ser capaz de admitir que você não sabe é uma **liberação**.

Isto nos leva ao seguinte conselho ambíguo da IP: **conhecimento é poder e ignorância é uma benção!!!**

> *"Para obter conhecimento, adicione coisas todos os dias. Para obter sabedoria, retire coisas todos os dias."*

Ter a mente cheia de conhecimento é obviamente uma vantagem poderosa. Mas quando o conhecimento duplica em intervalos de tempo cada vez mais curtos e se torna rapidamente obsoleto, manter a mente aberta é, naturalmente, **uma vantagem**.

A mente aberta é receptiva. A mente não-receptiva, mesmo que esteja cheia, está fechada. Esta é a chave para a IP.

A ignorância é uma bênção porque é o estado ideal para aprender!!! Se você for capaz de admitir que não sabe, é mais provável que faça as perguntas que o farão aprender.

A IP requer efetivamente um equilíbrio paradoxal. Quanto mais você sabe, mais percebe que não sabe. A chave é aceitar esta incerteza mas não se deixar paralisar por ela.

Não saber com absoluta certeza abre a oportunidade para adquirir novos conhecimentos.

O equilíbrio entre estar bem informado e ser prudente requer a habilidade de aprender e desaprender.

Este principio paradoxal não é novo, mas agora é totalmente necessário.

Não esqueça, por isto, o pensamento de Lao-Tsé: "Para obter conhecimento, adicione coisas todos os dias. Para obter sabedoria, retire coisas todos os dias."

III. Seja objetivo e otimista quanto àquilo em que você acredita.

A realidade é aquilo que acreditamos ser verdadeiro. Aquilo que acreditamos ser verdadeiro é aquilo em que acreditamos.

A vida inclusive pode ser realmente uma profecia auto-realizável.

Se achar que pode, você pode; se você achar que não pode, está certo também.

Tudo começa com uma convicção. Porém é necessário ter bastante equilíbrio entre o fato e a fantasia. Ser objetivo não ficou obsoleto, mas não é mais suficiente.

A **subjetividade irracional** pode ser uma vantagem: ela pode deixá-lo perdido ou induzir a um otimismo irrealista sobre o futuro.

Um otimismo irrealista faz parte de uma mente sadia, que às vezes precisa distorcer a realidade para poder ajustar-se a ela com sucesso.

Se não se pode nem se deve ser sempre racionalmente objetivo, é bom aprender a ser, às vezes, **otimista de forma irrealista**.

O mote da Escola de Polícia Científica de Paris é: "Os olhos vêem aquilo que procuram, e eles procuram aquilo que já está na mente."

E a IP afirma: "O **eu** de cada um faz coisas que ele acredita que pode fazer, e aquilo que acredita que pode fazer é aquilo que ele opta por acreditar."

O que você opta por acreditar é assunto de cada um. Assim, o conselho ambíguo é: **a realidade está nos olhos e no eu daquele que a vê**.

Se a sua visão e imagem sobre o futuro são muito importantes, é essencial que saiba quais são elas!!! Neste sentido, conhecer suas crenças torna-se uma poderosa ferramenta para planejar e criar o seu futuro. Conhecer, contudo, envolve duas partes de sua mente: **consciente** e **inconsciente**, racional e intuitiva, cognitiva e imaginativa.

A maioria das pessoas usa mais o lado direito ou o esquerdo do cérebro. A maneira relativamente simples para interligar as duas metades, para descobrir a sua visão futura ou desenvolvê-la, é a **metáfora**.

Uma metáfora atribui a uma coisa aquilo que ela não é. Por exemplo: **"O futuro é um enorme rio."**

Através de metáfora podemos criar uma nova linguagem, mais poética e menos científica para a discussão da vida e do nosso futuro. Assim, voltando ao enorme rio, podemos dizer que a grande força da história flui, carregando-nos com ela.

O curso de um rio pode ser alterado, porém apenas por desastres da natureza, tais como terremotos e avalanches, ou por enormes esforços humanos através do uso da engenharia. Entretanto, somos livres como indivíduos para nos adaptar, bem ou mal, ao uso da história.

Olhando à frente, podemos evitar bancos de areia e redemoinhos, e escolher os melhores trajetos entre as corredeiras.

Poderia o(a) leitor(a) ajustar a sua visão do futuro a cada uma das seguintes metáforas:

a) montanha russa;

b) grande oceano;

c) imenso jogo de dados?

Como uma pequena "dica", poder-se-ia dizer no caso **c** que como tudo é uma questão de sorte, o que podemos fazer é jogar o jogo, rezar aos deuses da fortuna e desfrutar de qualquer "boa sorte" que cruze nosso caminho.

Evidentemente o futuro não existe, exceto em sua mente, mas você é capaz de mudar o futuro bem atrás de seus olhos...

Provavelmente não há nada mais poderoso e que proporcione mais poder do que aquilo que você acredita sobre si mesmo e seu futuro.

Otimismo é uma crença que pode ser aprendida. Atualmente existem evidências científicas de que o **otimismo** tem uma importância vital.

Agora existem evidências científicas de que o otimismo tem uma importância fundamental na melhoria da saúde física e mental, superando a derrota e promovendo realizações. A criação do seu futuro exige que você **o sonhe e o faça**.

Se puder aperfeiçoar sua capacidade de sonhar, você poderá melhorar sua realização. A atividade de sonhar não é realizada no cérebro esquerdo; assim sendo, ela é negligenciada. Entretanto, existem realmente alguns bons motivos para aprender a ser um bom sonhador.

Sonhos se tornam realidade, até mesmo os impossíveis. Talvez se sonhássemos mais sonhos impossíveis teríamos mais deles se tornando realidade. Além disso, se praticássemos sonhar mais, teríamos mais sonhos impossíveis!!!

IV. Seja prático e mágico quanto àquilo que você faz.

O quarto princípio paradoxal aborda o que você faz para decidir o que fazer. Trata, pois, dos métodos, das regras ou procedimentos usados para tomar decisões. E aí vale o "conselho" de Ashleigh Brilliant: "Não faça nada que não deva fazer, a menos que tenha um bom motivo para fazê-lo."

A melhor prescrição para uma pessoa saudável que toma decisões não é parar de tomar decisões, mas abandonar o medo e o *stress* que geralmente estão associados a elas.

A prescrição da IP é no sentido de inserir alguma alegria na decisão, isto é, seja sempre **prático** e **mágico** sobre o que você faz para decidir.

Ser prático significa ser empresarial, sensato, razoável e "pé-no-chão", vale dizer, usar o lado racional da sua mente.

Ser mágico significa mistério, ser prazeroso, fácil e "sopa-no-mel", ou seja, usar o lado intuitivo do cérebro (hemisfério direito).

O princípio **o que você faz**, embora seja a culminação do processo de tomada de decisão, está interligado com os outros princípios da IP. Os quatro princípios básicos não podem ser separados na prática (Figura 3.1).

Essa interligação entre os quatro fatores de decisão **torna impossível** examinar apenas um fator de cada vez; não é possível separar **o que** você faz de **olhar** o que você está fazendo.

Por exemplo, no minuto em que em você decide que o que faz realmente faz uma diferença, isto fará uma diferença naquilo que você faz.

Ser prático e mágico é **ser interligado**, é usar todo o cérebro.

Precisamos aprender a usar todos os nossos poderes criativos quando decidimos o que fazer. Devemos aprender a usar os dois lados do nosso cérebro como se fossem parceiros, porque eles são.

Necessitamos aprender a jogar com as limitações de nossa lógica e a jogar com a inexistência de limites de nossa intuição. Isto é ser prático e mágico.

> *Ser prático e mágico é ser interligado, é usar todo o cérebro.*

O lado prático joga **dentro** de limites, e o lado mágico joga **com** os limites.

O futuro não existe; ele precisa ser inventado e construído. Você tem duas escolhas: fazer o futuro acontecer ou ficar olhando ele acontecer.

A IP sugere que aqueles que tomam decisões devem encontrar um equilíbrio entre fazer e ficar olhando. Trata-se, pois, de um equilíbrio entre aprender a planejar (estabelecer metas, determinar estratégias, prever resultados) e planejar para aprender (esperar mudanças, visualizar mudanças, provocar mudanças).

Aliás, o conselho ambíguo é agora: **aprenda a planejar e planeje para aprender**.

E tal como os demais conselhos ambíguos da IP, para implementar este último é necessário que cada pessoa use os dois lados do cérebro a fim de obter o todo!!! (sobre o que já insistimos bastante no Capítulo 1).

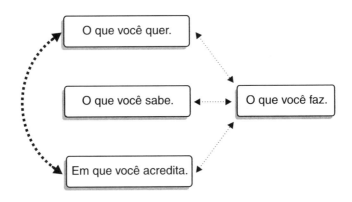

Figura 3.1 – Interconexão dos quatro fatores.

3.4 ANÁLISE DA VIDA DO NINGUÉM

A mais difícil, a mais corajosa decisão que um brasileiro (ou qualquer ser humano) tomará provavelmente na sua vida é admitir que ele ou ela é um Ninguém. Não é necessária nenhuma coragem para fingir ser Alguém.

Isto é fácil!!! Qualquer um pode fazê-lo, e a maioria de nós o faz...

Mas juntar seus amigos e parentes, fechar as portas, divulgar na Internet admitindo que você é um Ninguém e que o tem sido por um longo, longo tempo e pode assim continuar – **para isto é preciso ter coragem!!!**

A você se oferece, com este livro, a possibilidade ainda de se "limpar", e através da criatividade transformar-se em Alguém (basta, para começar, abandonar os maus hábitos).

→ Você já meditou sobre este "poeminha" de Emily Dickinson?

"Eu não sou Ninguém! Quem é você?
Você não é Ninguém também?
Então há um par de nós dois – não diga!
Eles nos baniriam, você sabe.

Quão desanimado é ser Alguém!
Quão público, como um sapo
a dizer seu nome o dia inteiro
para um pântano como admirador!"

→ Você já refletiu sobre a versão religiosa para o Ninguém?

"Qualquer trabalho de Ninguém será revelado: o dia o revelará, porque ele será revelado pelo fogo; o fogo testará o trabalho de cada homem, dos simples e poderosos da mesma forma, para ver que tipo de qualidade nós temos."

(Coríntios 3:13, adaptação).

→ Você já raciocinou sobre as "dúvidas" de Bertold Brecht?

"Quem construiu as sete torres de Tebas?
Os livros estão cheios de nomes de reis.
Foram reis que arrastaram os blocos de pedra?
Na noite em que a muralha da China foi concluída
Aonde foram os pedreiros..."

→ E, finalmente, já analisou o que disse Mike Lefèvre?:

"Alguém construiu as pirâmides. Alguém vai construir alguma coisa. Pirâmides, as Torres Petronas, etc. – estas coisas não acontecem simplesmente. Há trabalho por detrás delas. Gostaria de ver num lado das Torres Petronas uma tira de 2 metros, do topo ao chão, com o nome de cada pedreiro, encanador, serralheiro, eletricista, etc., enfim os nomes de todos eles."

Antes de analisar o perfil do ninguém, é importante destacar esta frase que apareceu no *The Geographical History of America* (1936), de autoria de Gertrude Stein:

"Nos EUA há mais espaço onde está um Ninguém do que onde está o Alguém. Isto é que faz com que a América seja o que é!!!"

Profundo, não? **O que é um Ninguém, afinal?**

Tecnicamente, não há tal coisa. Devido ao fato de que Ninguém não existe, Ninguém é uma não-entidade. Uma não-entidade não pode ser percebida. Um Ninguém nunca recebe um *e-mail* ou atende um telefone (se bem que isto está ficando cada vez mais difícil de acontecer...). Aqueles que afirmam que nenhuma pessoa é um Ninguém estão corretos. Tecnicamente!!!

É somente mais um dos fenômenos que são tecnicamente corretos, porém não verdadeiros.

Existem momentos definidos em que nós sentimos que não estamos lá, quando sentimos como se não existíssemos no que tange ao resto do mundo.

Ser um Ninguém é uma percepção pessoal, alguma coisa que sentimos sobre nós mesmos ou algo que sentimos que os outros sentem por nós.

Há momentos em que todo mundo se sente sem força para controlar seu destino. Algumas vezes, parece que nossas vidas foram suspensas. É claro, não interessa quem você é quando está lidando, por exemplo, com o governo.

Aí vão algumas máximas (ou melhor, mínimas) aplicadas a Ninguém:

1. Toda vez que eu vou a uma festa, o anfitrião fica com o meu casaco e me pendura no armário.

2. Eu sou tão fracassado e sem importância que meus cheques por desemprego são enviados ao endereço: "A quem possa interessar".

3. Eu estive na prisão pelos últimos 13 anos e ninguém sentiu minha falta ainda.

4. Minha filha de 3 anos olhou a nossa foto de casamento e perguntou: "Quem é aquele(a) rapaz(moça) com a(o) mamãe(papai)?"

5. Eu poderia deixar minha casa e família e ninguém notaria até que a geladeira estivesse vazia.

6. Quando volto para casa o cão não me reconhece...

Chega, não é deprimente?

Realmente, ser um Ninguém é sentir-se sem poder ou ignorado em uma situação particular – você é desconhecido, não é amado, não é apreciado. É como sentir que se você não estivesse lá não faria nenhuma diferença.

Porém, muitos de nós não gostamos de nos sentir como Ninguém. Queremos nos sentir especiais, parecer especiais, mesmo se não somos realmente especiais. Queremos parecer como contássemos, como se fizéssemos uma diferença.

Parafraseando um filósofo francês "semifamoso", eu sou como as outras pessoas pensam que sou. Se outras pessoas pensam que eu sou especial, então eu sou especial.

Uma maneira não-simples de se tornar especial é se você **for criativo**.

De qualquer forma, ser um Ninguém não é obrigatoriamente sinônimo de ser fracassado. Existem muito "Ninguéns" bem-remunerados.

O fotógrafo raramente recebe atenção na mesma proporção que o fotografado.

Um Ninguém não é exatamente um perdedor, porém geralmente é um ganhador não-reconhecido.

Atrás de cada Alguém sendo lisonjeado por uma turma de aduladores, existem dezenas de milhares de Ninguéns, cada um fazendo uma contribuição que é adicionada ao resultado final, pelo qual um Alguém leva todo o crédito.

Isto não é nada correto!!!

Isto tem de mudar!!!

Todavia, não é tão fácil ser Alguém. Os talentosos carregam um tremendo fardo através da vida, porque muito é esperado deles. Eles estão sempre no centro das atenções, sempre têm de estar no seu melhor. Eles sempre devem estar entretendo e ensinando, querendo ou não. Ao contrário dos Ninguéns, eles não podem aproveitar a euforia de serem cansativos ou não-criativos. A idiotice é uma dádiva. Um Alguém tem sempre de estar produzindo; a pressão está sempre lá, a cada minuto, a cada dia.

Mas mesmo que os Alguéns se sintam extenuados, os Ninguéns estão sempre lá, ansiosos para carregar esse peso. Alguéns nunca deveriam ser complacentes. Aqueles que distribuem fama logo a perdem. O caminho da fama é uma via expressa de duas mãos, sem limite de velocidade em qualquer sentido.

Nem os Ninguéns nem os Alguéns são mais importantes uns que os outros. Alguéns servem não somente para inspirar os Ninguéns, como também para lhes dar direção, liderança e a organização de que eles precisam para focalizar a sua energia para um objetivo. Sem a liderança e inspiração fornecida pelos Alguéns, os Ninguéns se desintegrariam em uma turba desorganizada. Mas sem os Ninguéns, os Alguéns não teriam a força humana necessária para conseguir nada ou não teriam ninguém para os aplaudir quando conseguissem sucesso nas empreitadas. E sem aplauso, por que um Alguém faria algo?

Os Ninguéns servem como um pano de fundo para a notoriedade, dão definição e dimensão à fama, geram o ponto de referência. Na verdade, é deles que provêm os Alguéns, eles é que conferem a fama.

Há os Bill Gates, as Chers, os Pelés e as Hillary Clinton. Mas quem produz, a menos que estejam em greve, são os Ninguéns.

Porém, não é tudo sacrifício e falta de reconhecimento. Existem até certos benefícios de ser um Ninguém.

Enquanto a prisão de ventre é normalmente o preço do poder, a "regularidade" é o ganho de ser um Ninguém. Foi descoberto que o uso de laxantes decresce na proporção direta do aumento do anonimato. Ninguéns verdadeiros demonstram uma ausência de pressão alta e úlceras. Ninguéns têm uma taxa muito baixa de insônia. Ninguéns sempre tiram suas férias na totalidade. Mentalmente, eles estão quase sempre longe do trabalho. Um Ninguém preferiria descansar a lutar.

Dentre os Ninguéns, nós sempre encontraremos o instinto de ficar em alguma posição intermediária, de transformar vitória ou derrota em alguma coisa menos decisiva.

A concepção de um Ninguém normalmente começa com alguma herança genética, é alimentada por exemplos paternos em casa, e é reforçada e praticada na escola com colegas durante o recreio e professores do tipo "Ninguém".

Um Ninguém aprende logo a se posicionar cuidadosamente e assim, por exemplo numa festa, um núcleo de Alguéns quase sempre ficará perto do bar. Um Ninguém deve ficar longe de tais centros de poder, como se houvesse uma doença contagiosa mortal ameaçando-o – **a notoriedade.**

Cantos e localizações centrais devem ser evitados. Para um anonimato máximo, um Ninguém deve ficar em algum lugar entre o canto e o meio da sala. Aquele que se achar inadvertidamente no canto deve fazer todo esforço para se livrar desta posição sem chamar a atenção. Um Ninguém deve cuidadosamente estudar o *lay-out* de cada situação para determinar as áreas de menos visibilidade, também conhecidas como regiões de **"nenhum interesse"**.

Em uma situação típica de escritório, é melhor permitir aos seus colegas tanto quanto for possível de espaço e quanto menos possível para você, de modo que seus pares se sintam no comando.

A cor é uma das formas mais simples de se manter no anonimato. Em casa ou no trabalho, evite azul-claro e fique longe do vermelho. Amarelo-pálido é uma ótima cor, como são o bege e o castanho. A melhor combinação de cores é bege e castanho, para demonstrar neutralidade, com um pequeno tom de amarelo para comunicar falta de agressividade. Decoração não-chamativa também pode ser usada para estabelecer efetivamente a irrelevância.

Muitas pessoas assumem que Ninguéns se vestem fora de moda. Isto simplesmente não é verdade. A maioria dos Ninguéns não se veste nem bem nem mal. Isto é o que os faz Ninguéns, a habilidade de ser indefinido. Nada sobre o modo como se vestem chama a atenção sobre eles. Eles estão vestidos apropriadamente para cada ocasião, nem mais nem menos, de forma que não são notados por excelência ou desleixo. Ninguéns se misturam facilmente. Eles são camaleões sociais, mestres de camuflagem.

Pés são importantes. Um Ninguém nunca deve sentar com os seus pés plantados firmemente no solo. Tal posição pode projetar uma falsa noção de influência ou poder. As pernas devem estar cruzadas, quando sentados. É importante que os sapatos de um Ninguém nunca estejam muito bem-engraxados. Lembre-se: são as pequenas coisas que contam, que se somam para gerar a falta total de uma impressão.

Suas meias devem ser um tanto curtas, de forma que quando você cruze as pernas um pouco da pele fique exposta...

Certas pessoas parecem ter nascido sabendo como ser anônimas. Um Ninguém na piscina ou na praia não deve fazer nada para chamar a atenção para si mesmo. Ele deve ter a pele neutra, nem branca nem bronzeada. Nem deve ser muito gordo ou magro. O traje de banho não deve ser muito modesto ou extravagante. Em outras palavras, um Ninguém na praia não deve formar ondas!!!

É importante ser indeciso. Melhor deixar o Alguém tomar a decisão, particularmente se ela é impopular. É uma máxima do Ninguém: "Deixe Alguém levar a fama, mas também a culpa." Um Ninguém pode ocasionalmente tomar uma decisão, mas é melhor vacilar por tanto tempo que qualquer decisão se torne irrelevante. Depois de um certo tempo, não haverá quem lhe peça para tomar decisões, que é a situação ótima para o Ninguém.

Há tentações constantes. Você é inadvertidamente levado para a melhor mesa de um restaurante. O m*aître* ou não olhou bem para você ou o confundiu com outra pessoa – acontece o tempo todo. Polidamente, mas com firmeza, recuse-se a sentar lá!

Peça uma mesa obscura perto da cozinha. Ofereça-se para esperar, se ela não estiver disponível. Não é fácil ser um Ninguém; você tem de trabalhar nisto. Você tem de estar sempre atento, sempre alerta. Até o mais convicto Ninguém fraqueja na tentação de aparecer como Alguém por um pequeno instante. Nada do que se envergonhar, desde que só ocorra ocasionalmente. Se acontecer muito freqüentemente, pode ser então hora de dar uma longa e dura olhada em você mesmo. Você pode não gostar do que vai ver.

A essência destilada de ser Ninguém é contentar-se sempre com um pouco menos e não perder uma vida tentando alcançar algo. É gastar quantidades moderadas de energia para alcançar um objetivo modesto, não obter reconhecimento e ver muita televisão toda noite. Às vezes as pessoas nem conseguem sair do lugar direito (Figura 3.2).

Figura 3.2 - Quando o cavalo se sente como um Ninguém...

Para que se esforçar tentando ser criativo? Isto de fato não é tarefa para um Ninguém.

É, parece que isto dificilmente vai mudar, pois as estatísticas não mentem jamais. O grosso dos depósitos bancários é garantido por pequenos depositantes. Empréstimos a Ninguéns para pagar carros, casas, lava-roupas e secadoras contam muito no movimento dos bancos. Deus abençoe os Ninguéns.

Dos assentos das companhias aéreas internacionais quase 90% têm preços que são projetados para Ninguéns (as companhias preferem o termo turista a Ninguém), embora assentos da primeira classe ou executiva sejam também ocupados 68% das vezes por Ninguéns inseguros gastando dinheiro extra para "encarnar" um Alguém. Todavia, você pode ocasionalmente encontrar um Alguém tentando personificar um Ninguém. Candidatos a presidente e outros cargos importantes do governo deliciam-se em ser identificados com o "homem comum". Este papel é rapidamente abandonado assim que os votos são contados e eles eleitos...

Para fazer caridade, Alguéns fazem a pose e Ninguéns dão o dinheiro.

A programação de televisão é projetada para agradar aos Alguéns? Pelo contrário, é produzida totalmente para os Ninguéns, dos relatórios agrícolas aos *shows* de brincadeiras e às novelas. Alguns programas agradam aos Alguéns e Ninguéns da mesma forma, mas agradar aos Ninguéns é a chave. As classificações do tipo IBOPE, nas quais estão baseadas todas as programações da televisão, são tomadas nas casas dos Ninguéns. Um *show* (espetáculo) deve agradar em primeira instância a um Ninguém; se ele agrada a um Alguém, é bom, mas não é essencial. O mesmo ocorre com filmes. Tire os Ninguéns dos filmes e você colocou todos aqueles Alguéns atores nas ruas.

Cientistas comportamentais se debateram sobre a capacidade humana de reconhecer rostos familiares. O processo exato pelo qual o cérebro faz o reconhecimento não é conhecido. Não ser reconhecido é uma das maiores reclamações dos Ninguéns; 48% de todos os Ninguéns têm uma habilidade única de impossibilitar sinais de reconhecimento, fazendo com que sejam ou confundidos com outras pessoas ou ignorados. Se esta habilidade é inerente ou é desenvolvida com aprendizado não se sabe. Qualquer que seja o caso, ela é, na melhor das hipóteses, uma inconveniência e a causa de muitas crises de identidade para os Ninguéns. Para contornar isso é que se usa agora o reconhecimento pelas impressões digitais...

Bem, se você quer continuar como um Ninguém ou saber a sua intensidade de não ser nada, faça o teste que vem a seguir e tome alguma decisão (!?!?!?).

TESTE DO NINGUÉM

Você é um Ninguém? O seguinte teste lhe dirá a resposta:

1. Fazem-me esperar:
(a) Nunca. (Eu faço os outros esperarem.)
(b) Raramente.
(c) Com freqüência.
(d) Sempre. (Minha vida toda parece que está esperando.)

2- No supermercado eu pego a fila mais lenta:
(a) Nunca.
(b) Raramente.
(c) Com freqüência.
(d) Sempre. (Mesmo se eu sou o único na fila.)

3 – Minha mãe (esposa) esquece meu nome:
(a) Não seja ridículo.
(b) Raramente.
(c) Com freqüência.
(d) Sempre. (Algumas vezes ela esquece meu sexo.)

4- Eu sou confundido com outras pessoas:
(a) Nunca. (Eu sou muito distinto.)
(b) Raramente.
(c) Com freqüência.
(d) Sempre. (Se tem alguém com uma cara comum, sou eu.)

5- Com relação a disputa ou discussões com empresas de cartão de crédito, eu:
(a) Resolvo qualquer disputa.
(b) Normalmente consigo acertar as coisas.
(c) Quase nunca consigo as coisas do meu jeito.
(d) Pago tudo que eles querem.

6- Eu descreveria o meu relacionamento com máquinas automáticas como:
(a) Cordial. Nunca perco o meu dinheiro e sempre consigo o que quero.
(b) Bom. Raramente perco dinheiro e, quando acontece, obtenho um ressarci-
mento.
(c) Não muito bom. Eu me utilizo de máquinas automáticas com muita relutância.
(d) Péssimo. (Eu sempre perco o meu dinheiro).

7- Meu cachorro:
(a) Obedece a todos os meus comandos.
(b) Tem momentos ruins ocasionais.
(c) Freqüentemente rosna para mim.
(d) Tentou me enterrar no jardim.

CAP. 3 - Maus e Bons Hábitos e
Atitudes para a Criatividade

8- Minha correspondência (ou recepção de *e-mails*):
(a) É volumosa e entregue freqüentemente.
(b) É ocasionalmente entregue no endereço errado.
(c) É usualmente endereçada a outra pessoa.
(d) Não existe. (Até a minha correspondência é entregue ao vizinho.)

9- Se faço algo, eu:
(a) Levo todo o crédito
(b) Normalmente sou reconhecido.
(c) Quase nunca ninguém nota.
(d) Nem mesmo eu me dou crédito.

10- Se eu não viesse para casa à noite, minha família:
(a) Ficaria muito preocupada e chamaria a polícia.
(b) Ficaria um pouco preocupada.
(c) Ficaria feliz.
(d) Não notaria. (Mesmo que eu não estivesse em casa há duas semanas.)

Some o número de pontos que você fizer, atribuindo os seguintes valores às suas respostas:

$$a = 0$$
$$b = 1$$
$$c = 2$$
$$d = 3$$

Se o escore final estiver entre:

20 – 30: Você é um Ninguém de primeira grandeza e provavelmente tem sido por um longo tempo.

13 – 19: Você é o tipo de Ninguém que ainda não amadureceu. Com um pouco mais de tempero, você será uma não-entidade de mediocridade ímpar.

6 -12: Você é o tipo de Ninguém que ainda não aceitou o fato e passa muito tempo tentando ser um Alguém. Vamos, seja honesto consigo mesmo. Então, faça o teste de novo.

0 - 5: Você deveria se envergonhar. Você é tão Ninguém quanto qualquer um. Como você pode se olhar no espelho? Os seus intestinos se movimentariam com muito mais freqüência se você admitisse isto.

Independentemente da sua pontuação no sarcástico teste, procure sempre ser um Ninguém criativo com o anseio de atender bem o Alguém e transformar-se algum dia nele.

E isto ocorrerá com grande probabilidade se você abandonar todos os maus hábitos que obstruem a sua criatividade. Volte-se para as boas práticas e posturas que são praticadas pelos Alguéns.

3.5

NEUROFITNESS Nº 3

1) Eu tenho o dobro da idade que tu tinhas, quando eu tinha a idade que tu tens.

Quando tu tiveres a idade que eu tenho, teremos ambos (somados) 63 anos.

Qual a minha idade atual?

2) Olhe essa matriz de azulejos (Figura 3.3).

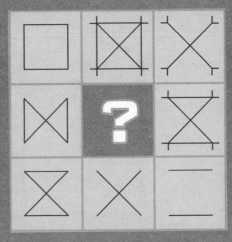

Figura 3.3

Qual dos azulejos (opções A, B, C, D, E ou F) mostrados na Figura 3.4 deve ir no lugar do ponto de interrogação(?) da Figura 3.3?

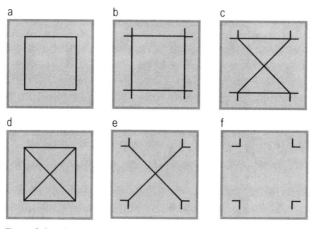

Figura 3.4.

3) Você é capaz de: usando apenas números primos, completar todas as "janelas" do quadrado da Figura 3.5 com números diferentes, de tal forma que a soma dos números em cada horizontal, vertical ou diagonal seja 219?

Não se esqueça que número primo é aquele que é somente divisível por si mesmo e por 1.

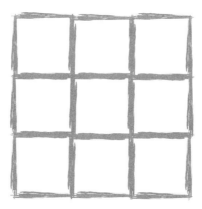

Figura 3.5.

4) Utilize os dígitos 1, 2, 3, 4, 5, 6, 7, 8, 9, 0 uma só vez para construir duas frações cuja soma é igual a 1.

5) É possível desenhar os três quadrados mostrados na Figura 3.6 sem tirar o lápis (ou caneta) do seu contato com o papel, sem cruzar qualquer linha reta ou passar pelo mesmo lugar mais de uma vez?

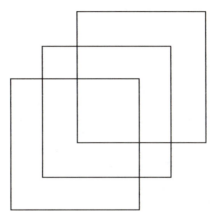

Figura 3.6.

6) Como é possível medir (ou marcar) 9 minutos quando se têm apenas duas ampulhetas com areia, sendo uma para 4 minutos e a outra para 7 minutos (até parece tarefa do programa *No Limite*, não é)?

Figura 3.7.

7) Em um certo lugar existem tanto homens quanto cavalos. Existem 26 cabeças e 82 pés (ou cascos) nesse lugar. Quantos homens existem? E quantos cavalos?

8) Um executivo contrata um consultor durante sete dias com a condição de pagá-lo ao final de cada dia. O executivo tem uma pequena barra de ouro de 7cm e o consultor deve receber exatamente 1cm da barra diariamente. Para pagar o consultor, o executivo faz apenas dois cortes na barra. Como ele realizou isso?

9) Você tem diante de si 6 palitos de fósforo colocados paralelamente uns aos outros. Os três primeiros estão sem cabeça e os três últimos, intactos (Figura 3.8).

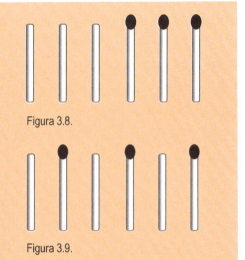

Figura 3.8.

Movimentando apenas dois palitos contíguos de cada vez, sem modificar a posição de um em relação ao outro, pode-se passar para a configuração mostrada na Figura 3.9.

Figura 3.9.

Espere, falta o final do enunciado do problema. Queremos que a partir da configuração mostrada na Figura 3.9, em apenas 3 jogadas se chegue ao que está mostrado na Figura 3.8 – e depois queremos que você execute a operação inversa, e em apenas três jogadas volte ao que se tem na Figura 3.9.

10) A análise de figuras ou desenhos "incoerentes" despertou muito interesse nos psicólogos, transformando-se cada vez mais em situações emblemáticas do processo de interação cognitiva.

Muitos estudiosos contribuíram para essa difusão, e entre eles destacam-se: L.S. Penrose, R. Penrose, D.H. Shuster, D.E. Berlyne, J. Hochberg, R. Gregory, J. Robinson, J.A. Wilson, T.M Cowan, P. Bonaiuto, M. Massironi, G. Bártoli, entre outros.

O fruidor de imagens, como as mostradas na Figura 3.10, depara-se realmente com uma experiência bem complexa que leva concretamente a verificar como é cognitivamente complexo o ato perceptivo.

O observador experimenta uma visão de incongruência que simultaneamente atrai e aborrece quem busca tentativas simples de solução de conflito, quer em nível perceptivo, quer em nível mental.

Porém, é um excelente exercício, ou seja, uma adequada neuróbica.

Caro(a) leitor(a), olhando os vários desenhos da Figura 3.10, qual(quais) o(s) perturba(m) mais?

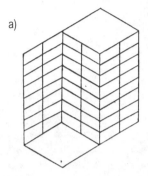

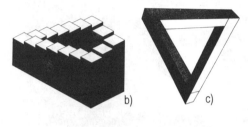

Figuras impossíveis porque representam objetos que não podem existir na realidade, de autoria de R. Penrose.

Configuração instável por causa de uma zona contida nas duas parte extremas da estrutura.

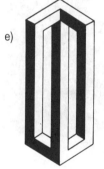

O "encaixe impossível, de M. Yturralde.

O "monumento irresolúvel", de R. Hayward.

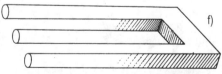

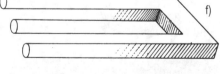

O "tridente bidentado impossível", de R. L. Gregory.

Figura 3.10 - Representações perturbadoras.

É a cabeça de um índio ou é um esquimó?

CAP. 3 - Maus e Bons Hábitos e Atitudes para a Criatividade

Capítulo 4

OS ENFOQUES QUE CONDUZEM À CRIATIVIDADE

4.1 - OS ENFOQUES PRINCIPAIS.

Existem pelos menos oito enfoques que no seu conjunto constituem o que as pessoas e as empresas onde elas trabalham buscam quando querem desenvolver a sua criatividade e promover inovações.

1º ENFOQUE – A FLUIDEZ.

Fluidez significa saber dar diversas respostas e ter capacidade de gerar muitas idéias (veja a Figura 4.1).

Talvez a melhor forma de conceituar fluidez seja dizendo que é a capacidade que uma pessoa tem de encontrar vários modos diferentes de expressar a mesma idéia.

Por exemplo, fazer um discurso de abertura de um seminário, ou escrever uma carta, ou dar uma aula em pelo menos dez formas diferentes.

Aliás, para começar a "treinar" a sua fluidez você pode adotar 25 maneiras diferentes para cumprimentar as pessoas que trabalham consigo, ou então selecionar 30 títulos diferentes para o último livro que leu.

Figura 4.1 - Isto que é fluidez na pintura de carrocerias, não é?

Entretanto, quando se precisa definir fluidez mais do que simplesmente como a capacidade de gerar muitas idéias, surge de maneira quase natural a forma complementar de entender fluidez como a competência que possui uma pessoa de não ficar com uma única idéia, ou achar que só existe uma solução correta!!!

Porém, na vida real, a fluidez nesse seu conceito amplo de gerar muitas idéias é bastante prejudicada, pois praticamente todas as pessoas têm medo de ser censuradas pelos seus superiores se apresentarem idéias inadequadas ou ridículas.

Dessa forma, no mundo dos negócios a geração de idéias não chega a ser exatamente um ir-e-vir de idéias melhorando-as, realimentando-as com outras sugestões, combinando-as, reformulando-as, escutando o que os outros dizem e aproveitando os aspectos interessantes do que apresentam.

Infelizmente o jogo de poder desempenha um papel muito importante, e como as pessoas têm grande temor de serem entendidas pelo chefe como tolas, ficam receosas de apresentar todas as suas idéias, com o que a sua fluidez não pode ser apreciada em plenitude.

Para que a fluidez desabroche na sua plenitude tem que existir um ambiente de "luz verde", ou seja, tudo pode ser dito sem censuras, classificações ou posteriores retaliações.

Na experiência das empresas que conseguem criar um ambiente de luz verde, uma vez que ela seja "acesa", o "trânsito" das idéias fica bem mais fácil.

Todavia os bloqueios que se devem superar para que se instaure a "luz verde" numa organização são muitos, e entre eles destacam-se os culturais, os estruturais e os de percepção.

Uma vez vencidos estes bloqueios, ou melhor, quando se estabelece o clima adequado de fluidez, aí sim podem ser obtidos grandes resultados, principalmente nas sessões de *brainstorming* (tormenta de idéias).

No plano individual existe o conhecidíssimo teste de Goldman, que surgiu a partir das idéias de J. P. Guilford, um dos primeiros especialistas em criatividade que conceituaram fluidez, flexibilidade, originalidade, etc., consistindo no seguinte: para um conjunto de 20 círculos dispostos em quatro filas de cinco círculos cada uma, em 10 minutos uma pessoa deve tentar fazer o número máximo de representações ou desenhos, tendo evidentemente como elemento essencial ou base o círculo.

Na Figura 4.2 apresenta-se o início da execução do teste por alguém que esteja testando a sua fluidez.

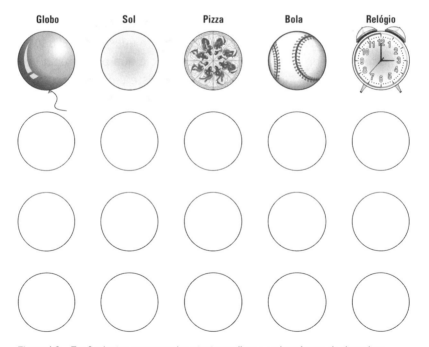

Figura 4.2 – Em 3 minutos a pessoa deve tentar realizar o maior número de desenhos diferentes tendo como base o círculo.

Claro que a fluidez de uma pessoa é medida pela quantidade de círculos que ela consegue utilizar para desenhos diferentes.

É muito comum ao se aplicar este teste que o resultado seja o da Figura 4.3, executado inclusive em menos de 10 minutos!!!

Obviamente que esta pessoa tem a capacidade de demonstrar fluidez, porém ao mesmo tempo ela evidencia que algo incomum está ocorrendo, pois têm-se muitas idéias extremamente parecidas, não é?

Figura 4.3 – Esta é uma forma interessante de evidenciar a fluidez. Serve para algo?

Com certeza ela resolveu o exercício proposto satisfatoriamente, mas...

Naturalmente que ser criativo não significa ser apenas competente em fluidez, isto é, ter competência de apresentar muitas idéias praticamente iguais.

O que vale muito também é a **diversidade,** e isto tem tudo a ver com o 2º enfoque que se vai analisar.

2º ENFOQUE – A FLEXIBILIDADE.

Flexibilidade é a qualidade daquele que sabe se abrir para as experiências dos outros, que tem grande amplitude de horizontes, disponibilidade para reconhecer os próprios erros e renunciar às ideologias, tolerar a ambigüidade, tem poder de adaptação e quer guerrear continuamente os desperdícios.

É evidente que estamos aqui pensando mais em flexibilidade de caráter do que na flexibilidade de pensamento.

O homem criativo está exatamente do lado oposto daquele que é conservador, uma pessoa rígida que acredita ser infalível e que está sempre demasiadamente séria.

A pessoa criativa é em geral bem mais flexível que a maioria.

Quando lhe mostram um tijolo, sugere muitos usos para ele, como servir de peso para papel, construir uma casa, como matéria-prima para se moer e conseguir pó vermelho, uma arma para enfrentar intrusos, etc.

Ser flexível conduz irremediavelmente a pessoa a ter um acentuado senso de humor ou, como dizem os psicólogos, ter capacidade de reagir espontaneamente à discordância de sentido ou implicação.

Uma das razões disto consiste em que ela enxerga numa situação mais sentidos ou utilidades, muitos deles sutis e raros, do que um ser humano comum.

Em termos psicanalíticos, isto ocorre devido ao fato de que o seu ego é altamente flexível e, desta forma, capaz de retirar-se mais facilmente do seu subconsciente, possibilitando que este faça as conexões novas que fornecem a essência do humor.

Este humor é menos sinal da superficialidade do que a intensidade de suas emoções, que procuram escapar do seu cérebro.

O humor também possibilita ao ser humano criativo exprimir sentimentos que uma pessoa normal reprimiria.

Os pesquisadores apontam a maior freqüência de agressão e violência nas histórias, nos desenhos e nas autobiografias de estudantes altamente criativos do que nos alunos de elevado quociente de inteligência (QI).

Essa agressão é dirigida não apenas contra pessoas e coisas próximas do aluno, como sua família, porém pode encerrar uma crítica social mais ampla, como é o caso dos estudantes muito criativos que zombam dos engodos dos meios de comunicação, das manifestações dos políticos, e principalmente do estilo de vida contemporâneo influenciado pela instantaneidade e pela possibilidade de saber rapidamente o que está ocorrendo em qualquer parte do globo.

Os testes revelam que o aluno altamente criativo é mais bem-humorado do que o estudante de alto QI.

Mas no plano mais simples de respostas e idéias que são geradas por uma pessoa, a flexibilidade é a medida das "categorias" por ela utilizadas.

Assim, podemos dizer que quem desenhou as 20 "carinhas" da Figura 4.3 tem muita fluidez porque deu muitas respostas diferentes, contudo ele **não tem flexibilidade** entre as suas idéias, pois todas pertencem à mesma categoria de uma face ou "carinha".

Já categorias (ou classes) implicam "universos" de idéias, "mundos" diferentes de idéias.

Por exemplo, é o que começou a fazer alguém na Figura 4.2 desenhando objetos, planetas, alimentos, etc, ou seja, usando categorias diferentes.

Se na Figura 4.3 uma outra pessoa tivesse desenhado uma laranja, uma ameixa, uma maçã, etc., teria sem dúvida feito o teste de forma mais sofisticada, no entanto assim mesmo as suas idéias pertenceriam a uma única categoria, como é também o caso dos desenhos da Figura 4.4, nos quais se caracteriza o ser humano de diferentes nações.

Mostramos flexibilidade ao transpormos os limites tradicionais das nossas experiências e do nosso conhecimento, quer dizer, rompendo paradigmas.

Nas empresas é muito comum as pessoas apresentarem numerosas respostas para um certo problema, mas em geral elas são do mesmo tipo, isto é, pertencem à mesma categoria.

Um exemplo típico é quando os problemas de vendas são resolvidos por pessoas de vendas que sempre apresen-

> *O humor também possibilita ao ser humano criativo exprimir sentimentos que uma pessoa normal reprimiria.*

tam soluções que levam em conta apenas as variáveis da transação, recorrendo a conhecimentos e experiências de que já dispõem.

Sem dúvida, houve no final do século XX uma ruptura no tocante ao problema de vendas quando se tornou possível comprar e vender através da Internet, significando que surgiu uma resposta inusitada!!!

O problema da flexibilidade deve ser atacado sempre através das respostas às seguintes questões:

→ Como devemos proceder para ter idéias que não correspondam apenas ao que conhecemos ou ao que sabemos fazer?

Figura 4.4 – Caracterizações das pessoas de diversos países.

→ Como podemos sair do universo conceitual ao qual já estamos acostumados?

As respostas para essas duas questões estão dentro das seguintes atitudes ou ações:

1. **Procurar resolver os problemas** junto com pessoas de outros campos do conhecimento e experiência, e em seguida integrá-los para auxiliar a resolver os próprios problemas, achando deste modo soluções bem diferentes.

2. **Fazer novas experiências.**

É muito importante participar de experiências nas quais seja necessário aplicar enfoques ainda não conhecidos.

3. **Colocar-se "no lugar de alguém",** fazendo perguntas do tipo: "Como será que resolveriam esse problema em 2050?"

Esta estratégia possibilita incorporar situações artificialmente, imaginando outras formas de experiências e conhecimentos trivialmente aplicados ao problema.

Por exemplo, na Figura 4.5 temos alguns exemplos de como poderiam imaginar o círculo diferentes pessoas: um cientista pensando num átomo, um jogador de futebol achando que é o centro do campo, uma mulher de 50 anos enxergando um anel de diamante, um conquistador como Napoleão Bonaparte vislumbrando a sua conquista do mundo, e um esfomeado vendo uma omelete!?!?

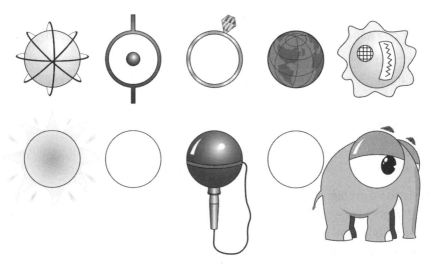

Figura 4.5 – O atendimento do teste, demonstrando muita flexibilidade...

4. **Improvisar.**

Quando improvisamos também entramos em territórios que não conhecemos e nos quais não temos experiências prévias sobre o que vai acontecer.

5. **Tentativa e erro.**

Este é um outro modo de ir ganhando experiências em termos novos, não conhecidos.

6. **Gerar alternativas sem uma análise prévia.**

Isto significa, entre outras coisas, expressar idéias cujos efeitos não sabemos muito bem quais serão.

Em última análise, implica que se possa dizer qualquer "tipo de barbaridade" que se quiser, dentro de um campo de conhecimento que não se domina.

7. Transferir experiências.

Ainda que não tenhamos nenhuma experiência de solução para um dado problema, procuramos transferir as experiências que temos em um campo parecido, tentando adaptá-las para o nosso caso.

Por exemplo, ver a campanha de *marketing* que deu certo para atrair muitos turistas a uma estação de esqui na neve e tentar transferir o seu conteúdo para incrementar o número de visitantes de um balneário no Maranhão.

Todas essas estratégias são de fato muito úteis quando se deseja produzir alternativas que não sejam lógicas para o nosso campo de conhecimento.

Mas a "ruptura" momentânea com a nossa lógica requer – assim como ocorre com a fluidez – uma **intenção**, ou uma atitude voltada para a flexibilidade que é expressa pelas seguintes posturas:

I) Tolerar a ambigüidade.

Ser flexível é compreender que existem problemas que não têm solução, que existem situações incertas, que há muitas situações não-familiares.

O mercado é ambíguo; muitas atividades de uma empresa são ambíguas (pense numa empresa que fabrica cigarros e que mantém um hospital para doentes com câncer no pulmão); nosso comportamento é ambíguo (com os nossos familiares e com os colegas de trabalho).

Através do tempo temos buscado aprender como evitar a ambigüidade, principalmente pelos problemas de comunicação que ela pode provocar.

Isto na realidade é muito sério, quando em situações complexas alguém não entende uma instrução (como, numa guerra) ou a interpreta de outra forma, pois as conseqüências deste tipo de equívoco podem ser muito graves.

De fato, em situações que exigem um alto conteúdo de criatividade e inovação é vital saber lidar bem com a ambigüidade.

→ Mas o que quer dizer **lidar** ou **manejar a ambigüidade**?

Entre outras coisas, é **saber aceitá-la!**

Também podem se tomar os efeitos da ambigüidade como uma oportunidade e procurar sempre perceber as situações novas pensando da seguinte forma: "Que outra coisa isto pode significar ou indicar?"

É conveniente então formular os problemas de maneira ambígua para chegar a respostas a partir dos mais variados ângulos.

É essencial, pois, compreender que existem coisas que servem e que não servem, ao mesmo tempo que são positivas, negativas ou interessantes, no lugar de apenas ficar na classificação "certas e erradas", ou seja, apenas no branco e/ou preto sem jamais enxergar o cinza.

Porém o segredo no fundo não é "descobrir" se servem ou não servem; se são positivas, negativas ou interessantes, certas ou erradas, brancas ou negras, ou cinza, porquanto aí cairíamos numa outra armadilha.

A flexibilidade está justamente em saber lidar com estas "estruturas" ambíguas como um elemento em si.

II) Ter opiniões flexíveis.

É preciso debater, opinar, expressar nossas idéias não como uma forma de combater, mas como um modo eficaz de nos comunicarmos.

Desta maneira, é conveniente postergar o juízo final até que se obtenha uma quantidade maior de informações e pontos de vista diferentes para formar a própria opinião.

Deve-se reavaliar constantemente nossos pontos de vista sem manter uma conduta defensiva ou conservadora, que nos leve a ficar apenas com a posição de que estamos "certos" e a outra parte está equivocada.

É imprescindível que na troca de idéias estejamos sempre discutindo idéias e não pessoas.

Além disso, é muito bom de tempo em tempo modificar nossas próprias idéias, já que o valor de uma idéia não está apenas na sua exatidão, mas ainda no seu poder gerador de outras idéias.

É preciso, então, que as pessoas que queiram ser flexíveis façam um uso quase permanente de frases como:

✔ "Acho que me enganei."

✔ "Mudei de opinião."

✔ "Corrijam-me se estiver equivocado."

✔ "Infelizmente isto não aprendi ainda."

Etc.

Estas frases realmente funcionam como disparadores para novos enfoques.

Elas não têm nada de ruim, não "mordem" ninguém e tampouco humilham quem as diz.

III) Evidenciar flexibilidade semântica.

Os hábitos de linguagem influem muito sobre o modo segundo o qual percebemos o mundo e a maneira como o mundo (outras pessoas) nos percebe.

A inflexibilidade semântica está baseada em quatro estruturas principais.

Em primeiro lugar, as formas de linguagem "totalitárias" em frases como: "Toda empresa precisa de Internet."

É preciso tomar cuidado com o uso de palavras como "todo", "nada", "nunca", "sempre", "ninguém", etc.

Em segundo lugar, as expressões do tipo "branco e negro", em outras palavras, supor que toda situação pode estruturar-se em termos de apenas duas opções opostas, falando, digamos: "Mas você está a favor ou contra nós?"

Em terceiro lugar, abusar do "dogmatismo verbal", que é uma das formas de rigidez semântica mais comuns em expressões do tipo: "Qualquer tolo percebe que esta é a melhor opção."

Com frases como esta, geralmente perde-se o ouvinte e a sua eventual colaboração, pois dificilmente ele dará alguma outra sugestão depois de um comentário desse tipo.

Em quarto lugar vêm os "rótulos valorizados", como "doutor", "engenheiro", "chefe", "presidente", etc., ou então os apelidos depreciativos como "o orelha", "a loira", "o santinho", "o obturado", etc., que realmente fazem com que se limite a neutralidade com a qual devemos perceber as outras pessoas.

IV) Adotar um comportamento positivo.

Infelizmente as perspectivas de fracasso e de decepção tendem a restringir o compromisso e a energia com que enfrentamos depois os problemas.

V) Ter o sentido do humor.

É bem importante conseguir manter a todo momento uma dupla dimensão de **seriedade** e **bom humor.**

Isto quer dizer: ser capaz de processar as situações do cotidiano por meio de uma lógica relacionada com o humor.

É muito provável que do humor surjam estímulos e idéias estreitamente conectadas com um sentido do humor positivo.

Tudo isso não significa, entretanto, em absoluto, que o sentido do humor passe a predominar e que vivamos continuamente rindo, ouvindo piadas ou contando-as.

Significa, ao contrário, uma atividade constante que nos leve a avaliar o nosso estado de humor toda vez que atravessamos (saímos) a porta de entrada da empresa na qual trabalhamos, bem como no decorrer do trabalho dentro da mesma.

É vital trabalhar divertindo-se um pouco e até achar que o trabalho é um divertimento.

VI) Estar voltado para a pesquisa.

Buscar informações, tratar de compreender os fatos da maneira mais profunda que puder, instruir-se apropriadamente antes de tomar uma decisão, etc., sem dúvida é a atitude de quem, além de ser flexível também é equilibrado, pois busca errar o menos possível...

Lamentavelmente muitas vezes tendemos a constituir impressões de realidade com base em suposições, conjecturas e idéias sem fundamento suficiente.

Isto realmente conduz a muitas falhas, e não investigando adequadamente nos apoiamos em "aproximações" que não nos permitem expor idéias ou tomar decisões que no século XXI podem significar a sobrevivência da organização em que trabalhamos, não esquecendo que este é o **século do cérebro!**

VII) Resistir o máximo possível aos bloqueios culturais.

Infelizmente não se pode esquecer nunca que tanto na sociedade como dentro da empresa se interiorizam determinados modos de comportamento, cuja **conservação** é **premiada** e a **violação** é **punida.**

Pode-se dizer de forma simples que são **"as maneiras como se fazem as coisas",** ou seja, a reprodução do estabelecido ou já implementado.

Quando estas "formas" atuam de maneira rígida, **transformam-se em fortes bloqueios** que, mais que orientar, imobilizam qualquer atitude focada na criatividade.

Aí predominam *slogans* como:

✔ "Quando se trabalha não se brinca."

✔ "Não seja tão ansioso!"

✔ "Não fale sobre o que não tem certeza."

✔ "Faça ou acredite apenas nas opções lógicas e razoáveis."

✔ "Procure somente as alternativas práticas e econômicas."

Etc.

Quem quer ser flexível precisa não apenas resistir, como saber "contornar" todos esses obstáculos para poder fazer desabrochar a sua criatividade.

Bem, tudo isso é flexibilidade, ou o que deve ser feito para ser mais flexível.

Na realidade, ela é muito mais: é o motor da criatividade, sendo o início de toda possibilidade de inovação!

3º ENFOQUE – A ORIGINALIDADE APLICADA.

Uma resposta original é uma resposta diferente das que já foram dadas, ou seja, é dizer o que ninguém disse ou fez.

Assim, quando um estudante do curso fundamental responder: "Aqui estou, linda mestra", no lugar de apenas falar: "Presente, professora", como fizeram todos os seus colegas, será de algum modo original.

A originalidade é um dos valores essenciais da criatividade e tem tudo a ver com a "origem" ou o "originário de onde".

Dessa maneira, o estudante que respondeu: "Aqui estou, linda mestra" foi diferente, pois foi o único que respondeu assim e, portanto, pode ser rotulado de original.

> *Uma resposta original é uma resposta diferente das que já foram dadas, ou seja, é dizer o que ninguém disse ou fez.*

Na cidade de São Paulo, no final de julho de 2003 ocorreu um assalto original!?!?

Não é nada agradável utilizar um tal tipo de evento como exemplo, porém muitos meliantes são extremamente criativos.

Pois é, um grupo de ladrões usou um veículo igual ao de um morador com placa falsa igual à do carro que possuía o residente do prédio.

Além disso, os vidros tinham uma película escura, como os do veículo de um certo condômino.

Com esse disfarce, um grupo de ladrões conseguiu entrar num condomínio e depois render o porteiro.

Em seguida, sete assaltantes ficaram mais de três horas roubando objetos, jóias, dinheiro, etc. de 15 dos 26 apartamentos do edifício.

Um delegado de polícia, comentando a *performance* dos bandidos, disse: "Já vi casos de dublês serem usados em assaltos a transportadoras e carros-fortes.

A novidade, ou seja, a originalidade é o uso da **fraude** para roubar o condomínio. Como se percebe, o crime é uma ciência que progride como qualquer outra, valendo-se muito da criatividade." É claro que a criatividade através da originalidade aplicada tem trazido constantes benefícios (e não malefícios) aos seres humanos.

Isso pode ser comprovado na nova composição de uma *paella*, um prato que surgiu de uma mistura de arroz com o que tivesse sobrado do dia anterior; num novo enxerto como aquele feito em 1942 por Suzumo Uzui, que deu origem à uva *aido-kai* (amor à terra), e daí a praticamente toda uva de mesa exportada hoje pelo Brasil, inclusive as do vale do São Francisco, no Nordeste; na variedade rara de uma melancia que tem a forma de pirâmide, ou num exemplar dos aparelhos *Bowlingual* ou *Meowlingual* de um fabricante de brinquedos japonês, que garante que eles traduzem os latidos de um cão ou os miados de um gato, respectivamente.

É evidente que em alguns casos a originalidade é tanta que ela é **única,** valendo nesses casos até Prêmio Nobel, como aconteceu muitas vezes, por exemplo, com os laboratórios Bell onde se inventou o transistor (Prêmio Nobel em 1956 para John Bardeen, Walter Brattain e William Shockley); a radiação de fundo do *Big Bang* (Prêmio Nobel em 1978 para Arno Penzias e Robert Wilson); a luz laser para desacelerar e manipular átomos (Prêmio Nobel em 1997 para Steven Chu); o efeito Hall quântico fracionário, revelando um novo estado da matéria (Prêmio

Nobel em 1998 para Horst Stormer e dois ex-pesquisadores dos laboratórios Bell, Roberto Laughlin e Daniel Tsui).

Quem pensar detidamente sobre a definição de originalidade dada por alguns perceberá que ela é um postulado estatístico, pois conceitua-se a mesma dizendo: "Uma resposta original é aquela diferente dentro de uma dada amostra de respostas."

Mas essa definição é um tanto quanto superficial e não transmite tudo o que realmente a originalidade significa.

De fato, uma resposta original é bem mais do que uma **resposta diferente em um dado contexto**.

Para encontrar ou produzir idéias originais é vital entender quatro conceitos-chave:

1º Conceito – A originalidade depende do contexto.

Uma mesma resposta que é original em um contexto pode não ser em outro.

Aliás, isto é muito fácil de entender quando alguém lança uma idéia, serviço ou produto num país mais atrasado, onde ele se torna original apesar de já ser conhecido num país mais desenvolvido.

Dito de outra forma, trata-se de uma resposta que não é mais original em um contexto, porém torna-se inédita em outro.

O que geralmente é necessário nesse caso em muitas situações é promover uma adaptação regional, o que nos leva à **originalidade aplicada**.

A originalidade aplicada nos libera muito da necessidade de sermos genialmente criativos, bastando detectar muitas idéias que tiveram êxito em outros lugares e saber aplicá-las habitualmente a um outro contexto.

Por outro lado, essa originalidade aplicada nos livra de certa maneira do medo de estarmos desenvolvendo uma cópia.

Hoje em dia, no mundo globalizado está cada vez mais difícil entender os pressupostos que definem o que é cópia e o que é definitivamente a criatividade, basta pensar nos automóveis de várias empresas montadoras que se não viessem com a inscrição da marca ou do seu logo dificilmente seriam identificados, parecendo-se muito como acontece com os cães de raça *rotweiler* entre si.

Efetivamente não é fácil responder no século XXI de forma conclusiva às seguintes perguntas:

→ Quando estamos copiando?

→ Quando não estamos copiando?

→ Quando estamos extrapolando?

→ Quando estamos "aplicando o mesmo, mas de outro modo"?

Talvez uma resposta ilustrativa para as quatro perguntas ao mesmo tempo são os seguintes provérbios corrigidos e atualizados que têm um pouco de cópia, extrapolam outros conceitos e levam a outras conclusões, exemplificando o que vem a ser a originalidade aplicada:

✦ Quem empresta aos pobres dá adeus.

✦ Não adianta chorar o leite derramado; só vai torná-lo mais salgado para o gato.

✦ De grão em grão a galinha vai pro papo.

✦ Errar é humano, admitir o erro, divino.

✦ Errar é humano, persistir no erro é burrice.

✦ Errar é humano, mas gabar-se do erro é diabólico.

✦ Errar é humano, mas divertir-se com o erro do colega é sadismo.

✦ Errar é humano, botar a culpa no colega é mais humano ainda.

Bem, o (a) leitor (a) deve se lembrar dos provérbios originais, e agora tem várias outras interpretações que surgiram deles pela originalidade aplicada.

2º Conceito – Dar vida ao que não existia.

Ninguém é original só por ter idéias que não tenham passado pela cabeça das outras pessoas.

Somos originais se temos uma idéia, pensamos que ela é original, decidimos divulgá-la (ou explicá-la ou aplicá-la) e a defendemos ante todas as outras pessoas.

> *Freqüentemente, infelizmente não damos importância às idéias simples e óbvias porque nem sequer nós nos demos conta de que elas ocorreram para nós e para os outros.*

Existem pessoas que não acreditam na originalidade de suas idéias; calam-se e na prática isto passa a ser como se as suas idéias não existissem.

Existem outras que não querem arriscar-se apesar de estarem convencidas de que suas idéias são originais. Contudo, na prática tornam-se **não-originais**.

Entretanto, toda vez que alguém tira uma idéia de outro contexto aplicado ao seu, acreditando que pode ter êxito e que isto é original, precisa ser suficientemente flexível no seu entorno para perceber se esta idéia não será identificada como uma cópia.

Aliás, esta sensibilidade faz parte da originalidade aplicada.

O êxito de uma resposta entendida por alguém como original depende muito da identificação *a priori* da possibilidade de ela vir a ser classificada como sendo "o mesmo que..."

Em caso afirmativo ela não será original, mas mesmo assim isto não quer dizer obrigatoriamente que ela não terá sucesso...

3º Conceito – Resposta óbvia.

Muitas vezes as idéias mais originais são as mais óbvias, porém elas não aparecem tão simplesmente...

A explicação disto é que uma resposta óbvia geralmente é descartada ou nem ao menos pensada por aquele que busca uma solução criativa, e também pelos seus concorrentes, justamente por ser **demasiadamente óbvia**!?!?

Além disso, as pessoas pensam na resposta óbvia, isto é, elas sabem que é obvia, mas não se animam a colocá-la em prática.

Freqüentemente, infelizmente não damos importância às idéias simples e óbvias porque nem sequer nós nos demos conta de que elas ocorreram para nós e para os outros.

O drama surge quando alguma empresa competidora sai do seu estado letárgico em relação a alguma idéia óbvia e a coloca em prática, abalando até mesmo a sobrevivência da organização na qual trabalhamos.

Aí surgem as perguntas punitivas como:

→ "Por que quando pensei nisso, considerei que não daria certo?"

→ "Em que me equivoquei na avaliação dessa idéia?"

→ "Como é que não percebi a força dessa idéia e a abandonei?"

Etc.

Tais perguntas abalam muito a cabeça da pessoa que não soube valorizar a resposta óbvia que passou pela sua mente.

4º Conceito – Abrindo o caminho para a originalidade aplicada.

De forma sintética, são estes os passos para atingir a originalidade aplicada:

1º Passo – Saber que a originalidade não depende da idéia e sim do contexto.

2º Passo – A idéia não é original até que se ponha a mesma em ação.

3º Passo – As respostas óbvias funcionam muito bem sempre e quando estejamos dispostos a correr os riscos inerentes a elas.

4º Passo – Nem todas as idéias originais chegam a ser aplicadas. Às vezes duvidamos delas, e apesar de sabermos que são originais não nos esforçamos o suficiente para implementá-las na empresa ou no mercado.

Portanto, originalidade aplicada "não é evitar" que a sua resposta ou idéia seja divulgada, mas, ao contrário, fazer todo o possível para que a sua resposta (idéia) seja conhecida.

Grosso modo, pode-se dizer que para se chegar à originalidade aplicada, 50% de sucesso está no valor da idéia como sendo uma diferente do resto, melhor dizendo, **original**.

Mas os outros 50% (no mínimo) de êxito estão na nossa convicção em acreditar na nossa idéia, comprometendo-nos em levá-la adiante, trabalhando com afinco e afrontando todos os riscos e obstáculos até conseguir que ela seja aplicada e se torne uma inovação.

4º ENFOQUE – A REDEFINIÇÃO.

Muitas vezes nos envolvemos profundamente com a solução de um problema sem ter pensado minuciosamente qual realmente é o problema.

Quando se trata de dar idéias sobre uma situação que se quer resolver, é freqüente a tendência de produzi-las sem uma prévia avaliação das diferentes maneiras segundo as quais se poderia encarar a "situação embaraçosa".

Redefinir um problema é como fazer uma pausa e perguntar:

→ "O que é que na realidade estão nos pedindo para fazer?"

→ "O que é que de fato devemos alcançar?"

Por exemplo, no teste dos círculos o problema foi definido como "ocupar ou preencher a maior quantidade de círculos em 10 minutos com desenhos cujo elemento essencial seja o próprio círculo".

Não obstante nada foi dito sobre o fato de que se devia utilizar um círculo de cada vez.

A tarefa pode ser feita de forma bem mais rápida e simples se fizermos os desenhos com mais de um círculo (por exemplo, fazendo uns óculos, uma bicicleta, um semáforo, etc.).

Inclusive podemos unir os 20 círculos em uma única figura, supondo que seja o bairro de uma cidade na qual existem 20 edifícios redondos que estão sendo vistos de cima, ou pode então ser um corte de alguma tela ou de uma placa cheia de furos circulares, ou ainda os círculos fazendo parte de uma pauta musical (ver as Figuras 4.6a, b e c).

Aí costumam ser feitas as perguntas: Isto vale ou não vale? Pode ser feito desse jeito ou não?, etc.

Justamente na **redefinição** de um problema não se procura esclarecer o que vale ou não vale, não se pede autorização a ninguém, mas, ao contrário, busca-se descobrir por si só quais são os limitantes reais do problema e quais são as restrições que nós estamos assumindo sem que ninguém tivesse falado (ou imposto) algo sobre isso.

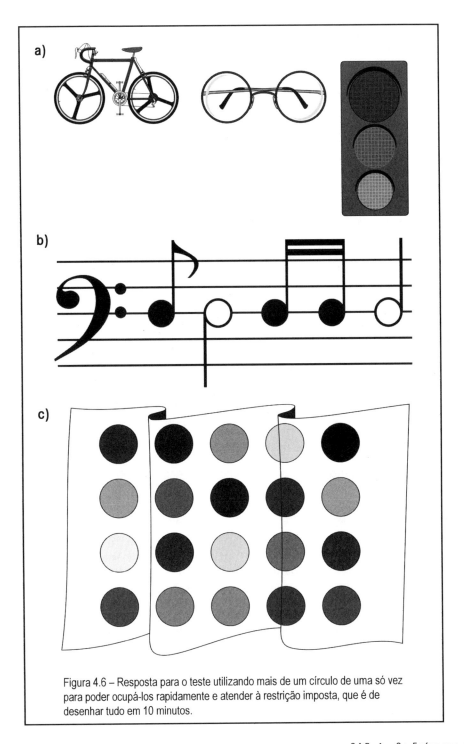

Figura 4.6 – Resposta para o teste utilizando mais de um círculo de uma só vez para poder ocupá-los rapidamente e atender à restrição imposta, que é de desenhar tudo em 10 minutos.

Quem é especialista em descobrir isso são os advogados, que fundamentam muito os seus recursos em algo que não foi especificado ou imposto claramente nas leis.

Redefinir um problema é trabalhar criativamente sobre ele em lugar de iniciar o trabalho apressadamente buscando as respostas para a primeira definição que for dada para o mesmo.

Não se deve esquecer que um problema bem definido corresponde a 50% de probabilidade de que venhamos a solucioná-lo.

Afinal o tipo de definição que se dá a um problema nos condiciona muito ao tipo de respostas solucionadoras que vamos lhe dar.

É muito comum acharmos que temos uma visão clara de qual é o problema, mas sem sabermos disto existem muitas informações que não temos ou imposições que não existem.

É aí que devem ser utilizadas as técnicas de criatividade que nos possibilitem alguma revisão dos pressupostos sobre o problema.

E, mais que isso, que não fiquemos presos a restrições sobre as quais não se falou...

Assim, no nosso exemplo ilustrativo dos 20 círculos deveríamos fazer a nós mesmos, antes de iniciarmos o teste, as seguintes perguntas:

→ Estamos supondo que é necessário usar um círculo por desenho?

→ Estamos supondo que todos os desenhos-resposta devem ser diferentes?

→ Estamos supondo que não podemos dar respostas "ilógicas" como, por exemplo, que um círculo é uma torre redonda vista de cima?

Etc.

É importante lembrar que quando se quer resolver um problema no mundo dos negócios tem-se a mesma situação, ou seja, muita coisa é difícil saber do mercado, embora uma das disciplinas mais expressivas para evitar riscos empresariais é a de pesquisa de mercado, principalmente quando se quer lançar um produto ou serviço novo.

Muitas vezes são os próprios empreendedores que devem criar os mercados, desafiando pressupostos e arriscando-se ao propor respostas para problemas que não têm muita certeza se existem.

Por exemplo, alguém que resolve investir em cemitérios para animais de estimação ou em hotéis para os mesmos, ou ainda em padarias para cães.

Claro que isto não é mais original no Brasil, pois já existem tais facilidades, aliás demorou bastante para que esta "influência" viesse de outros países, mas de qualquer forma nas primeiras instalações corria-se o risco de não ter "clientes"...

Um exemplo prático é o da empresa Avon, que de todas as formas quer diminuir o máximo que possa a distância entre a previsão e o fato, e para tanto usa a suíte *Demand Planning* da empresa norte-americana Manugistics para reduzir os erros nas projeções da demanda.

A unidade da Avon no Brasil está usando agora o *software* da Manugistics, que já deu bom resultado no México.

Como a produção de bens de consumo não-duráveis ocorre antes da compra e não sob demanda, o orçamento da indústria é baseado em previsão de demanda.

Obviamente a melhoria da informação sobre a demanda por produto acabado reduz o estoque em toda a cadeia.

Com o auxílio do *software* da Manugistics pode-se dimensionar o uso da capacidade produtiva, necessidade de serviços de terceiros, quantidade de insumos, e de todos os aspectos relacionados à operação da empresa.

O Brasil representa a metade do mercado latino-americano, todavia o México foi escolhido para a implementação do piloto, pois no Brasil outros projetos estavam em andamento.

No Brasil a Avon conta atualmente com 800 mil revendedoras e 13 milhões de entregas ao ano.

Em 2002 foram vendidos meio bilhão de itens para 21 milhões de clientes.

A Avon tem como meta 100% de perfeição para atender aos pedidos sem falha ou atraso, tendo hoje uma taxa de 82,3%, e confia no *software* da Manugistics para alcançar esse objetivo. Que *software* útil e criativo, não é?

5º ENFOQUE – A IMAGINAÇÃO.

A criação exige a capacidade de associar, de combinar, integrar coisas heterogêneas distantes e diferentes entre si.

Neste sentido, a realidade de cada ser humano nada é mais do que a medida da sua imaginação...

Com uma percepção sensível e imaginativa, uma pessoa pode reconhecer aspectos interessantes no trabalho ou num processo rotineiro.

Por exemplo, Isaac Newton percebeu na queda de uma maçã da árvore uma mensagem sobre a gravitação universal.

G. Bell imaginou um tímpano elétrico análogo ao ouvido humano, e assim inventou o telefone.

René Laennec brincava desde criança com caixas ocas de madeira para produzir ressonância e, quando adulto, inventou o estetoscópio.

Julio Verne disse um dia: "O que um homem pode imaginar, outro poder fazer."

E não é que ele estava totalmente certo!

Existem incríveis semelhanças entre a obra de ficção de Julio Verne, *Da Terra para a Lua*, escrita em 1865, e o vôo lunar da Apollo 11 em 1969.

O foguete de Verne partiu de Cabo Town, no Estado da Flórida, que não é muito longe de Cabo Canaveral, usado pelo programa da NASA um século depois.

A nave carregava uma tripulação de três pessoas e seu nome era *Columbiad*.

Havia também três astronautas no módulo de comando da Apollo, o *Columbia*.

As expedições alcançaram a Lua com a diferença de poucas horas: a viagem de Verne durou 4 dias e a do Apollo, 4 dias e 6 horas.

Os astronautas de Verne comeram carne e vegetais reduzidos por fortes pressões hidráulicas à menor dimensão possível, e os astronautas reais também comeram cápsulas de comida concentrada.

Mas quando estamos num processo de imaginação, todo o material processado pelo pensamento deve entrar dentro de nós através dos sentidos!?!?

Não existe na mente algo que não tenha estado antes, de alguma forma, nos sentidos corporais.

A vista, o ouvido e o tato nos fornecem a matéria-prima para as nossas idéias e para as nossas opiniões.

Desta maneira, o espírito de observação, a atenção concentrada, a sensibilidade "ligada" constituem o alimento básico para a criatividade.

Debaixo de uma luz forte, olhe para o ponto central do desenho da Figura 4.7.

Mantenha a página firme e tenha o cuidado de não mover sua cabeça ou olhos enquanto olha para esse ponto.

Depois de 20 ou 30 segundos, olhe para um pedaço de papel branco ou uma parede branca.

Você verá algo inusitado!

O que é?

Você viu a Mona Lisa?

Que interessante, não é?

Este interessante desenho é usado por psicólogos para explicar o fenômeno de pós-imagem.

Depois de olhar para um ponto fixo durante vários segundos, seus olhos ficam cansados, e ao mudar seu ponto focal para um fundo neutro, as partes da sua retina que viram branco verão preto e vice-versa!!!

Figura 4.7 – O teste da pós-imagem.

Voltando ao nosso teste dos círculos: Por que a maioria das respostas obtidas não representa desenhos simbólicos como, por exemplo, um círculo com outro círculo dentro representando, digamos, o movimento que visa à diminuição da incidência do câncer de mama investindo na prevenção?

Lamentavelmente é muito comum, quando se buscam respostas, deixar de lado aquelas que têm ligação com o plano do imaginário.

Mas esse "salto" até a imaginação é de vital importância quando se busca gerar respostas inovadoras.

Evidentemente é importante entender que o salto ao imaginário não implica estar preocupado porque as pessoas ficam perplexas com respostas aparentemente "inentendíveis" ou "fora de toda a realidade".

Medite de novo no que pensaram os leitores dos livros de Julio Verne no século XIX e o que pensam agora aqueles que lêem seus livros no século XXI.

Digamos que numa reunião sobre a fraca matrícula de alunos numa faculdade ou curso alguém diz: "Imagine se o último dia de matrícula (ou inscrição) fosse amanhã (na realidade faltam ainda dois meses), o que faríamos?"

Quando propomos este tipo de hipótese estamos dando a liberdade de fluir muito mais livremente do que no plano estritamente real ("O que faremos daqui a dois meses se não tivermos alunos?").

Não é muito comum dentro das organizações trabalhar com idéias ou conceitos imaginários.

E isto é surpreendente, porque se alguém olhar a dinâmica empresa-mercado constatará que ela se desenvolve em função de imagens e conceitos que não têm uma relação direta com a realidade de "carne e osso".

É aí que está a importância da criatividade, pois são surpreendentes os resultados que se pode alcançar nas empresas quando se introduzem elementos que tenham a ver com o uso da imaginação dos seus colaboradores.

6º ENFOQUE – A ELABORAÇÃO.

Deve-se entender por resposta elaborada aquela que seja uma boa resposta e que foi gerada após muito cuidado e um trabalho bem minucioso, digamos, como a solução proposta por alguém bem versátil mostrada na Figura 4.8.

Como o teste dos círculos é no fundo um exercício no qual se precisa trabalhar graficamente, a elaboração tem tudo a ver com a habilidade que se tem para desenhar.

E o (a) respondente pode não ter essa versatilidade.

A versatilidade muitas vezes é confundida com flexibilidade ou com o fato de a pessoa ser maneirosa.

Mas, independentemente da caracterização do que seja uma pessoa versátil, a verdade é que muitas vezes para se poder dar respostas criativas e originais é preciso saber manipular as informações e possuir mais aptidões que os outros.

Portanto, é imprescindível o fator "saber fazer" para se desenvolver idéias criativas, e desta forma um modo simples de definir **elaboração** é como sendo a capacidade de tratar das coisas de maneira acurada e detalhada.

Existem situações em que as respostas, para serem geradas e visualizadas, dependem de fato de uma certa capacidade de elaboração.

Figura 4.8 – Respostas bem elaboradas ao teste dos círculos.

É na elaboração criativa que os nossos níveis de conhecimento e de experiência se juntam para a produção de idéias.

7º ENFOQUE – O IMPACTO.

O **impacto** tem tudo a ver com o que produzem as nossas respostas além dos limites que podemos controlar...

Em criatividade existem muitas coisas que não se podem explicar: até uma idéia comum comunicada de maneira especial pode ter mais impacto que uma idéia brilhante, porém mal comunicada.

Dentro do contexto empresarial, a idéia da criatividade segue algumas normas bem claras, e uma delas é que se algo é "criativo" deve assim parecer para muita gente, vale dizer, para os clientes.

Então, se queremos diferenciar um produto ou serviço, ele deve ter algo impactante para o cliente, senão não existe diferenciação.

Em outras palavras, o produto/serviço deve ser novo e útil, diferente e eficaz, ou seja, apresentar algo que cause impacto.

O problema na busca do impacto é que podemos achar algo muito criativo, no entanto a nossa clientela pode não ter essa opinião!?!

➡ **Por que algo evidentemente novo e valioso pode não ser visto como tal pela clientela?**

Bem, inicialmente porque não soubemos nos comunicar, ou então porque de fato não tem toda a força que imaginamos, ou ainda porque o nosso "público" não entende o valor que carrega consigo um certo produto/serviço.

Ademais, além dos nossos próprios bloqueios, devemos saber lidar com os bloqueios dos nossos clientes que podem não aceitar o novo porque é "demasiado avançado", ou por não perceberem como algo é realmente "muito valioso".

Quem quiser ter um exemplo evidente de impacto deve pensar na importância de valer-se do desfile de uma supermodelo como a Gisele Bündchen para promover algum tipo de roupa.

Sem dúvida, Gisele Bündchen hoje conquistou tal reconhecimento e competência que tudo o que ela apresenta impacta fortemente os observadores...

O impacto é, portanto, mais que uma vantagem. É uma importante peça do jogo da criatividade dentro do mundo dos negócios, sendo hoje em dia usado habitualmente pelas agências de propaganda.

Um produto extremamente inovador, como é o caso de Segway – o "superpatinete" que responde instantaneamente aos movimentos do corpo do condutor –, é uma idéia de forte impacto, que precisa entretanto ser reconhecida pelo público consumidor como algo muito valioso e prático para tornar-se um sucesso de vendas!!!

8º ENFOQUE – ORIENTAÇÃO PARA A META (O OBJETIVO).

Muitas pessoas, até hoje, às vezes avaliam o tema da criatividade como sendo abstrato, inconsistente, teórico, inaplicável, sonhador, etc.

E elas têm razão em parte.

Contudo, a crença que se expandiu é que se pode ter indivíduos criativos a toda hora e em todo lugar!?!

E que, além disso, deve-se aplicar a criatividade a tudo: na alimentação, no trabalho, no lazer, nos nossos relacionamentos com as pessoas, etc.

A pessoa criativa, por outro lado, é brilhante, ágil, flexível, dinâmica, original, bem-sucedida, etc., e passa o tempo todo empreendendo e desenvolvendo indiscriminada e incondicionalmente ações criativas e inovadoras.

O pior de tudo é que se complementou dizendo que todos somos criativos e que podemos fazer coisas criativas!?!

Além disso, a criatividade pode ser vista em todos os cantos: na família, na escola, nas plantas, nos animais, no trabalho, etc.

Assim como tudo na vida está inter-relacionado, a criatividade é uma questão de comunicação, motivação, estimulação, condução, reflexão, concentração, exposição, racionalização, e mais outros "ãos".

Mais ainda, todas as ciências estão relacionadas com a criatividade, como a psicologia, a sociologia, a administração, a matemática, a engenharia, as artes plásticas, a antropologia, a filosofia, a astrofísica, etc.

E na empresa se necessita da criatividade em todos os lugares, em todos os níveis, em todas as áreas, ou melhor, com os clientes, com os fornecedores, com os empregados, com os acionistas e com os credores.

Todos os empregados da empresa devem ser criativos porque todas as pessoas podem ser criativas e fazer coisas criativas, sendo a criatividade a poção mágica que salvará qualquer organização do caos.

Isto tudo não é bem assim, e é preciso estar numa posição equilibrada em relação ao tema criatividade para não ficar no mundo das ilusões...

E o essencial é nunca esquecer que para se valer da criatividade deve-se ter como objetivo implementar de forma estável o uso da mesma para a solução de problemas.

Estar orientado para as metas (objetivos) significa seguir incessantemente buscando alternativas criativas ao longo do tempo, inclusive cometendo falhas, voltando às vezes para o mesmo lugar e recomeçando de novo a caminhada criativa.

Manter os objetivos (metas) vigentes, mesmo que não se tenha uma solução aparente para eles no momento, nem a curto prazo, e constatando que as alternativas até agora experimentadas não funcionaram.

Claro que esses objetivos (metas) não têm nada a ver com aqueles do tipo acabar com o estoque de matéria-prima da empresa até o fim do ano.

Aqui devemos pensar em objetivos de grande alcance, como melhorar a qualidade de serviço da organização até atingir a perfeição, fortalecer o *marketing* com o intuito de ampliar continuamente o domínio do mercado, aperfeiçoar constantemente o produto/serviço da empresa, etc.

Utilizando o exemplo do teste de desenhos nos 20 círculos é óbvio que não podemos esquecer a fluidez, a flexibilidade, a elaboração, etc., porém o fator que deve sobressair é a orientação para a nossa meta, que é **a de fazer o maior número de desenhos em 10 minutos**. Talvez fosse bom nesse caso conhecer o que faz a empresa Seton (Figura 4.9).

Figura 4.9 - Se a pessoa que fosse responder ao teste trabalhasse na Seton, empresa líder em identificação, provavelmente o faria em menos de 10 minutos indicando algo como está mostrado, ou seja, elaborando os diversos "avisos" que podem ser de várias dezenas...

Neste caso, esta é a meta da qual não podemos esquecer, por mais flexibilidade ou imaginação que estejamos dispostos a aplicar ao exercício proposto.

A orientação para a meta (objetivo) implica que devemos treinar o nosso pensamento para poder desempenhar simultaneamente duas funções: a de estar **"voando"** usando flexibilidade, fluidez, imaginação, etc., e ao mesmo tempo estar **alerta,** pois queremos alcançar um resultado dentro de algum tipo de restrição.

Logo, a orientação para a meta (objetivo) é vital em todas as técnicas que aplicarmos e em todos os exercícios que fizermos para desenvolver adequadamente a capacidade criativa.

CONSIDERAÇÕES FINAIS.

Bem, os oito enfoques apresentados constituem as variáveis mais conhecidas para a "medição" da criatividade como: fluidez, flexibilidade, originalidade, redefinição, elaboração, etc.

Porém, nenhum desses oito enfoques separadamente garante, por si só, a obtenção de respostas criativas ou inovadoras.

Além disso, é importante termos em conta que cada um desses enfoques, em excesso e sem uma inserção correta dentro do entorno, torna-se contraproducente.

Assim, por exemplo, se exagerarmos na fluidez obteremos uma grande quantidade de idéias, mas provavelmente teremos muitas delas extremamente parecidas, e aí neste caso será conveniente diminuir a fluidez e procurar conseguir respostas mais elaboradas, originais ou imaginativas.

Por outro lado, o excesso de flexibilidade poderá levar-nos a obter (fornecer) respostas de diversas categorias, mas justamente pelo fato de ir circulando entre essas categorias poderá ocorrer de ficarmos limitados a idéias superficiais em cada classe, não nos aprofundando nas respostas mais interessantes e originais dentro de cada categoria.

Também a busca indiscriminada e não controlada da originalidade poderá gerar respostas que – na sua pretensão de serem originais – são muito exóticas, extravagantes ou pretensiosas, que também não pode ser o objetivo.

Do mesmo modo, a busca obsessiva do impacto provoca somente isto: o impacto e nada mais.

Se, por outro lado, estivermos permanentemente "redefinindo o problema", é provável que não comecemos a resolvê-lo nunca...

De nada serve uma resposta demasiadamente elaborada que seja pouco original.

Só com a imaginação também não chegaremos a idéias práticas, concretas, viáveis e aplicáveis.

E, por último, se estivermos excessivamente presos à nossa meta (objetivo), isto também dificultará bastante, pois não ficaremos livres para a busca das idéias mais eficazes.

4.2 NEUROFITNESS Nº 4

1) Qual dessas pessoas mudou (Figura 4.10) a sua aparência?

Figura 4.10.

2) Qual desses jogadores (Figura 4.11) de futebol não está vestido corretamente?

3) – Um certo setor de uma empresa consiste em um funcionário, um especialista em dados, um representante de serviços, um vendedor e um gerente. Beatriz, Teodoro, Edson, Sérgio e Tobias trabalham nesse departamento, mas essa ordem não necessariamente corresponde aos cargos acima. Você pode distinguir quem ocupa qual cargo, baseado nos dados abaixo?

a) O responsável pelo processamento de dados fez um curativo no dedo do gerente quando este se cortou.

b) Enquanto o representante e o gerente estavam fora da cidade, o vendedor convidou Tobias e Sérgio para o almoço.

c) O vendedor é um excelente jogador de *bridge* e Teodoro admira sua habilidade.

d) Tobias convidou o funcionário do setor de informática para jantar, mas seu convite não foi aceito.

Figura 4.11.

Essa é uma solução de problema analítica: somente uma resposta é a correta, e pode ser obtida pelo raciocínio dedutivo (use e abuse do hemisfério esquerdo do seu cérebro). Será mais fácil usar um modelo, quadro ou uma matriz abaixo (veja a Tabela 4.1).

Nome	Gerente	Representante	Funcionário	Informática	Vendedor
Beatriz					
Teodoro					
Edson					
Sérgio					
Tobias					

Tabela 4.1.

4) Um dia meu chefe mandou que eu fizesse um inventário rápido do depósito. Nele estavam guardados milhares de baldes, em pilhas da mesma altura. Se as pilhas estivessem em filas iguais, a tarefa seria bastante simples. Infelizmente, elas haviam sido reunidas desordenadamente.

Era impossível passar pelos baldes para contar as pilhas e não havia tempo suficiente para alinhá-las para a contagem, pois o depósito seria fechado em meia hora. Como eu poderia contar os baldes em menos de meia hora, sem tocar em nenhum deles?

Encontre uma solução criativa. Ela requer:

✔ aproveitar as experiências anteriores;

✔ várias maneiras de dividir o problema em partes;

✔ imaginar o maior número possível de soluções;

✔ combinar idéias e experimentá-las para saber se funcionam.

Não esqueça que em geral, existem várias respostas para problemas resolvidos de forma criativa.

5) Na Figura 4.12 existe uma estrela. Você consegue enxergá-la?

6) O que você está vendo na Figura 4.13?

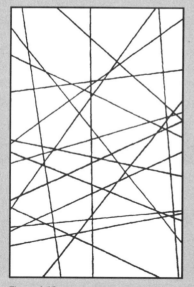

Figura 4.12.

Figura 4.13.

7) Qual dos desenhos da Figura 4.14 não está conforme com os outros?

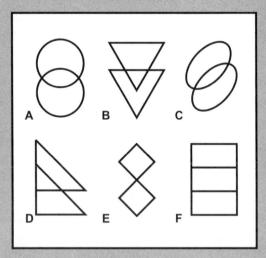

Figura 4.14.

8) Qual dos desenhos da Figura 4.15 não pode ser desenhado sem que se interrompa a linha ou sem cruzar outra linha?

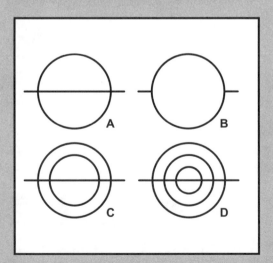

Figura 4.15.

9) Uma das pessoas que mais "espantaram" a todos com os seus desenhos criativos e outros "impossíveis" de serem transformados em realidade foi o mestre M. S. Escher.

Faça uma análise cuidadosa de alguns que aparecem na Figura 4.16. Pense sobre eles. Procure interpretá-los. Esta é uma excelente neuróbica!!!

Figura 4.16.

Relatividade.

Uma mão desenhando a outra.

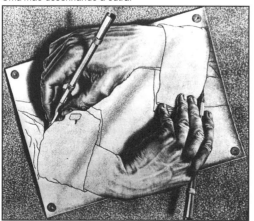

Queda d'agua.

Escadaria.

10) Quantos quadrados há na Figura 4.17?

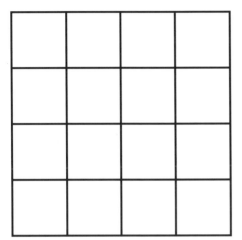

Figura 4.17.

11) Quantos triângulos de qualquer tamanho você pode achar na Figura 4.18?

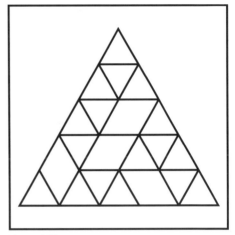

Figura 4.18.

12) Escreva 7 números 4 de modo que juntos somem 100 (Figura 4.19).

Figura 4.19.

13) Complete os "quadradinhos" vazios com números que formem todas as operações corretas na matriz da Figura 4.20.

Figura 4.20.

CAP. 4 - Os Enfoques que Conduzem à Criatividade

14) Os itens de cada um dos quatro conjuntos (ver Figura 4.21) têm alguma propriedade não-usual comum. Ache o primeiro objeto (animal) de ⓐ a ⓔ no retângulo da direita que possui essa propriedade. Um desses objetos não será usado.

15) O que é positivo a respeito das seguintes idéias de novos produtos?

a) Uma bola de boliche de vidro.

b) Um travesseiro de cimento.

c) Um esfregão com cabo de 30 centímetros.

16) O que é bom a respeito do seguinte?

a) Separar-se do namorado(a).

b) Destruir completamente o seu carro de 3 anos num acidente.

c) Não ter nenhum amigo.

17) Em uma empresa de informática, o técnico da manutenção tem 8 *mouses*, dos quais 7 são idênticos e 1 é um pouco mais leve. É necessário identificar o *mouse* mais leve, mas por problemas técnicos o responsável da área só tinha uma balança, e em apenas 2 pesagens ele descobriu o *mouse* mais leve. Explique o raciocínio que ele utilizou para chegar a esse resultado (Figura 4.22).

18) Qual dos desenhos da Figura 4.23 é o mais diferente dos outros?

19) Corte uma torta em 8 pedaços com 3 cortes ou menos.

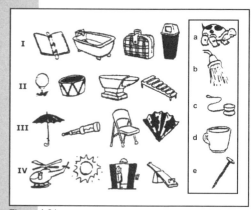

Figura 4.21.

Figura 4.22.

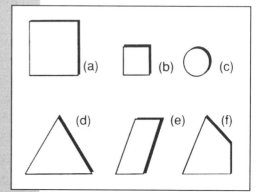

Figura 4.23.

20) Uma mulher estava esperando perto de um ponto de ônibus pelo seu marido, que vinha buscá-la de carro. Subitamente começou a chover e ela não tinha guarda-chuva, capa, ou chapéu, e não havia nenhum toldo (ou abrigo) por perto onde ela pudesse se esconder da chuva. Todavia, quando seu marido chegou dez minutos depois, ela entrou no carro sem nenhum indício de água nas suas roupas ou cabelo. Como ela poderia ter feito isso?

21) Se você gostou do último exercício do capítulo 3, aí vão outras representações perturbadoras (Figura 4.24). Agora você já está mais treinado(a) e seguramente matará todas as charadas!!!

a) Os buracos estão no topo ou na lateral?

b) Será que dá para chegar de um desenho ao outro?

c) É um pato ou um coelho?

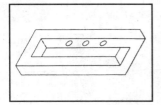
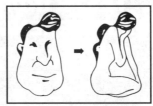

d) O que é isto?

e) Uma parte desta figura está flexionada?

f) Qual homem é o maior?

g) Será que de ponta-cabeça é a mesma coisa?

h) Será que é uma vibração visual?

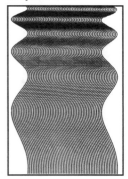

Figura 4.24 – Representações ambíguas.

apêndice A

TESTE INDICADOR DE PREFERÊNCIA CEREBRAL (TIPC)

Esse teste permite definir a sua preferência cerebral, como está indicado no livro *Whole Brain Thinking* das autoras Jacquelyn Wonder e Priscilla Donovan, e no livro de Harry Alder *O Gerente que Pensa com o Lado Direito do Cérebro*, da LTC Editora.

1 - Em uma situação na qual se exige a solução de um problema você:

a) Dá um passeio e então discute o mesmo.

b) Pensa sobre o mesmo, escreve todas as alternativas, arranja as mesmas de acordo com as prioridades e então escolhe a melhor.

c) Relembra o que ocorreu em alguma experiência semelhante no passado e implanta o que deu certo naquela oportunidade.

d) Espera até que as coisas se ajeitem por si sós.

2 - Sonhar acordado é:

a) Uma perda de tempo.

b) Agradável e relaxante.

c) Uma ajuda real na situação de problemas e no pensamento criativo.

d) Uma ferramenta viável para planejar o futuro.

3 - Olhe rapidamente para o desenho a seguir:

A pessoa está sorrindo?

a) Sim.   b) Não.

4 - Relativamente a palpites ou pressentimentos:

a) Freqüentemente você tem alguns bem fortes e os segue.

b) Tem alguns bem intensos porém não os segue de forma consciente.

c) Não os tem com freqüência e quando acontecem mesmo assim não bota muita fé neles.

d) Não acredita que possam ajudá-lo a tomar decisões importantes.

5 - Ao pensar sobre as atividades típicas do seu dia, o que é mais próximo ou típico do seu estilo?

a) Faz uma lista de todas as coisas que precisa fazer e das pessoas com as quais vai ter contato.

b) Visualiza os lugares aos quais irá, as pessoas que verá e as coisas que fará.

c) Deixa que as coisas aconteçam por si sós.

d) Planeja a programação do dia, bloqueando os tempos necessários para cada item ou cada atividade.

6 - Você comumente tem lugar para cada coisa, um sistema para fazer as coisas e uma específica habilidade para organizar as informações e os materiais?

a) Sim.   b) Não.

7 - Você gosta de mudar os móveis, de modificar a decoração de sua casa, do seu escritório ou do lugar no qual trabalha?

a) Sim.   b) Não.

8 - Assinale as atividades abaixo das quais você gosta:

❏ Nadar.

❏ Jogar tênis.

❏ Jogar golfe.

❏ Acampar.

❏ Esquiar.

❏ Pescar.

❏ Cantar.

❏ Cuidar do jardim.

❏ Tocar um instrumento.

❏ Fazer melhorias em casa.

❏ Costurar.

❏ Ler.

❏ Desenhar quadros.

❏ Cozinhar.

❏ Tirar fotografias.

❏ Não fazer nada.

- ❏ Viajar.
- ❏ Andar de bicicleta.
- ❏ Colecionar (selos, figurinhas, etc.).
- ❏ Escrever.
- ❏ Jogar xadrez.
- ❏ Jogar baralho.
- ❏ Jogar roleta.
- ❏ Resolver charadas.
- ❏ Dançar.
- ❏ Caminhar.
- ❏ Correr.
- ❏ Abraçar (acariciar alguém).
- ❏ Beijar.
- ❏ Mexer em animal doméstico.
- ❏ Conversar descontraidamente.
- ❏ Debater (discutir).

9 - Você aprende melhor a praticar algum jogo (basquete, vôlei, etc.) ou a dançar:

a) Imitando e adquirindo algum sentimento do jogo ou da música.

b) Aprendendo a seqüência e repetindo os passos mentalmente.

10 - *Ao praticar um esporte e se exibir em público você o faz melhor do que permitem as suas habilidades naturais e o que fez nos treinos, ou seja, você é bom no jogo e relaxado ou ruim no treino?*

a) Sim.   b) Não.

11 - *Você se expressa bem verbalmente?*

a) Sim.   b) Não.

12 - Você é totalmente voltado para o cumprimento de metas e objetivos?

a) Sim.   b) Não.

13 - *Quando quer lembrar-se de algum endereço, de algum nome, ou de algum item novo, você:*

a) Procura visualizar a informação.

b) Escreve observações pertinentes.

c) Verbaliza o mesmo (repete para si mesmo ou grita alto).

d) Associa o mesmo com alguma informação prévia.

14 - Você consegue lembrar os rostos das pessoas facilmente?

a) Sim.   b) Não.

15 - *No uso da língua brasileira (ou outra qualquer) você:*

a) Inventa ou completa a seu modo as palavras.

b) Planeja rimas e incorpora metáforas.

c) Escolhe as palavras corretas, exatas e precisas.

16 - *Em um processo ou situação de comunicação você se sente mais confortável sendo:*

a) O ouvinte (receptor).

b) O locutor (emissor).

17 - *Quando alguém de forma não planejada, ou seja, de maneira extemporânea lhe pede numa reunião para falar algo, você:*

a) Faz um rápido sumário.

b) Apenas fala alguma coisa.

c) Procura que mudem o foco para alguma outra pessoa ou então busca falar o menos possível.

d) Fala devagar, pausadamente e com muito cuidado.

18 - *Em alguma argumentação (discussão) você tende a:*

a) Falar até que seu ponto de vista seja aceito.

b) Procurar alguma autoridade para apoiar seu ponto de vista.

c) Tirar seu "time de campo".

d) Esbravejar, gritar, puxar cadeiras, bater na mesa, enfim, "fazer o diabo".

19 - *Você pode dizer de forma honesta e precisa quanto tempo passou sem que tenha olhado para seu relógio?*

a) Sim.   b) Não.

20 - *Você prefere situações de convívio social que são:*

a) Planejadas antecipadamente.

b) Espontâneas.

21 - *Ao preparar-se para uma nova e difícil tarefa, você:*

a) Visualiza a si mesmo executando-a efetivamente.

b) Procura recordar sucessos do passado em situações similares.

c) Prepara uma quantidade enorme de dados e informações a respeito da tarefa.

22 - *Você prefere trabalhar sozinho ou em grupo?*

a) Sozinho.

b) Em grupo.

23 - Quando chega a hora de tornar as "regras flexíveis" ou de alterar as regras da empresa você sente que:

a) As regras e a política da empresa são para ser seguidas e obedecidas.

b) O progresso exige que se desafie e modifique a estrutura existente.

c) Regras são feitas para serem desobedecidas.

24 - *No antigo colegial, ou seja, no 2º grau você preferia:*

a) Álgebra.

b) Geometria.

25 - *Qual dessas posições de escrita manual se assemelha mais à sua?*

a) Posição regular ou comum da mão direita.

b) Posição da mão direita "enganchada" (seus dedos apontando para o seu peito).

c) Posição regular ou comum da mão esquerda.

d) Posição da mão esquerda "enganchada" (seus dedos apontados para o seu peito).

Criatividade

270 <<

26 - Ao tomar anotações, você escreve com letra de forma:

a) Nunca.

b) Com grande freqüência.

27 - Você usa gestos para:

a) Enfatizar o seu ponto de vista.

b) Expressar o seu sentimento.

28 - Você usa a intuição, sente ou percebe que um item é direito ou correto, ou procura decidir na base de informação?

a) Usa o sentimento.

b) Compara, analisa e decide.

29 - Você gosta de assumir riscos?

a) Sim.   b) Não.

30 - Depois de ir a um espetáculo musical:

a) Pode cantarolar muitos trechos do espetáculo.

b) Lembra muito do "poema lírico musical".

31 - Por favor pegue um lápis ou uma caneta esferográfica e mantenha-a na perpendicular em relação ao soalho com o auxílio do braço direito, centrando-o (a) na linha de visão e alinhado (a) com alguma estrutura, quadro ou porta. Mantendo o objeto nessa posição, feche o olho esquerdo. Você tem a sensação que o (a) lápis (caneta) se move?

a) Sim.   b) Não.

32 - Sente-se numa posição bem confortável e junte as mãos no colo. Qual é o dedo que está no topo?

a) Esquerdo.

b) Direito.

c) Estão paralelos.

33 - Verifique entre os seguintes itens quais você acha que são verdadeiros para a sua pessoa:

❑ Eu posso "extrair" significado de contratos, manuais de instrução e documentos legais.

❑ Eu posso compreender esquemas e diagramas.

❑ Eu facilmente compreendo e visualizo os caracteres, a situação e o enredo de um material que li.

❑ Prefiro que os amigos telefonem antes avisando que vêm me visitar.

❑ Não gosto de tagarelice ao telefone.

❑ Acho agradável planejar e estudar todos os detalhes de uma viagem.

❑ Adio o mais que posso fazer telefonemas (ou responder a e-mails).

❑ Posso facilmente achar nomes em um dicionário ou nomes numa agenda telefônica convencional (não-eletrônica).

❑ Adoro trocadilhos.

❑ Anoto tudo que consigo nas reuniões, palestras e aulas.

❏ Eu "congelo" quando tenho que operar coisas mecânicas sob tensão.

❏ Idéias freqüentemente surgem para mim longe daqui (local do trabalho).

34 - *Eu tenho*:

a) Freqüentes mudanças de humor.

b) Em poucas ocasiões, para não dizer nenhuma mudança de humor.

35 - *Eu estou*:

a) Pouco consciente da linguagem corporal e prefiro mais escutar o que as pessoas dizem.

b) Conseguindo interpretar muito bem a linguagem corporal.

c) Me saindo bem tanto no entendimento da linguagem corporal que as pessoas usam como na compreensão do que dizem também!!!

No caso das perguntas 8 e 33 é necessário fazer antes uma média aritmética dos pontos obtidos. Some agora os pontos de todas as suas respostas e divida pelo seu número.

Por exemplo, se você obteve 218 pontos em 35 respostas, então o seu IPC (índice de preferência cerebral) é 6,22, tendo portanto dominância cerebral do hemisfério direito. Na realidade, o mínimo é próximo do IPC=1, quando a pessoa tem dominância cerebral total do hemisfério esquerdo, e o máximo é próximo do IPC=9 (dominância total do hemisfério direito).

Criatividade
da
Qualidade
272<<

RESPOSTAS DO TIPC.
Para saber a sua pontuação, ou seja, o escore que você alcançou,
aí estão as respostas do seu TIPC:

1. a) 7 b) 1 c) 3 d) 9	**13.** a) 9 b) 1 c) 3 d) 5	**24.** a) álgebra -1 b) geometria - 9
2. a) 1 b) 5 c) 7 d) 9	**14.** a)7 b) 1	**25.** a) 1 b) 7 c) 9 d) 3
3. a) 3 b) 7	**15.** a) 9 b) 5 c) 1	**26.** a) 1 b) 9
4. a) 9 b) 7 c) 3 d) 1	**16.** a) 6 b) 3	**27.** a) 2 b) 8
5. a) 1 b) 7 c) 9 d) 3	**17.** a) 1 b) 6 c) 9 d) 4	**28.** a) 9 b) 1
6. a) 1 b) 9	**18.** a) 3 b) 1 c) 7 d) 9	**29.** a) 7 b) 3
7. a) 9 b) 1	**19.** a) 1 b) 9	**30.** a) 9 b) 1
9. a) 9 b) 1	**20.** a) 1 b) 9	**31.** a) 8 b) 2
10. a) 9 b) 1	**21.** a) 9 b) 5 c) 1	**32.** a) 1 b) 9 c) 5
11. a) 1 b) 7	**22.** a) 3 b) 7	**34.** a) 9 b) 1
12. a) 1 b) 9	**23.** a) 1 b) 5 c) 9	**35.** a) 1 b) 7 c) 5

8.

nadar	9	viajar	5
tênis	4	bicicleta	8
golfe	4	coleção	1
camping	7	escrita	2
esqui	7	xadrez	2
pescaria	8	cartas	2
canto	3	roleta	7
jardinagem	5	charadas	5
tocar	4	dança	7
melhoria (casa)	3	caminhar	8
costura	3	correr	8
leitura	3	abraçar	9
desenho	5	beijar	9
cozinhar	5	tocar	9
fotografia	3	tagarelar	4
não fazer nada	9	discutir	2

33.

contrato	1	plano para	
esquema	7	viagem	1
visualiza	9	adia	7
avisar		acha palavras	1
previamente	2	trocadilhos	3
tagarelice	1	notas	1
		congela	3
		fora daqui	9

NEUROFITNESS Nº 1

1) Todas elas têm praticamente a mesma área. As suas diferentes formas nos fazem pensar que possuem áreas diferentes. Se tiver dúvida, meça e calcule.

2) Todas as três têm o mesmo comprimento. São os **diferentes** ângulos que fazem as três linhas horizontais parecerem ter comprimentos diferentes.

3) A resposta pode ser 6 ou 7. Será 6 se você olhar os cubos de cima, e 7 se estiver olhando de baixo. Já a saída do labirinto está indicada no esquema abaixo:

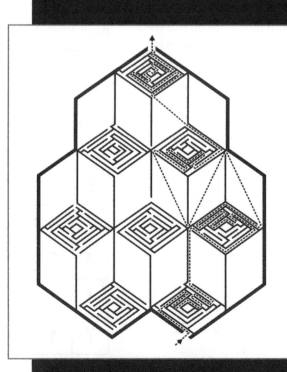

4) D - Há uma seqüência ocorrendo do olho esquerdo para o olho direito. Analise os estágios um e dois.

Os conteúdos dos olhos no estágio um foram misturados para formar o olho direito do estágio dois, e um novo símbolo foi introduzido no olho esquerdo do estágio dois.
Agora olhe para os estágios dois e três.
O conteúdo do olho direito no estágio dois foi removido e não aparece no estágio três.
O símbolo do olho esquerdo do estágio dois foi deslocado para formar o olho direito do estágio três, e um novo símbolo foi introduzido no olho esquerdo do estágio três. Esse padrão de mudança continuou de forma que o olho direito do quarto estágio é uma mistura dos olhos do estágio três. E um novo símbolo foi introduzido no olho esquerdo.

5) A - Têm-se seis triângulos, cada um com base sobre um dos lados do hexágono.

Cada triângulo, em cada etapa, aumenta a sua altura de um quarto da largura do hexágono, conforme mostrado na seqüência abaixo:

6) C - Em cada linha horizontal e em uma coluna vertical tem-se a forma ondulada preta uma vez.

Analogamente, em cada linha e em cada coluna o triângulo aparece três vezes, uma vez apontado para a esquerda, uma vez para a direita e uma vez para baixo, dois triângulos brancos e um preto, e o mesmo ocorrendo com os círculos.

7) C - O terceiro hexágono é formado pela fusão dos hexágonos 1 e 2.

O quinto hexágono é formado pela fusão de 4 e 1.

Os hexágonos 6 e 7 têm um desenho que fundido com o 5 e o 3, respectivamente, conduz ao cubo (opção C).

8)

¹5	0	²1	³2	⁴3
⁵1	⁶9	⁷7	4	2
⁸4	9	8	7	6
⁹1	1	1	¹⁰1	¹¹1
¹²7	4	2	9	3

9) **E** - é a forma que vem a seguir.

Note que existem quatro triângulos se movendo continuamente no sentido horário em torno dos eixos, parando em posições definidas, como mostrado abaixo:

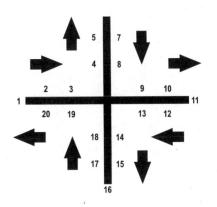

10) Deve ser o peso (♣).

Da pirâmide lógica podem-se tirar as seguintes relações para os seus pesos.

♝ + ◠ = 🔔

◠ + ◇ = ♡

🔔 + ♡ = ◠

♡ + ♡ = ◇

Dessa forma, ♝ + ▬ precisa ser igual a algo completamente diferente. Das opções mostradas, esse "diferente" só pode ser ♣.

> **Observação importante**: Quem quiser aguçar mais ainda o poder da sua mente deve ter o livro de Robert Allen e Josephine Fulton, *Mighty Mind Boosters*, o qual apresenta centenas de formas para desafiar a sua imaginação.
>
> Aliás, os testes apresentados no livro servem inclusive para sua auto-avaliação sobre suas aptidões em áreas vitais, tais como suas habilidades para aprender, sua capacidade de concentração, seu potencial nos cálculos numéricos e nas ações verbais, e principalmente como andam sua criatividade e suas tomadas de decisão.
>
> O livro é um produto Mensa, uma organização cuja finalidade principal é o desenvolvimento da inteligência e a sua utilização para o bem comum.
>
> O Mensa na realidade é um clube social extraordinário com associados dispersos pelo mundo todo.
>
> A prática e a perseverança podem de fato melhorar os nossos poderes mentais.
>
> Quem conseguir passar bem por todos os testes e problemas propostos no *Mighty Mind Boosters* estará se transformando em um ser humano muito mais criativo.

Qualidade da Criatividade
276<<

respostas

NEUROFITNESS Nº 2

1)
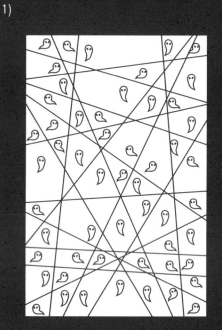

2) 51 fantasminhas, constituindo uma boa idéia...

3)

4)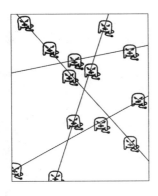

5) $\begin{cases} a + b = 70 - (21 + 18) = 31 \\ b + c = 70 - (22 + 13) = 35 \\ a + c = 70 - (24 + 12) = 34 \end{cases}$

Daí obtém-se rapidamente:

$2b = (21 + 35) - 34 = 32$

$\boxed{b = 16}$

Os outros valores ficam bem simples de obter, chegando à seguinte matriz:

10	24	23	13
21	15	16	18
17	19	20	14
22	12	11	25

6)

2	2	3	3	3
3	3	3	2	2
3	2	2	3	3
2	3	3	3	2
3	3	2	2	3

7)

7	2	2	1	1
1	1	7	2	2
2	2	1	1	7
1	7	2	2	1
2	1	1	7	2

8)

9)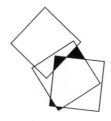

10) A resposta é **D**, pois os três quadrados formam quatro triângulos.

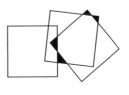

NEUROFITNESS Nº 3

1) Se você não se atrapalhou com o enunciado do problema, prezado leitor, certamente chegou à resposta certa. Eu tenho 28 anos.

2) Deve-se colocar o azulejo **B**. Você deve notar que se olhar em qualquer horizontal (transvesal) ou vertical (para baixo), perceberá que tem um azulejo no qual desaparecem os dois segmentos de reta que eram comuns nos outros dois.

3)

103	79	37
7	73	139
109	67	43

4) $\dfrac{35}{70} + \dfrac{148}{296} = 1$

5)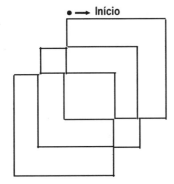

6) Virar duas ampulhetas ao mesmo tempo.

Aí deve-se virar de novo a ampulheta de 4 minutos quando esta chegar ao seu ciclo completo (passaram-se 4 minutos).

Também deve-se virar imediatamente a ampulheta de 7 minutos assim que ela completar o seu ciclo (já se passaram mais 3 minutos).

Nesse mesmo instante, a ampulheta de 4 minutos tem ainda 1 minuto para que a areia dentro da mesma desça (4+3+1=8).

Aí vire de novo a ampulheta de 7 minutos, que tem na parte de baixo areia suficiente para marcar apenas 1 minuto.

Espere toda essa areia da ampulheta de 7 minutos descer e terão decorridos 9 minutos (4+3+1+1=9).

7) A resposta **não-criativa** e na nossa educação trivial a considerada "oficial" é de 15 cavalos e 11 homens, obtida resolvendo-se o seguinte sistema linear:

- homem → x { 1 cabeça, 2 pés

- cavalo → y { 1 cabeça, 4 pés

$\begin{cases} x+y = 26 \text{ ou } x = 26-y \\ 2x+4y = 82 \text{ ou } x+2y = 41 \end{cases}$

Portanto:

26−y+2y = 41 ou $\boxed{y = 15}$ e $\boxed{x = 11}$

Como seria bom se fossem ensinadas também alternativas criativas, e alguém pudesse dizer que a solução pode ser 16 cavalos e 10 homens, um dos quais tinha sofrido um acidente de carro no qual havia perdido as pernas (cabeças = 16+10 = 26 e pés = 16x4+9x2+1x0 = 82).

Com certeza existem muitas outras soluções dentro dessa linha de raciocínio se você não for um "quadrado clássico", e sim um adepto da Criática!!!

8) O executivo cortou a barra em comprimentos de 1 cm, 2 cm e 4 cm com dois cortes apenas. Por meio da troca de barras, ele pode pagar o consultor exatamente com 1 cm de ouro por dia.

Não é uma solução engenhosa?

Não é uma idéia criativa? Sem dúvida!!!

9)
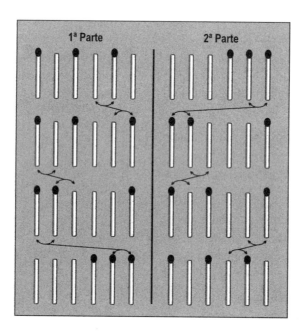

NEUROFITNESS Nº 4

1) **F**, sem bigode difere de **B** e **G**.

2) **E**, pois os jogadores que estão de calção branco vestem meias brancas, e aqueles de calção preto vestem meias pretas. **E** está de calção preto e meias brancas.

3) I – O gerente é homem (pista a), portanto não pode ser Beatriz.

II – Sérgio e Tobias não podem ser: o representante, o vendedor ou o gerente (pista b). Portanto, devem ser o processador e o funcionário.

III – O vendedor é homem; portanto, não pode ser Beatriz, e também não é Teodoro; então deve ser Edson. Isso significa que Teodoro deve ser o gerente e Beatriz a representante de serviços.

IV – Tobias não é o "processador" (pistas b e d); portanto, deve ser o funcionário, e isto deixa Sérgio como processador (pista b).

4) Uma "saída" possível é: contar o número de baldes de uma das pilhas, tirar uma foto de cima das pilhas com uma câmera instantânea, contar as pilhas usando a foto e multiplicar pelo número de baldes de cada pilha obtido anteriormente.

5)

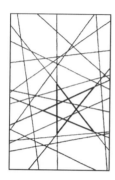

6) Alguém montado num cavalo.

7) **E**, pois em todas as outras situações os desenhos se superpõem (A- duas circunferências, B- dois triângulos eqüiláteros, C- duas elipses, D- dois triângulos retângulos e F- dois quadrados).

8) **B**, pois como se pode ver no desenho que vem a seguir, todas as outras figuras podem ser desenhadas com uma linha contínua, ou seja, não interrompida.

10) Este é um problema clássico de criatividade. Na escola, principalmente nos primeiros anos, nós somos ensinados para assumir certas coisas implícitas nos problemas. Neste caso, nós somos "levados" a assumir que as linhas no quadrado só podem ser contadas uma vez. Evitando esse pressuposto, muitas outras soluções aparecerão. Para começar, há 16 pequenos quadrados mais o quadrado maior, o que totaliza 17. Adiante há 3 quadrados de 3x3, somando 21. Há também 9 quadrados 2x2, o que dá 30. Se você definir um quadrado usando os pequenos quadrados como bordas, há ainda mais soluções.

11) 28 triângulos.

12)

4
4
4
44
44
100

13)

3	✛	4	ꝯ	7
✛	▨	✛	▨	✛
2	✛	2	ꝯ	4
ꝯ	▨	ꝯ	▨	ꝯ
5	✛	6	ꝯ	11

14- I, D - Eles guardam algo.

II, E - Você bate neles.

III, A - Todos se contraem.

IV, C - Todos vão para cima e para baixo.

15- Este exercício testa sua habilidade de manter um atitude positiva em face de idéias aparentemente absurdas. Nem todas as idéias são bem desenvolvidas na primeira vez em que são apresentadas. Outras características podem também não ser aplicáveis. A marca de um verdadeiro pensador criativo, todavia, é a habilidade de transformar as características negativas em positivas – transformar limões em limonada. Aqui há alguns exemplos de respostas:

a) Uma bola de boliche de vidro: distinta e única; fácil de achar quando no meio de outras bolas; você pode ver através dela quando estiver se preparando para jogar; daria um belo troféu; pode ser usada para prever o seu "destino".

b) Um travesseiro de cimento: nunca precisaria de enchimento; manteria sua forma; duraria para sempre; poderia ser usado na construção; faria com que suas crianças não "promovessem" uma "guerra de travesseiros".

c) Um cabo de esfregão de 30 centímetros: poderia ser adicionado a um cabo comum para ser usado como extensão, para alcançar locais inacessíveis na limpeza; poderia também ser usado como cabo para pessoas pequenas ou crianças; poderia ainda ser reciclado como cassetete de polícia; finalmente poderia ser projetado com outros tipos de cabos intercambiáveis para vários usos.

16- O pensamento criativo é evidenciado aqui através da capacidade de achar pontos positivos na adversidade:

a) Não haverá mais brigas; não é preciso mais sentir-se policiado; pode-se economizar o dinheiro dos encontros; pode-se gastar mais tempo no traba-

Neurofitness
respostas

lho ou em *hobbies*: pode-se encontrar um novo namorado(a); pode-se refletir sobre si mesmo, para agir diferentemente da próxima vez que ficar triste; pode-se aprender como reagir durante a adversidade.

b) Vai-se obter um carro novo do seguro e com isto não haverá contas de oficina durante um certo tempo (se o carro for novo); aprender sobre como as guias de seguros são preenchidas. Se você acaba de se separar da sua namorada, poderá "atrair" uma outra com seu carrinho novinho; se você se machucou visivelmente, poderá receber a simpatia de algumas pessoas.

a) Obter-se-á mais tempo para trabalho ou *hobbies*; uma conta de telefone menor; não se terá que gastar dinheiro com presentes; não se assumirão compromissos sociais; não será necessário agüentar os hábitos ruins de algumas pessoas.

17) Para descobrir qual é o *mouse* mais leve, consideremos inicialmente que a balança de que dispomos é do tipo que possui 2 "pratos" eqüidistantes, sob um braço, de um apoio central. Assim sendo, nossas medições terão a possibilidade de "comparar" os *mouses*.

Dessa forma, o que faremos, como primeiro passo, é colocar em cada prato da balança três *mouses*, num total de seis, deixando dois de fora.

Há duas possibilidades, nesta primeira pesagem:

a) Não há desequilíbrio.

b) A balança pende para um dos dois lados.

No caso a), basta pegar os dois *mouses* restantes e colocá-los, um de cada lado, nos pratos da balança. O lado que pender para cima terá o *mouse* mais leve.

No caso b), devemos separar o grupo de três *mouses* do prato que pendeu para cima, pois neste grupo estará o *mouse* mais leve.

Deste grupo, pegamos aleatoriamente dois *mouses* e colocamos um de cada lado da balança, deixando um de fora.

Novamente há duas possibilidades:

b) A balança não demonstra desequilíbrio.

c) Há desequilíbrio.

No caso b), basta verificar qual é o *mouse* mais leve pelo lado da balança que estiver para cima.

No caso a), o *mouse* restante, que ficou separado, é o mais leve.

De todas as maneiras, só foram necessárias duas pesagens para descobrir qual o *mouse* mais leve.

18- O desenho a) poderia ser a resposta correta porque ele tem a maior área dentro do seu perímetro. O desenho b) poderia também ser a resposta correta porque é o único que combina com outro – o quadrado maior – e tem menos área do que qualquer outro dos desenhos de linhas retas; ele é também o de menor perímetro, levando em conta os desenhos em linhas retas. O desenho c) poderia ser a resposta correta porque ele é o único com linhas curvas. O desenho d) poderia ser escolhido porque é o único que tem 3 lados. O desenho e) poderia ser a resposta correta porque o seu centro de gravidade está fora de equilíbrio. O desenho f) poderia ser escolhido porque é o desenho menos simétrico.

Este exercício é difícil para algumas pessoas, pois elas acham que estão diante de perguntas como as formuladas nos testes de QI. Tais testes assumem somente uma resposta certa. Uma lição que se pode tirar deste exercício é que você deve ser um solucionador de problemas flexível, e não pensar nunca em apenas uma solução toda vez que for resolver um problema.

Infelizmente a educação tradicional nos habituou a parar de pensar assim que encontramos a primeira solução viável...

19 - Este é um exercício clássico para se testar pré-concepções. Muitas pessoas têm dificuldade em achar uma solução. Todavia, depois que você testar as suas pré-concepções, descobrirá rapidamente que há um grande número de respostas! Para resolver este problema, você deve se perguntar coisas do tipo: "O que é um corte?", "Os cortes devem ser feitos em linhas retas?", "Como deve parecer um pedaço de torta?", "O que você deve usar para cortar uma torta?", "Você precisa cortar a torta de cima?" Depois de fazer tais perguntas, você pode pensar em soluções como mostradas na figura abaixo. Uma outra solução é usar uma faca com sete lâminas saindo de um ponto central. Use-a uma vez e você terá oito pedaços. Ou então corte a torta pela metade e coloque uma metade em cima da outra. Repita a operação mais duas vezes e terá oito pedaços, ou então corte a torta em quatro pedaços e faça um corte horizontal, e terá oito pedaços.

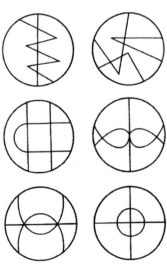

Neurofitness
respostas

20- Eis aí algumas das respostas viáveis:

a) Choveu somente numa rua perto dela. b) Ela parou um táxi e esperou dentro dele. c) Um pedestre com guarda-chuva chegou e deixou que ela partilhasse do mesmo. d) Ela se escondeu embaixo de um carro parado. e) A chuva só durou alguns segundos, permitindo com que ela se secasse em alguns minutos. f) Ela pegou um ônibus, foi até o ponto mais próximo, e então voltou. g) Ela esperou no *lobby* de um edifício próximo (o problema não fala nada sobre edifícios por perto, somente de toldos).

21- a) Complicado, porém as duas coisas...

b) Pense em algo como dizem que se pensou quando se criou o símbolo do euro a partir de um esboço do rosto do ex-chanceler alemão *Helmut* Kohl.

c) Fica a critério do(a) leitor(a).

d) Uma parte do mapa da Europa.

e) Depende da vontade da pessoa que observa...

f) Todos do mesmo tamanho.

g) Seguramente que não!

h) Dá essa sensação, não é?

BIBLIOgrafia

Ackoff, R. L. – *The Art of Problem Solving – Accompanied by Ackoff's Fables* – John Wiley & Sons – New York – 1978.

Adams, J. L. – *Conceptual Blockbusting – A Guide to Better Ideas* – Addison-Wesley Publishing Company Reading – 1986.

Albrecht, K. – *Brain Power – Learn to Improve your Thinking Skills* – Prentice Hall Press – New York – 1987.

Alder, H. – *O Gerente que Pensa com o Lado Direito do Cérebro* – LTC Editora – Rio de Janeiro – 1993.

Alencar, E. S. de – *A Gerência da Criatividade – Abrindo as Janelas para a Criatividade Pessoal e nas Organizações* – Makron Books do Brasil Editora – São Paulo – 1997.

Allen, R. – Fulton, J. – *Mighty Minds Boosters* – Editora Barnes & Noble Books.

Arnault, B. – *A Paixão Criativa* – Editora Futura – São Paulo – 2001.

Axelrod, A. – Holtje, J. – *201 Maneiras de Dizer Não com Elegância e Eficiência* – Editora Manole Ltda. – São Paulo – 1998.

Ayan, J. – *Aha! – 10 Maneiras de Libertar seu Espírito Criativo e Encontrar Grandes Idéias* – Negócio Editora – São Paulo – 1998.

Baifang, L. – *Chinese Brain Twisters* – Barnes & Noble Books – New York – 2001.

Barbour, G. P. – Barnett, C. C. – *The Creative Manager – Leader's Guide* – International City / County Management Association – Washington – 1987.

Barker, A. – *30 Minutos... Para Gerar Grandes Idéias* – Editora Clio –São Paulo – 1997.

Barreto, R. M.

✦ *Criatividade em Propaganda* – Summus Editorial – São Paulo – 1982.

✦ *Criatividade no Trabalho e na Vida* – Summus Editorial – São Paulo – 1986.

Bennis, W. – Biederman, P. W. – *Os Gênios da Organização – As Forças que Impulsionam a Criatividade das Equipes de Sucesso* – Editora Campus – Rio de Janeiro – 2000.

Birch, P. – Clegg, G. – *Criatividade nos Negócios* – Editora Clio – São Paulo – 1995.

Boden, M. A. – *Dimensões da Criatividade* – Editora Artmed – Porto Alegre – 1999.

Bono, E. de

✦ *Criatividade Levada a Sério – Como Gerar Idéias Produtivas através do Pensamento Lateral* – Livraria Pioneira Editora – São Paulo – 1994.

✦ *Parallel Thinking from Socratic Thinking to the Bono Thinking* – Penguin Books – London – 1995.

✦ *Teach Yourself to Think* – Penguin Books – London – 1995.

✦ *O Pensamento Lateral na Administração* – Editora Saraiva – São Paulo – 1994.

✦ *La Revolución Positiva – 5 Princípios Básicos* – Ediciones Paidós – Barcelona – 1994.

✦ *Oportunidades* – Editora Revista dos Tribunais – São Paulo – 1989.

✦ *Seis Chapéus* – Editora Revista dos Tribunais – São Paulo – 1989.

✦ *Lateral Thinking – Creativity Step by Step* – Harper & Row Publishers – New York – 1973.

✦ *The 5 Day Course in Thinking* – Penguin Books – London – 1969.

✦ *I am Right – You are Wrong* – Penguin Books – London – 1990.

✦ *Lógica Fluida – La Alternativa a la Lógica Tradicional* – Paidós – Barcelona – 1996.

Boorstin, D. J. B. – *The Creators* – Vintage Books – New York – 1992.

Branham, L. – *Motivando as Pessoas que Fazem a Diferença – 24 Maneiras de Manter os Talentos de sua Empresa* – Editora Campus – Rio de Janeiro – 2001.

Buzan, T. – Buzan, B. – *The Mind Map Book – How to Use Radiant Thinking to Maximize your Brain's Unstopped Potential* – A Plume Book – New York – 1996.

Cameron, J. – *Criatividade – A Mina de Ouro* – Ediouro Publicações S. A. – Rio de Janeiro – 1998.

Carmello, E. – *O Poder da Informação Intuitivo – Como Assimilar Informações com Rapidez e Criatividade* – Editora Gente – São Paulo – 2000.

Carper, J. – *Seu Cérebro Milagroso* – Editora Campus – Rio de Janeiro – 2000.

Carr, C. - *O Poder Competitivo da Criatividade* – Makron Books do Brasil Editora Ltda. – São Paulo – 1998.

Christensen, C. M. - *O Dilema da Inovação – Quando Novas Tecnologias Levam Empresas ao Fracasso* – Makron Books Ltda. – São Paulo – 2001.

Clark, C. - *Brainstorming – How to Create Successful Ideas* – Doubleday & Company – 1958.

Clegg, B. - Birch, P. – *Imagination* Engineering – Prentice Hall - Pearson Education Limited – London – 1996.

Dacey, J. S. – *Fundamentals of Creative Thinking* – Lexington Books – New York – 1989.

Dauer, F. W. – *Critical Thinking – An Introduction to Reasoning* – Barnes & Noble Books – New York – 1989.

Dowling, J. E. – *Creative Mind – How the Brain Works* – W. W. Norton & Company – New York – 1998.

Domingos, C. – *Criação sem Pistolão* – Negócio Editora – São Paulo – 2002.

Dualibi, R. – Simonsen Jr., H. – *Criatividade & Marketing* – Makron Books Ltda. – Pearson Education do Brasil – São Paulo – 2000.

Duarte, M. – *O Livro das Invenções* – Editora Schwarcz Ltda. – São Paulo – 1998.

Edwards, B. – *Exercícios para Desenhar com o Lado Direito do Cérebro* – Ediouro – Rio de Janeiro – 2002.

Escher, M. C.

✦ *O Espelho Mágico* – Evergreen – Colônia – 1991.

✦ *Visions of Symmetry Notebooks, Periodic Drawings and Related Work of M. C. Escher* – W. H. Freeman and Company – New York – 1998.

✦ *The Graphic Work* – Evergreen – Colônia – 1991.

Fezler, W. – *Creative Imagery – How to Visualize in All Five Senses* – Fireside Book – New York – 1989.

Firestien – R. L. – *Leading on the Creative Edge* – Piñon Press – Colorado Springs – 1996.

Fisher, M. – *Intuição – Estratégias e Exercícios para Auxiliar na Tomada de Decisões* – Livraria Nobel S.A. – São Paulo – 1990.

Freeman, A. – Golden, R. – *Como Tener Ideas Geniales* – Gestión-2000.

Foster, J. - *Como Ter Novas Idéias Usando a Criatividade para o Êxito de seu Negócio* – Editora Futura – São Paulo – 1996.

Gamache, R. D. – Kuhn, R. L. – *The Creativity Infusion – How Managers Can Start and Sustain Creativity and Innovation* – Harper Business – New York – 1989.

Gasalla, J. M. – *Fábrica de Talentos – Técnicas para Dirigir e Desenvolver Pessoas* – Editora Gente – São Paulo – 1996.

Gelb, M. J.

✦ *How to Think Like Leonardo da Vinci – Seven Steps to Genius Every Day* – Delacorte Press – New York – 1998.

✦ *Como Descobrir sua Genialidade – Aprenda a Pensar com as Dez Mentes mais Revolucionárias da História* – Ediouro Publicações S.A. – 2002.

Glanz, B. – *The Creative Communicator* - The McGraw-Hill – New York – 1993.

Goldberg, M. C. – *Times – Ferramenta Eficaz para a Qualidade Total* – Makron Books – São Paulo – 1999.

Gramigna, M. R. M. – *Jogos de Empresa e Técnicas Vivenciais* – Makron Books do Brasil Editora Ltda. – São Paulo – 1997.

Greenfield, S. – *Brain Power – Working out the Human Mind* – Element Books Limited – Shaftesbury – 1999.

Grossman, S. R. – Rodgers, B. E. – Moore, B. R. – *Innovation, Inc. – Unlocking Creativity in the Workplace* – Wordware Publishing, Inc. – Plano – 1988.

Gryskiewickz, S. S. – Hills, D. A. – *Readings in Innovation* – Center for Creative Leadership – Greensbore – 1992.

Guilford, J. P. – *Way Beyond the IQ* – The Creative Education Foundation, Inc. – Buffalo – 1977.

Gundling, E. – *The 3M Way to Innovation – Balancing People and Profit* – Kodansha International – Tokyo – 2000.

Hall, D. – Wecker, D. – *Jump Start your Brain* – Warner Books – New York – 1995.

Hamel, G. – *Liderando a Revolução* – Editora Campus – Rio de Janeiro – 2000.

Hargrove, R. – *Colaboração Criativa* – Editora Cultrix – Amana-Key – São Paulo – 1998.

Herrmann, N. – *The Whole Brain Business Book* – McGraw-Hill – New York – 1996.

Ijiri, Y. – Kuhn, R. L. – *New Directions in Creative and Innovative Management – Bridging Theory and Practice* – Ballinger Publishing Company – Cambridge – 1988.

Isaksen, S. G. – Murdock, M. C. – Firestien, R. L. – Treffinger, D. J. – *Nurturing and Developing Creativity – The Emergence of a Discipline* – Ablex Publishing Corporation – Norwood – 1993.

Jacobsen, M. – Elaine – *Liberating Everyday Genius - A Revolutionary Guide for Identifying and Mastering your Exceptional Gifts* – Ballantine Books – New York – 1999.

Jones, L. – McBride, R. – *An Introduction to Team Approach Problem Solving* – Quality Press – Milwaukee – 1990.

Kao, J. – *Jamming – A Arte e a Disciplina da Criatividade na Empresa* – Editora Campus – Rio de Janeiro – 1997.

Kawakami, K.

✦ *99 More Unuseless Japanese Inventions – The Art of Chindogu* – Harper Collins Publishers – London – 1997.

✦ *101 Inventions Japonaises Inutiles et Farfelues* – Editions Vents d'Ouest – Paris – 1998.

Kastika, E. – *Desorganización Criativa – Organización Inovadora* – Ediciones Macchi – Buenos Aires – 1994.

Katz, L. C. – Manning, R. – *Mantenha o seu Cérebro Vivo* – Editora Sextante – São Paulo – 2000.

Kelly, T. – *A Arte da Inovação* – Editora Futura – São Paulo – 2001.

Khalsa, D. S. – Stauth, C. – *Longevidade do Cérebro* – Editora Objetiva – Rio de Janeiro – 1997.

Koren, L. – *283 Useful Ideas from Japan* - Chronicle Books – San Francisco – 1988.

Langdon, K. – *As 100 Melhores Idéias de Negócios de Todos os Tempos* – Editora Best Seller – São Paulo – 2000.

Law, A. – *Empresa Criativa – Como a St. Luke's pode Transformar o seu Trabalho* – Editora Negócio – São Paulo – 2001.

Loehr, J. E. – Mc Laughlin, P. J. – *Mentally Tough – The Principles of Winning at Sports Applied to Winning in Business* – M. Evans and Company, Inc – New York – 1986.

López, B. S. – Recio, H. – *Creatividad y Pensamiento Critico* – Editorial Trillas – México – 1998.

Machado, L. – *The Brain of the Brain* – Cidade do Cérebro – 1992.

Mañas, A. V. – *Gestão de Tecnologia e Inovação* – Editora Érica – São Paulo – 2001.

Mattimore, B. W. – *99% Inspiration – Tips, Tales & Techniques for Liberating your Business Creativity* – AMACOM – New York –1994.

Miller, W. C. – *The Creative Edge – Fostering Innovation Where you Work* – Addison – Wesley Publishing Company, Inc. – Reading – 1990.

Miranda, R. L. – *Dominando os Poderes da Mente – Além da Neurolingüística* – Makron Books do Brasil Editora Ltda. – São Paulo – 1995.

Mirshawka, V. – Mirshawka Jr., V. – Qualidade da Criatividade – Makron Books – São Paulo - 1992.

Mitroff, I. – *Tempos Difíceis – Soluções Inovadoras – A Arte de Fazer as Perguntas Certas e Resolver* - Editora Campus – Rio de Janeiro – 1998.

Ninio, J. – *La Science des Illusions* – Editions Odile Jacob – 1998.

Nordström, K. A. – Riddersträle, J. – *Funky Business – Talento Movimenta Capitais* – Makron Books Ltda. – São Paulo – 2001.

Norman, D. A. – *The Design of Everyday Things Currency Book* – Doubleday – New York – 1988.

O'Reilly III, C. A. – Pfeffer, J. – *Talentos Ocultos – Como as Melhores Empresas Obtêm Resultados Extraordinários com Pessoas Comuns* – Editora Campus – Rio de Janeiro – 2001.

Osborn, A. F.

✦ *Your Creative Power* – Motorola University Press – 1991.

✦ *Applied Imagination – Principles and Procedures of Creative Problem – Solving* – Creative Education Foundation – Buffalo – 1953.

Ornestein, R. – *A Mente Certa* – Editora Campus – Rio de Janeiro – 1998.

Parikh, J. – *Intuição – A Nova Fronteira da Administração* – Editora Cultrix – São Paulo – 1997.

Peters, T. e outros – *Inovação e Mudança* – Publifolha – São Paulo – 2001.

Pinker, S. – *Como a Mente Funciona* – Editora Schwarcz – São Paulo – 1998.

Predebon, J. – *Criatividade Hoje: Como se Pratica, Aprende e Ensina* – Editora Atlas S.A. – São Paulo – 1999.

Prince, F. A.

+ *C-gets Reorganized* – Involvement Systems, Inc. – Frisco – 1994.

+ *C and the Box – A Paradigm Parable* – Pfeiffer & Company – Amsterdam – 1993.

Razzi, T. – Looney, J. – *The Ghostbusters II – Joke, Puzzle and Game Book* – Newmarket Press – New York – 1959.

Rivkin, S. – Seitel, F. – *Usina de Idéias* – Editora Campus – Rio de Janeiro – 2002.

Roberts, M. R. – *Serendipity* – Wiley Science Editions – New York – 1989.

Rohmann, C. – *O Livro das Idéias* – Editora Campus – Rio de Janeiro – 2000.

Rubinstein, M. F. – Firstenberg, I. R. – *A Empresa Pensante – Traga o Futuro para o Presente e Transforme Idéias Criativas em Soluções* – Editora Futura – São Paulo – 2000.

Russel, K. – Carter, P. – *Classic Conundrums – Fiendish Puzzles from the 19th Century* – Barnes & Noble – New York – 1998.

Sánchez, C. – *La Máquina de Imaginar* – Editorial de Belgrano – Buenos Aires – 1997.

Scannell, E.E. – Newstrom, J. W. – *Still More Games Trainers Play-Experiential Learning Exercises.* – McGraw-Hill, Inc. – New York, 1991.

Silber, L. – *Time Management for the Creative Person* – Three Rivers Press – New York – 1998.

Siler, T. – *Pense como um Gênio* – Ediouro Publicações S. A. – Rio de Janeiro – 1998.

Silva, A. C. T. da – *O Ataque às Idéias* – Madras Editora Ltda. – São Paulo – 2000.

Spritzer, N. – *O Novo Cérebro – Como Criar Resultados Inteligentes* – L&PM Editores – Porto Alegre – 1995.

Straker, D. – *Solução Rápida de Problemas com Post-it Recados Adesivos* – Editora Nobel – São Paulo – 1998.

Sullivan, N. – *How Smart Are You? Test Your Own IQ* – Black Dog & Leventhal Publishers – New York – 1990.

Sutton, R.I. – *Weird Ideas That Work* – The Free Press – New York – 2002.

Teixeira, E. A.

✦ *Aprendizagem & Criatividade Emocional – Como Liberar a Criatividade que Há em Você* – Makron Books do Brasil Editora Ltda. – São Paulo – 1998.

✦ *Criatividade, Ousadia & Competência* – Makron Books Ltda. – São Paulo – 2002.

Thiagarajan, S. – Parker, G. – *Trabalhando em Equipe – Jogando em Equipe* – Qualitymark Editora – Rio de Janeiro – 2003.

Thompson, C. C. – *Grande Idéia – Como Desenvolver e Aplicar sua Criatividade* – Editora Saraiva – São Paulo – 1993.

Thompson, C. – Lyons, L. – *Yes, But... The Tops 40 Killer Phrases and How You Can Fight Them* – Harper Business – New York – 1991.

Torrance, E. P. – Saffer, H. T. – *The Incubation – Model of Teaching – Getting Beyond the Aha!* – Bearly Limited – Buffalo – 1990.

Utterback, J. M. – *Dominando a Dinâmica da Inovação* – Qualitymark Editora – Rio de Janeiro – 1996.

VanDemark, N. L. – *Breaking the Barriers to Everyday Creativity* – Nurture Creativity – The Creative Education Foundation – Buffalo – 1991.

Van Gundy Jr., A. B.

✦ *Stalking the Wild Solution – A Problem Finding Approach to Creative Problem Solving* – Bearly Limited – Buffalo – 1988.

✦ *Techniques of Structured Problems Solving* – Van Nostrand Reinhold – New York – 1988.

Vaz, M. C. – *Behind the Mask of Spider-Man – The Secrets of the Movie* – The Ballantine Publishing Group – New York – 2002.

Victor, B. – Boynton, A. C. – *Invented Here – Maximizing Your Organization's Internal Growth and Profitability* – Harvard Business School Press – Boston – 1998.

Vila, M. – Santander, M. – *Jogos Cooperativos no Processo de Aprendizagem Acelerada* – Qualitymark Editora – Rio de Janeiro – 2003.

Von Oech, R.

✦ *Um Chute na Rotina* – Cultura Editores Associados – São Paulo – 1994.

✦ *Um Toc na Cuca* - Livraria Cultura Editora – São Paulo – 1988.

Wellman, A. M. – *Cinco Faces de um Gênio* – Editora Alegro – São Paulo – 1998.

Wheatley, M. J. – *A Liderança e a Nova Ciência* – Editora Cultrix – São Paulo – 1999.

Wheeler, J. – *Como Ter Idéias Inovadoras – Deixe as Novas Idéias Levarem Você ao Sucesso* – Market Books – São Paulo – 2002.

Wujec, T. – *Mentalmanía* – Editorial Atlântida – Buenos Aires – 1995.

Yenne, B. – *100 Invenções que Mudaram a História do Mundo* – Editorial Prestígio – Rio de Janeiro – 2002.

Qualidade da Criatividade

298<<

REVISTAS E JORNAIS QUE SERVIRAM PARA CONSTITUIR O TEXTO DESTE LIVRO.

Business Week – The McGraw - Hill Companies, Inc.

Enterpreneur – Enterpreneur, Inc.

Época – Editora Globo.

Exame (www.uol.com.br/exame) – Editora Abril

Folha de S. Paulo

Forbes Global – Forbes Global, Inc.

Fortune – Time Warner Publishing B.V.

Gazeta Mercantil

Inc. – G + J USA Publishing

Isto É Dinheiro – Editora Três

Newsweek – Newsweek, Inc.

O Estado de S. Paulo

Pequenas Empresas & Grandes Negócios – Editora Globo

Superinteressante – Editora Abril

Valor Econômico

Veja – Editora Abril

Vencer – Intermundi Editora Ltda.

Você S.A. – Editora Abril

The Atlantic (www.theatlantic.com/teach) – The Atlantic Monthly

The Economist (www.economist.com/research) – The Economist Newspaper Limited

Bibliografia

Qualidade e CRiAtiVIDADE

www.dvseditora.com.br

Impressão e Acabamento
Com fotolitos fornecidos pelo Editor

EDITORA e GRÁFICA
VIDA & CONSCIÊNCIA

R. Agostinho Gomes, 2312 • Ipiranga • SP
Fonefax: (11) 6161-2739 / 6161-2670
e-mail:editora@vidaeconsciencia.com.br
site: www.vidaeconsciencia.com.br